意大利
当代法学译丛

Introduzione Al Diritto Comparato

比较法导论

〔意〕罗道尔夫·萨科 著
费安玲 刘家安 贾婉婷 译

商务印书馆
创于1897 The Commercial Press

Rodolfo Sacco
INTRODUZIONE AL DIRITTO COMPARATO

本书中译本根据意大利 UTET 出版公司 2001 年版译出

《意大利当代法学译丛》出版总序

时至今日，当时的情景历历在目……

2002年深秋的一天，在一个学术会议上，我与自己极为尊敬的研究生期间的老师谢怀栻教授恰巧相邻而坐。他没有过度的寒暄，直视着我，问："小费，你对翻译意大利法学著作并在我们国内出版有何想法？"这恰是我在此之前于意大利博洛尼亚大学法学院进行学术访问期间一直在思考的问题。我认为有计划地、系统地翻译一批意大利当代法学家们的法学作品以介绍给我国法学界，应当是一件很有意义的工作。当我把自己的想法告诉他后，他不仅肯定并鼓励我尽快做起来，还希望能够看到意大利法学翻译作品尽快出版。但是，令我抱憾终身的是这套译丛没有能够在他生前问世。

在当代西方法学中，意大利法学以其鲜明的既传承罗马法传统又彰示近现代法治精神的特色而傲立于大陆法系国家的法典之林中。从纵向的视角观察，当代意大利法学的演进轨迹十分清晰，它是从遥远的罗马法向我们逐渐走来，其间经历了罗马法复兴的理念锤炼，形成了以人为核心的近现代法学的基础理念，在意大利成为一个统一的共和国之后，完成了从罗马法到近现代法学的华丽转身,对欧洲法学的发展做出了强有力的推进并产生了不可忽视的影响力。从横向的视角观察,包括宪法、行政法、刑法、私法、欧盟法和诉讼法等当代意大利法学理论、法典化实践与司法实务构成了欧洲法律体系中重要的组成部分。尤其是意大利民法典,是当今国际社会中具有典型意义的民商合一型的法典。

意大利的法学研究在欧洲大陆国家中是很值得关注和借鉴的领域。其研究视野和研究水平在现代欧洲诸国家的法学研究中始终处于前列。溯其缘由,可以说有如下几个重要方面值得关注:

其一,意大利学术界自古以来存在着法律研究的偏好。这个偏好的最佳例证就是意大利人的祖先古罗马人对法律研究的丰硕成果。其法律研究不仅历史久远、内容丰富、规则颇具体系,更为重要的是对后世的影响持续至今。恰如德国著名法学家耶林(Rodolf von Ihering)在其《罗马法精神》一书中对罗马法的评价:"罗马曾三次征服世界、统一了诸民族:第一次是在罗马民族尚强健有力之时,使诸民族有国家之统一;第二次是在罗马民族业已衰败之后,使诸民族有教会之统一;第三次则是由于中世纪对罗马法的继受,使诸民族有法之统一。"[①] 武力征服随着罗马帝国的灭亡而消失,宗教统一随着民众思想自由的倡导而影响渐弱,法律则因

---

① 鲁道夫·冯·耶林(Rudolph von Jhering):《罗马法的精神——在其发展之不同阶段上》(*Geist des römischen Rechts auf den verschiedenen Stufen seiner Entwicklung*)第一编,莱比锡 1891 年第五版,第 1 页。德文原文:Drei Mal hat Rom der Welt Gesetze dictiert, drei Mal die Völker zur Einheit verbunden, das erste Mal, als das römische Volk noch in der Fülle seiner Kraft stand, zur Einheit des *Staats*, das zweite Mal, nachdem dasselbe bereits untergegangen, zur Einheit der *Kirche*, das dritte Mal in Folge der Reception des römischen Rechts im Mittelalter zur Einheit des *Rechts*.

其法律理念、法律制度观念和相当多的法律规则在不少后世国家的立法中被继受而产生持久性的影响力。

在11世纪、12世纪期间及其后，意大利法学家们引领着罗马法复兴运动，将对法律的研究推向深入并紧密贴近近代社会的发展所需。时至20世纪和本世纪初，依然有许多意大利的法学研究人员活跃在意大利国内外的法学研究领域中，这些法学家有关意大利本国的法律、欧盟法律及在比较法领域内的大量法学研究成果在欧美国家的法学研究领域始终享有很高的关注度。

其二，意大利学术界及其研究者对法学新问题的敏感。

意大利法学界及其法学家们对法学领域中出现的新问题有着异常的敏感度，因而在欧洲统一私法、中国与欧盟国家法律之间的关系乃至“金砖诸国”的法律前景等前沿问题研究的团队中，我们往往可以看到作为发起人的意大利学者的身影。当然，相对于德国法学家们对法律问题研究的执着性而言，意大利法学家们的耐性略逊一筹，但是意大利法学家们对法学领域新问题的敏锐观察力和提出问题并提出解决的法律方案的快捷能力，着实令人瞩目。

在我国，有关意大利法律的介绍始于清朝末期，迄今已逾百年。虽然有关意大利法学理论、法律规范的译作已有相当数量，但是基本上处于“碎片”状态，未形成一个体系。

本译丛翻译作品目录的筛选工作先后得到了徐国栋教授、当时正在意大利攻读法学博士而现在已经成为我国法学教育界的青年才俊的薛军教授、刘家安教授、陈汉副教授、罗智敏副教授、翟远见博士等学界同仁的大力支持，也得到了桑德罗·斯奇巴尼教授(Sandro Schipani)、罗道尔夫·萨科教授(Rodolfo Sacco)、佛朗切斯科·卡尔卡诺教授(Francesco Galgano)、皮埃德罗·雷西纽教授(Pietro Rescigno)、玛丽娜·蒂莫泰奥教授(Marina Timoteo)、阿尔托·拜得鲁奇教授(Aldo Petrucci)、里卡尔多·卡尔迪里教授(Riccardo Caldilli)、司德凡诺·波尔切利博士(Stefano Porcelli,中文名字叫司德法)等诸多意大利朋友的帮助。大家对翻译作品目录的筛选提出了许多有益的建议。但是,或许是由于文化差异,中国和意大利学者对翻译目录的筛选意见似乎不甚一致,故而翻译工作的进展在一段时间内并不顺利。不过,这已经成为过去时了,翻译书目的选择已经结束,翻译工作已经进入正轨。为了加强对本译丛的学术指导,我们还成立了由意大利著名的法学教授组成的学术委员会。

感谢我国著名的出版机构——商务印书馆,尤其感谢政法编辑室主任王兰萍博士、王曦编辑对本丛书的出版所做出的奉献。

我希望这套丛书能够对我国法学界、司法实务界乃至立法机构建构一个学习、研究意大利法学的平台,能够对推进我国法治建设发挥出一定的作用。当然,这需要我们脚踏实地的精神和不懈的努力。

与参与此工作的全体同仁共勉

费安玲

2012年6月于京城静思斋

《比较法导论》译者序

《比较法导论》一书的作者罗道尔夫·萨科(Rodolfo Sacco)教授是欧洲最著名的比较法学家之一。他于1923年11月21日出生在意大利北部一座美丽的城市福萨诺(Fossano)。他的父亲曾经是都灵大学法学院的教师,同时从事律师业务,并是一个活跃的工会政治活动的积极参与者和较有影响的新闻撰稿人,故而在当时的都灵市内是一个有相当影响的人物。

年轻的萨科在进入大学之前阅读到了当时意大利中世纪史学家F.科尼亚索(F. Cognasso)的作品,便立志成为中世纪史学教授。但是,在申报大学专业志愿时,因为家庭的原因,他最终还是成为了法学院的学生,不过,这样的选择却使他成为了对中世纪法史学有着深入研究和影响力的教授。从这个角度而言,他自小立下的成为中世纪史学家的志向依然在这个学科领域中获得了部分的实现,因为他成为了中世纪法史学家。

萨科的大学毕业论文讨论的是法解释学的基础理论问题,其得到了20世纪40年代意大利著名的民法和罗马法教授、时任都灵大学校长的马里奥·阿拉拉先生(Mario Allara)的指导。阿拉拉教授是一位法学造诣深厚且出类拔萃的学者,萨科从他那里学到了认识问题、分析问题并做出法学理智判断的思维方法。

1956年和1959年萨科先后撰写了对占有和因不法事实而获益的进行研究的成果。他在关于因不法事实而获益的作品中，将法国、德国和意大利的有关规则进行了系统的比较分析，即比较法学界所称的“微观比较研究”[①]。伴随着该作品的完成，萨科对比较法有了更多的研究兴趣。

萨科对比较法的研究兴趣，与他广泛的研究领域和教学活动有着密切联系。自20世纪50年代末，他便在都灵一家欧洲法研究所从事研究活动并讲授大学毕业后的两年制法学教育课程，其所授内容涉及历史学、政治学、经济学和欧洲法。在20世纪60—70年代，意大利法学界掀起了研究社会主义国家法律的热潮，萨科带领着几个年轻的同仁也对这个领域的法律问题进行了深入研究。他们的研究成果被著名的罗马法学家G. 格罗索发表在其主编的刊物上，其后这个研究成果先后被翻译为法语和英语等语言在欧洲数个国家包括当时的一些社会主义国家内传播。自20世纪80年代，萨科将其研究的视线放在了专题比较研究上。他作为法学家观察没有法学家的社会与没有立法者的社会之不同并对其制度进行比较分析；他作为法人类学家诠释着集权社会与分权社会之间的不同；他作为语言学家从法律与语言的不同视角分析法的本质与制度价值。在萨科看来，研究法律应当有较为开阔的视野和多方位的思维，其中多方位的思维应当包括社会学、经济学、政治学、认识论、语言学、思想史、宗教史、人类学、心理学和生态

---

① 所谓微观比较(microcomparazione)是一种对同一法系内的不同国家的法律进行比较分析的方法，其关键是借助不同语言对同一法系国家的法律制度做出比较。

学等[①]。

萨科教授是一个做事认真、严谨的学者。他撰写的《合同》一书，其第一页是从1959年开始写的，而出版则是1975年，1993年又进行了修订。

此外，萨科教授是意大利大学法学院设立比较法学科的竭力推动者，在他和其他从事比较法研究的学者的努力之下，意大利大学法学院基本上都设立了比较法教席，在法学专业上设置了比较法、比较公法和比较私法专业。意大利中部和北部地区的数所著名大学如博洛尼亚大学、都灵大学、米兰大学和帕维亚大学等高等学府中的比较法学的教学和研究闻名于欧洲。

《比较法导论》是萨科教授最著名的作品之一。在该书中，他将自己对比较法的讨论内容分为“法律比较导论”和“法律体系研究导论”两部分。

在“法律比较导论”中，萨科教授体系化地完整阐述了他对比较法的理解。他首先回应了比较法是否存在的疑问，其后通过对比较对象的阐述、对一些国家的法学理论及若干私法制度的微观比较分析，揭示出比较法对法学的贡献、对法律统一所能够产生的作用。值得注意的是，萨科教授用了相当的笔墨对意大利比较法的教学活动进行较为详尽的分析，并提出了在欧盟经济一体化的背景下比较法的重要性及在教学上进行必要改革的紧迫性。

在“法律体系研究导论”中，萨科教授对不同法律体系的分类理论提出了自己的独到见解，并独树一帜地以集权和分权、有无立

① http://www.personaedanno.it/generalita-varie/intervista-a-rodolfo-sacco-marco-vorano

法者、有无法学家为标准来划分不同的法律体系。他以罗马法为分析基础，对构建于罗马法和欧洲共同法基础上的罗马法系（即我们所称的大陆法系）最经典的诸民法典做出了分析，同时与罗马法系之外的其他法律体系相比较。这个观察和分析视角对欧美国家重新审视不同法律体系的特点有着重要的启迪作用。

本书的翻译文本是意大利 UTET 出版公司于 2001 年出版的 *Introduzione al diritto comparato*。本书的翻译工作由费安玲、刘家安和贾婉婷共同完成。在翻译过程中译者专门前往意大利拜访了罗道尔夫·萨科教授，就翻译中的疑问与之进行了交流。感谢商务印书馆政法编辑室的主任王兰萍博士、王曦编辑在本书的翻译和出版过程中表现出的极为认真负责的精神和耐心。

费安玲

2012 年 4 月

目　录

第一编　法律比较导论

第二编 法律体系研究导论

第一编　法律比较导论

第一章　有关比较法的真假问题

第一节　比较的目的

一、有关科学目的的虚假问题 3

如果你向一个天文学家提问：天文学的目的是什么？那么，该问题的答案或多或少地只不过是对所提问题的重复而已。也就是说，这位天文学家大概会说，天文学的目的在于了解大自然以及天体运动的知识。这样的答案是完美无缺的：科学的目的是为了满足人类所特有的求知欲。这就是它的目的。每一门科学都能满足人们对这门科学之研究对象的求知欲。

理论知识的确有可能带来实践上的应用。如果没有天文学，4
人类肯定无法登上月球。但是，当天文学开始测量我们的天体系统中行星间的距离时，它并没有要登上月球的意图。

因此，总的来说，对某一门科学所阐述知识之应用方式的探讨，既不决定对该科学的界定，同时也不决定它的有效性问题。总体上，法学家对这一事实也是相当清楚的。在哪一本关于民事诉讼法的论著中能找到以下这样的一章呢：它通过列举程序法学的各种目的及其应用情形，旨在说明程序法学的科学属性？

但是，对比较法而言，人们却采用了——至少是在30年前——不同的衡量标准。人们觉得，应该证明法律比较的目的性。此种证明的需要体现了这样一种思想，即，为确保进行比较的正当性，必须拿出证据证明它所具有的目的性。

围绕着法律比较的目的性所提出的虚假问题，必将导致错误的解答，这些解答是经不起推敲的。

为彻底澄清这一问题，让我们来看看那些提出这些问题之人的立场，然后我们再看看对这些问题做出陈述之人的观点。

首先，有人认为，法律比较具有许多特别值得称颂的优点。他们列举了与各种社会进步与社会预防效果相关的目的性，其中突出的方面包括：各国人民之间更好的相互理解；最为合理的国际公法的产生；不同法律规范的统一和一体化；国内法的改善等。①

有人则走得更远，希望将对法律比较的科学性系于它追求某种实践目的的能力，具体来说，就是为法律的改良做准备。这种观点认为，比较法学可以通过以下的研究方法来加以识别：它通过对外国法模式的分析，致力于找出最佳的模式。这种观点认为，如果某种思考不以不同国家的法律模式为对象，那它就只能是一种纯粹的思索，一种学识的运用，而不可能是科学。

以上所介绍的这些观点在逻辑上并非是无懈可击的。如果只有在将所研究的外国模式运用到国内法上时比较法的研究才具有正当性，那么我们就应该否认比较法的某些章节的正当性了。在

① 有关此问题的概述，部分地见于绍博（I. Szabo）："法律比较的目的和方法"（Les buts et les méthodes），载于《1974年德黑兰第9届比较法国际大会论文》（*Rapport au IX Congrés intern. de droit comparé, Téhéran*, 1974），布鲁塞尔，1977年，第163页。

法律的文化人类学上，类似地，我们也必须接受一些极不合理的结
论，举例来说，如果一个意大利的年轻人到耶鲁大学学习，那么我
们应该说，他所学到的是科学的知识，因为他可以寻求一个比意大 5
利法更优的法律模式；相反，如果美国一个年轻的法学家学习意大
利法，那么我们应该说，他所学到的并非科学的知识，因为他从来
都不寻求一个要加以模仿的模式（除非他研究刑法）。

比较法只有具备实际的功用才具有正当性，这种主张是由一种错误认识所导致的，现在，这种错误认识正在被修正。

尽管如此，比较法学的确有可能带来一定的、多样化的和突出的社会利益。关于这一点，我们能找到大量（而且不同）的著述。

二、比较法与各国人民之间的理解

本部分将说明，推动探讨比较法的目的的因素是多么的荒谬。一个有点过于感情用事的人曾经提出，法律比较能够增进不同国家人民之间的理解，并能够促进各民族的和平共处。这种观点可能会引导我们相信以下的看法：对那些发动了两次世界大战的政治强权人物而言，如果他们曾经上过比较法的课程，那么他们就有可能会在大灾难爆发之前停下他们的脚步；或者，如果拿破仑不仅仅是只关注那部以他的名字命名的法典，而是还充分研究了德意志普通法、英国普通法和俄罗斯的法律，那么他就有可能放弃他的征服计划。

法律比较以了解外国法律的规则为前提。抽象地讲，对外国法的了解可能会引起同情感，同样，它也有可能带来争议性的反应。无论如何，法律比较并不一定需要包含对其他国家法律制度

的积极或消极的、赞同性或批判性的评价。

法律比较存在着不偏不倚的潜在可能性，而且它也有权利保持中立。与人有关的科学，既然是科学，就不应通过证明行为的正当性以及符合理性和逻辑，去对人类的态度（语言、宗教、意识形态和法律）进行价值判断。人文科学的目的在于了解人类的行为方式，并研究这些行为方式自身特有的逻辑及其自身特有的原因。如果说人文科学不对这种逻辑和原因进行探讨，那是因为它们尚
6 未做出杰出的研究。但是，在每一种不同的文化中发现具有支配性的逻辑关系，并不能消除不同文化之间的竞争或对抗，更不用说消除不同政治力量之间的竞争和对抗了。

尽管如此，应该指出的是，思考法律模式多样性的习惯，将不会导致对文化和法律多元化的自然属性和合理性的否认，而且，它也能改变一些法学家的态度（本能和自发的，但是反科学的），这些法学家从他们自身文化的中心主义出发去解释这个世界。大陆法系的学者过去相信罗马法体系的优越性，现在他们已经认识到了这种看法的偏颇（而且正在克服它）；欧美的学者过去相信，没有文字的民族的法律是低劣的，现在他们也改变了看法。

三、法律比较与各种法律模式的协调

将一个法律规则与其他国家相对应的法律规则进行对比，并对它们之间的共性和差异进行经验主义的观察分析，这是一种很古老的实践，也许从人们将它纳入法律知识的范畴的时候就开始这样做了。

在许多教科书的开始部分，作者往往都会列举许多国家法律

各自的特点，并上溯到伟大的希腊和罗马文明时代。在中世纪，人们进行了法律的简单编纂，致力于对不同的法律体系加以描述，并满足各种特别的和暂时的需求。

但是，以下这样一种法律比较肯定是较晚近的事物：在进行这种比较时，它有意识地以满足法学家的一种永久的需求为目的，并将一切科学研究活动纳入到一些通常的评价标准之下。

与以前一样，20 世纪末的比较法学仍然不间断地继续着它的努力。但是，如果我们回顾一下先前的作者，很少有人能够超越 7
E. 阿马里的著作（1857）。当时，法典化的多样化引发了人们仔细地考察这些差异的愿望。

自那以后，在很长的一段时间里，许多人明确指出（还有人认为是不言而喻的），比较法知识的发展是以澄清属于不同法律体系的各个规则间的共同点、共同的因素以及共同的功能为目的的。

阿马里的著作②讨论的是比较立法的问题。十多年以后，在 1869 年，拉布莱（Laboulaye）在法国创建了极其重要的“比较立法协会”，该协会在 1900 年举办了第一次大会。在我看来，当时人们之所以比较“立法”，是因为，一切法律都可以从共同法的规则中找到基础，在大陆法系的法学家们看来，共同法似乎仍然是放诸四海而皆准的法律，唯一的变动因素就是由各国立法所提供的。因此，在当时，比较法所追求的唯一目标就在于发现“共同”的因素。这种对统一性的追求（或许它受到了法律理性主义的推动），从未受到持多元化立场的人（无论他们是进化论者，还是历史循环论者）

---

② 参阅 E. 阿马里（E. Amari）：《比较立法学评论》（*Critica di una scienza*），日内瓦，1857 年。

的反对。这种对统一性的追求，可以被理解为各种法律要素的协调，或者是这些法律要素隐含的一种模式的统一。

在比较立法协会的第一届大会上，R. 萨莱伊宣称："在术语的法律意义上，比较法学的目标在于，从各种特定的法律制度中发掘出一个共同的基础，或者至少是找出一些连接点，以便能够指明一个世界性法律的基本统一要素"。[③] 朗贝[④]和其他一些人[⑤]也提出了类似的看法。

人们对这种共同核心因素的追求从未消失过，直到今天它仍然存在[⑥]，并且肯定是具有合理性的。

但是，任何科学都不应该预设它的研究结果。基于同样的理由，比较法学也不应预先选择它在将来的发现。法律比较可能会发现一致之处和统一的原则（多少具有一定的先验性），可能会找到共同的核心要素。但是，人们也应做好准备，因为在这种比较中也有可能会发现不一致之处、对立的原则以及多样化的核心要素。或许，人们会找到两个似乎不相对应的规则，但是却可以从中发现或多或少地隐藏在法律体系中不容易被观察到的差异点。人们可能找到相同之处，但也有可能找到差异之处。[⑦]

---

③ 参阅 R. 萨莱伊（Saleilles）："比较法学的概念及目标"（Conception et object），载于《比较立法协会公报》（*Bulletin de la Société de Législation comparée*），1890 年，第 383 页。

④ 参阅 E. 朗贝（Lambert）：《比较民法的功能》（*La fonction*），巴黎，1903 年。

⑤ 在由 H. 卡皮唐（Capitant）编纂的法律词典（巴黎，1936 年，第 208 页）中，比较法的定义仍然完全遵循了这一模式。

⑥ 一个突出的例证见于 R. 施莱辛格（Sohlesinger），《合同的订立》（*Formation of Contracts*），两册，伦敦，1968 年。

⑦ 参阅 M. 安塞尔（Ancel）：《比较法学的功能与方法》（*Utilità e metodi*），纳沙泰尔，1971 年，尤其是第 55 页之下。

法律比较以多元的法律模式为前提。人们总是将这看作一个明显的事实，而不对它展开讨论。

没有任何语言学家会接受以下这样一种看法：在他的学科中，只有研究那些所有语言都具有的共同因素的部分才是有效的部分，而那些研究语法和词法形式的多样性的部分不是有效的部分。

一旦罗马法体系的法学家发现了普通法体系，一旦坚持欧美 8
文化标准的法学家发现了亚洲国家的法律，那种将法律比较与对共同之处进行考察相联系的观点注定要陷入到危机之中。

或许是因为这个原因，也或许是由于其他原因，第一次世界大战后，那种以追求统一性为目标的观点就不复存在了。

四、法律比较与法律的统一

从第一次世界大战时期开始，比较法学者们提出不再去寻找不同法律之间的和谐，而是要去创造这种和谐。

这些比较法学者鼓吹法律的统一或者至少是法律的一体化。⑧

⑧　法律规范的一体化（uniformazione）指的是这样一种进程：不同的立法机构通过一个以相同方式制定的规范，或者由一个单独的立法机构为多个法域引进一些以相似的方法制定的规范。一体化与统一（unificazione）有所区别。后者指的是，创造出一个单一的规范，这个规范的适用，或者是由于一个唯一存在的最高权威的意志，或者是由于多个行为主体的意志的统一（这种统一的意志由一个统一的法学家组织表现出来），而且，这个单一规范的目的在于取代先前存在的多个不同且自治的规范。举例来说，1865年《意大利民法典》的生效就"统一"了意大利的民法；《罗马条约》的生效则在条约领域"统一"了欧洲法；《日内瓦公约》和《国际货物销售合同公约》则"一体化了"它们所涉及的那些法律领域（但并未消灭它）。有关讨论统一法的重要性的著作，可以参阅S.费莱利（Ferreri）：《非国家性的法律创制渊源》（*Le fonti normative di produzione non nazionale*），都灵，1984年；艾德（Ead）："法律渊源"（Le Fonti...），载于《雷希尼奥文集》（*Torattato Rescigno*），第1卷，都灵，1982。

而且，从这门科学的发展历史的角度来看，更有意义的是，他们认为，法律比较本身的目的——这种目的与法律比较是不可分的——就在于法律统一。这些比较法学者中的一位曾这样写道："无论比较法学者如何提出他们的目标，他都应该将私法的国际统一作为终极的长远目标"。[⑨]

9 1924年，"比较法国际学会"成立。从设立至今，该学会一直十分繁荣昌盛。在其章程中，该学会将其任务设置为法律的统一。[⑩]

1928年，在罗马诞生了国际统一私法协会（UNIDROIT，数十年后它成为了联合国的机构），该协会致力于私法的统一。[⑪]

法律的统一，如前所述，明显地被人们视为一件好事。由于在后文中我还将专门对这个问题进行讨论，所以我也将在那里再得出相关结论。

在这里，我注意到，法律的一体化和多元化是相互排斥的。同

---

⑨ M. 萨尔法蒂（Sarfatti）：《比较法导论》（*Introduzione*），都灵，1933年，第121页。支持这一观点的学者还包括H. 莱维－于尔曼。此种观点留下了其相关的印记。法律统一的问题被视为比较法的问题，并且在有关比较法研究的导论性著作中得到了专章的讨论，例如H. A. 施瓦茨（Schwarz）、利伯曼·冯·瓦伦多夫（Wahlendorf），《比较法：总论及原则》（*Droit Comparé*），巴黎，1978年，第225页以下；D. 科基尼－亚特里多编，《比较法导论》，代芬特尔，1988年，第58页以下。

⑩ 第2条："本学会的主要目标在于，对比较法的历史进行研究，并通过废止和协调存在的差异，改进世界上不同国家法律，特别是在私法领域"。1991年底，学会主席提出了我们的建议，会员们对建议进行了认真讨论，在此基础上，该条款被修改了。修改后的条文如下："本学会的目标在于，对法律体系进行比较研究"。

⑪ 该协会积极推动了《关于国际货物销售的统一法公约》（LUVI）和《关于国际货物销售合同成立的统一法公约》（LUFCVI）的制定，而《联合国国际货物销售合同公约》则直接源自这两个公约文本。目前，该协会正致力于制定一个国际商事法典的草案。

样，越是强调法律规范应该保持同一，创造法律规范并使其自发演进的余地也就越小。

如前所述，有人曾经提出，法律统一是法律比较的唯一的和必要的目标。直至今日，仍然有人将它作为法律比较的一项成就，并将其作为进行法律比较的一项理由。

有人认为，直到今日，法律一体化现象是以法律比较这门法律科学的发展为前奏的。然而，这并不符合历史的真实面貌。共同法(jus commune)之所以盛行于欧洲，是因为在它的发展过程中，其他的竞争对手都明显地不具有它那样的素质和声望。在教学活动或在法律实务中，法学家们总是利用罗马一共同法的制度来攻击本地的法律制度，这样，他们当然不可能在一种法律制度与其他法律制度之间进行事先的深入比较。事实上，他们通常都只了解属于罗马一共同法体系下的各个制度。这种情形更接近无知，而不是比较。

类似地，《法国民法典》所规定的各项制度之所以能够被传播到欧洲的各个角落(这并不需要事先进行深入的比较研究)，是由于自由观念和法典化观念的传播以及法国的各种制度所享有的声望。在将近一个世纪之后，由德国法学流派所系统阐述的科学体
系得以向北、向东和向南传播，并因此对许多欧洲国家的法典制 10
定、大学教学活动以及法院实务都产生了影响。

要想仿效其他国家的法律体系，首先必须对该法律体系具有经验主义的知识。但是，对法律体系所具有的知识还不是真正科学意义上的法律比较。经常可以看到这样的现象：某国仿效了一个法律体系，但是随后对实施这一体系的恰当方法却置之

不理。

总之,法律统一既不以比较法学的发展为其充分条件,同时也不以其为必要条件。但是,在下文适当的地方,我将讨论法律比较能够对法律的一体化和统一进程起到何种作用(另可参见注释11)。

五、比较法学和比较方法:一对矛盾?

到第二次世界大战结束时,已经出现了一些学识丰富的比较法学家。他们习惯于将普通法系与民法法系相对立;他们知道,他们应该考虑由社会主义法系所引出的体系化问题;在殖民时代,他们熟悉了非洲和亚洲一些国家的法律体系;随着殖民体系的瓦解,他们意识到,许多国家都采用了伊斯兰法。

随着学者们所了解的知识范围的扩大,将法律比较与发现统一因素相等同或者将法律比较与建构这种统一因素相等同的做法就显得过于简单、过于幼稚,因而也就不值一提了。

法律比较概念的这种重新定位引发了这样的疑问:法律比较本身还是不是一门科学?人们更愿意将其作为一种特定的方法,一种在法学研究中加以运用的方法。在50年代,许多极其权威的学者都赞同这种看法:H. C. 古特里奇[12]、T. 阿斯卡莱里[13]、R. 达维

---

⑫ 参阅 H. C. 古特里奇(Gutteridge):《比较法》(*Comparative Law*),第二版,剑桥,1949年。

⑬ 参阅 T. 阿斯卡莱里(Ascarelli):“比较法的功能与我国私法体系”(La funzione del diritto comparato),载于《卡塔尼亚大学法学研讨会年鉴》(*Annali del Seminario giuridico dell'Università di Catania*),1949年,第3册。

德[14]和 C. J. 汉森[15]。

今天，有关赞同和反对将法律比较作为一种方法的争论已经不再是人们热切关注的问题。如果我们能够对自己所使用的语词做出更好的解释，那么概念本身的含义或许就能够更加清晰明了。

在任何情况下，任何一门学科都部分地表现为科学，部分地表现为方法。在最严格的意义上，人们可以将为达到某种目标而预先设定的程序整体理解为方法（而在严格的意义上，科学指的是特 11
定的研究领域，或者是某方面的知识范畴）。如果是这样，那么人们将看到，并不存在一种单一的比较方法，相反，在进行比较时，人们可以运用各种不同的方法（工具主义的方法、功能主义的方法等等）。人们还将看到，与其他法学学科的研究对象相比，的确存在一个作为比较法研究对象的特定现象范畴，包括：法律体系的传播；法律体系的分离及它们的内部关系；认同与比较法上的一致性等。那些认为法律比较只是一种方法的人，或者是在比较的方法方面的看法过于简单了（因为他未顾及可以在比较中运用多种方法以及不存在一种纯粹的比较方法的事实），或者是在比较的目的及其对象方面的看法过于简单了（因为他未顾及，同时也不了解，比较法的特定——而且是发展了的——研究领域）。

而且，明显地，任何人都能够从比较的结果和比较的方法中获取利益。一个相似的例子是，任何人都可以从逻辑的结果和逻辑方法中获取利益，而且，如果他愿意，他也可以尽力对逻辑的

---

⑭ 参阅 R. 达维德（David）：《比较民法概述：外国法研究及比较方法导论》（*Traité élémentaire*），巴黎，1950 年。

⑮ 参阅 C. J. 汉森（Hanson）：《法：研究与比较》（*The Law*），剑桥，1955 年。

性质进行定位。从逻辑的这个例子中我们看到，没有任何人会说逻辑不是一门科学而仅仅是一种方法；同样，也没有人会对以下这一点表示质疑：逻辑仍然是一门科学，人们需要学习这门科学的方法。

六、作为一门科学的比较法的目标：了解各种法律体系之间的差异，从而增进人们对纳入比较的法律体系的了解

作为一门科学，比较法的目标是（而且只能是）对一定知识的了解。由于比较法是法学的一个分支，因此它所研究的知识当然属于法律的知识。

显然，法律比较的前提条件是确认存在多元的法律体系，但是，这门学科当然不仅限于进行这种简单的确认。如果比较法关注这些多元体系，那么它就要确定这些法律体系在多大程度上是一致的，以及在多大程度上是不同的。简单地说，由于法律体系的相同性可能表现为根本不存在任何差异的看法，因此法律比较就表现为考察多元法律体系之间的所存在的差异。

对于其他一些学科，上述这种看法同样也是适用的。

12 为了能够从社会科学领域内的相似之处得出有益的结论，让我们在一个事例之上停留一会儿。很长时间以来，我一直都在向学习比较法的人推荐这个事例。

语言学是一个充分发展了的学科。尽管从一开始实验的方法就被排除在这个学科之外，但是它仍然取得了相当重要的成果，而且它的研究方法和研究成果也被其他学科的学者所援引利用——我们只要提一提费迪南·德·索绪尔和当代其他结构主义学者的

大名，这一点就再明显不过了。

现代语言学是以比较语言学的形式诞生的。[16]

正是通过对历史上存在过的不同人类语言的相似之处和差异进行系统的研究，历史语言学派才在严格的基础上得到了发展，并提出了基本的规则——从 J. 格里姆(Grimm)提出的音变规律到由梅耶(Meillet)和 E. 本维尼斯特(Benveniste)提出的一系列规律。

这一成就是由一些语言学家所取得的，这些语言学家只对语言的形式体系感兴趣。

语言学的比较，就像人类学和其他许多领域的比较一样，能够清晰地揭示出最为有效的工具，利用此工具能够发现结构上的规律。如果缺乏此工具，这些规律就有可能不会为人所发现。

然而，对这些学科而言，要求对这些被观察到的规律的原因予以解释并给出理由却是不恰当的。比较方法并不服务于此目的。语言学并未对"牛"(bue)为什么在法语里被称作"boeuf"以及在英语里被称作"ox"做出解释。

语言学完全独立于政治学、伦理学以及其他对语言知识的形式研究以外的任何学科的考量。人们丝毫不会对语言学在实践层面上可能的应用表示担心。相反，直到最近，N. 乔姆斯基(Chomsky)所做有关变形理论的研究(这一理论可能会在翻译领域被广

---

[16] 关于这一点，只要看看 G. 塔利阿维尼(Tagliavini)编纂的《意大利百科全书》(*Eno.*)中的"语言学"这个词条就再清楚不过了。我们这样说，并无意否认之前的语言学家所做研究的重要性，一些水平很高的评论已经对这些研究的重要性进行了重新评定。

泛应用，而且甚至会引导产生统一的语言模式）之前，没有人能够指出语言学的实用目标是什么。

上述有关语言学的论断同样也适用于文化人类学。

相对于那些总是运用比较方法、已发展出一套比较技术并已运用比较方法获得了一切可能获得的成果的学科而言，比较法学并不应该比它们表现得更低劣。比较法学应当知道，的确存在着
13 一类利用比较方法从事研究的社会科学或自然科学；它应当将自己归入这个类别，并应尽可能利用这些比较科学所取得的经验。[17]

比较乃是建立在对各种体系的了解基础之上。如果对各种体系不了解，那么就不可能进行比较。但是，比较（社会的或自然的）科学表明（而这也可以给作为它们的姐妹学科的法学以启示），比较反过来又可以增进人们对各种体系的了解。只有比较才可以为我们揭示我们所考察之不同体系的具体细节。通过其经历，每一个比较法学者都了解这一点，因为往往正是在谈论其本国法时，有时他会发现自己很难被其本国的学者们所理解，这是由于后者仅关注本国的体系并因此无法理解比较法学者更为丰富的经验。

总之，应将对不同体系最为精确的了解视为比较科学最重要和最基本的目标。

以上所得出的这个结论其实在很早以前就已经得到了阐述，

---

⑰ A. 沃森（Watson）持相同的观点，参阅沃森著《法律移植》（*Legal Transplants*）（爱丁堡，1974 年，第 9 页）以及“比较法与法律变迁”（Comparative Law and Legal Change）（载于《剑桥法律评论》（*Cambridge L. J.*），第 38 卷，1978 年，第 313 页）。

而且自60年代初以来变得更为人所知。M.罗通迪[18]、G.戈拉[19]、M.安塞尔[20]以及K.茨威格特和H.克茨[21]这些权威学者都支持这一结论。

到1974年的时候，上述结论已经相当流行，以至于作为第九届比较法国际学会大会总报告人的绍博在就“法律比较的目的与方法”这个主题所作的报告中指出，所有就此主题发表见解的各国报告人都“主张，比较法的目的（而且对许多人而言系其唯一的目的）在于增进人们对法律的了解”。[22] I.绍博在此谈到的作者包括 14
L.康斯坦丁内斯库、T.约纳斯库、J.梅里曼、K.诺伊迈尔、Z.彼得里、S.波佩斯库、R.萨科、W.希什科斯基以及I.佐伊陶伊。

1991年，比较法国际学会修改了其章程，将该社团的宗旨限缩为“对于各法律体系的比较研究”。[23]

---

⑱ 参阅M.罗通迪(Rotondi)："作为知识对象的法"(Il diritto come oggeto di conoscenza)，载于《帕维亚法律系法学及社会学研究》(*Studii Sulle Scienze giuridiche e sociali della Facoltà di giurispmdenza di Pavia*)，1927年，第1页。

⑲ G.戈拉(Gorla)的观点发生过摇摆。我在文中所说的结论在1979年之前是清晰的。参阅《我们的法律与普通法之间进行比较的要点与问题》，载于《阿斯卡莱里研究》，米兰，1968年，第二册，第939页；也可以参阅《法学百科全书》(*Enciclopedia del diritto*)(第12卷，1964年)中的“比较法”词条；现在可以参阅《比较法与欧洲共同法》(*Diritto Comparato e diritto comune europeo*)，第51页及73页以下(尤其是第77页)。

⑳ 参阅M.安塞尔：《比较法学的功能与方法》，意大利文译本，第28页，“比较法主要探讨存在于两个或两个以上国家的法律之间的共同点以及差异点”。

㉑ 参阅K.茨威格特(Zweigert)、H.克茨(Kötz)：《比较法导论》，第16和第17页，“如同其他一切科学方法一样，法律比较的基本目的在于认知。此外，比较法还可能具有四个特殊的实践功能：供立法者作为资料的比较；作为解释工具的比较；在大学教学中的作用以及对于超国家的法律统一的意义”。

㉒ 参阅绍博：《法律比较的目的和方法》。

㉓ 参阅本章注释10。

但是，对这个问题的争论在世界各地都从未停止过，意大利的情形也是如此。

1979 年，在都灵召开了意大利比较法学会第五届大会（该次会议被称为“戈拉会议”）。本次会议的主题恰恰就是比较法的对象、目标以及方法等问题。在本次会议上，R. 萨科和 V. 登蒂提出了两种完全相反的观点：前者认为，比较的目的在于获取知识；而后者则认为，比较的目的在于寻找最好的法律体系并使它们在法律变革中交汇融通。

G. 戈拉则提出了结论性的见解。[24]

在此次会议上，在本书中所提出的观点受到了一种批评性的质疑。批评者认为，这些观点可能有助于推动某些法律问题的解决，但是，在一种表面上的和不可能实现的中立性之下，其必须借助政治这一点被掩盖了。[25]

迄今为止，戈拉已经多次表示了对将比较法理解为一门知识

---

[24] 这些文章均收入于《比较法学的贡献》(*L'apporto della Comparazione alla scienza giuridica*)，R. 萨科主编，米兰，1980 年。A. 干巴罗在“比较法学领域的若干新发展”一文中对这三篇论文进行了精彩的评论分析，见《比较法杂志》，1980 年，第 1 期，第 297 页。

[25] 在“比较法与程序科学”(Diritto Comparato e scienza del processo)（载于上引萨科主编《比较法对法律科学的贡献》，第 211 页）一文中，V. 登蒂表明了其怀疑主义的立场。在表达了“当其对象由一国法律内部转向比较法时，结构主义的分析必然会丧失其所要求具有的中立性”的观点之后，他强调了以下结论：“并非偶然的是，萨科最著名的研究成果是对社会主义国家民法的罗马法基础的探讨。这一研究的出发点明显地具有潘德克吞体系的烙印，而在这一出发点中，意识形态的因素是无法排除的，因为排除意识形态就相当于排除了文化”。然而，考察以下四位分别采取不同政治立场的假想的比较法学者所指明的社会主义国家法律的基础，应该是一件有意思的事情：一位是温和的专制主义者，它旨在于政治社会中建立宗教式的崇拜；一位是非常世俗的空想主义者；一位是反动的独裁主义者；而另一位是列宁主义者。

这一观点的赞同。在为 1963 年编纂的《法学百科全书》所纂写的词条中，他已持此观点。在目前收录于《比较法与欧洲共同法》[26]
论文集的多篇文章中，他的这一立场始终未改变。他请求比较法 15
学界抛弃错误的知识，用历史资料取代它们，并因此获得真实有效的知识。事实上，比较法挑战并摧毁那些过于草率的结论；它清除那些纯粹属于唯名论的问题；它并不仅限于揭示差异与共性，它也要进一步发掘导致这些差异与共性背后的原因；[27]比较法研究的是运行中的法律，而非写在书本上的法律：前者是实际有效运行的法律，是社会现实，是实质性的解决方案；后者是表面上的法律，是上层建筑，而非法律。[28] 比较法是一种历史学，通过摧毁那些错误的概念，这种历史现实将我们导入知识的殿堂。比较法是纯粹的知识。[29] 因此，它并不必然旨在寻求在法律改革中可以加以利用或可以采用来创造统一法律的模式；它也并不旨在于探索隐藏在不同外衣之下的共同模式。[30] 但是，在以他的名字命名的会议召开期间，G. 戈拉开始重新审视他的立场。他有着一个梦想：利用英美法和大陆法中的优秀制度，在全球的层面上坚实地创造出一

---

[26] 米兰，1981 年。

[27] 参阅《论契约》（*Il contratto*）一书（米兰，1954 年）的前言，现见于前引《法学百科全书》第 41 页以下“比较法”词条。

[28] 以上论述分别见于：“比较法”词条，前引，第 73 页；“判例的体系内研究及比较研究”（Lo studio interno e comparativo della giurisprudenza），载于《意大利论坛》（*FI*），1964 年，第 73 页；“判决的理由”（La motivation des jugements），载于《意大利论坛》，1979 年，第 1 页。以上这些论述现在均收录于《比较法与欧洲共同法》，前引，第 100 页，第 303—306 页及第 361 页。

[29] 参阅前注 19。

[30] 参阅前注 19。

个法学家的法(Juristenrecht)。这一梦想促使他将比较法的目标指向了这种创造。那么,现在让我们看看事实是否与他的理想相吻合。戈拉那令人敬佩的研究领域既涉及意大利法庭(Rote,即16至18世纪意大利诸公国境内设立的法庭)之间的相互影响,也包括了在这几个世纪中法国法对英美法庭的影响。他的研究成果对于法律体系的知识而言是突破性的并且是极为重要的。但是,他并未能够提出一项法律改革(iure condendo)的建议。

在我看来,通过在《法学百科全书》(第11卷,罗马)中"比较法与外国法"词条(该词条大约于1982年写成)[31]中的观点表述,戈拉于1989年又明显地回到了他先前所持的立场之上。

16 与1979年前的情形一样,在随后的若干年中,这个问题仍未有定论。有时,不属于比较法领域的法学家也会对该问题发表看法。这两种见解各自都得到了支持。[32]

受一种令人敬佩的使命感的驱动,一种观点指向了对最优模

---

[31] 在该词条的第2和第3项,戈拉明确地回应了我的结论,他承认这些结论"部分是真实的,那就是,比较法学的基本任务在于研究和确认用于比对的不同法律体系或者是它们的规范或法律制度之间的差异和共性"。比较法的另两项任务是:对差异与共性给出解释;对用以比较的法律作出评价。

[32] 比较法学界的一个圈子("特伦托圈子")于1987年以如下的语言提出了它们的宣言:"作为科学的比较法学,其宗旨在于对法律的知识有一个更好的了解。其余的任务——例如,推广最优的法律和解释的模式——也值得给予极大的关注,但它们仅仅是比较法研究附带的目标"。签署这一宣言的有F.卡斯特罗(Castro)、P.森东(endon)、A.弗里尼亚尼(Frignani)、A.甘巴罗(Gambaro)、M.瓜达尼(Gudagni)、A.瓜尔内里(Guarneri)、P.G.莫纳泰里(Monateri)和R.萨科。G.M.阿亚尼(Ajani)和U.马太(Mattei)赞同这一立场。V.登蒂(Denti)所支持的立场得到了M.塔鲁弗和L.P.科莫利奥的赞同。R.帕尔多莱西和G.蓬扎内利(Ponzanelli)则采取了折中的立场。比较宪法学者并未太深地卷入这场学术争论。在后文检讨比较法学者的知识所具有的历史性和现实性时,将论及他们的观点。

式的寻求。持这种观点的是 M. 卡佩莱蒂(他无疑是在国际上享有最高声望的意大利法学家)。通过为自己或为集体研究之目的而选取的研究主题,以及将比较法的资料直接用于法律改革的提案,卡佩莱蒂展示出了他的这一立场。[33] 但是,我不了解他的立场中关于比较与体系研究二者之间相互关系的理论。

在上文中我不断地指出,比较法的目标在于对各个法律体系作最透彻的了解。

就此而言,"法律"、"法律体系"等词语的使用要求人们对"法律"这个范畴的广度予以关注。

有人也许会向比较法学者提出如下的建议:在进行法律比较时,他们应将其关注点局限于那些由有权机构颁布的法律规范。对于法律概念的这一界定(所谓"法律实证主义")有其形式上的合理性,但却很难引起比较法学者的兴趣。

任何人在读过一部法律之后,如果他还对有关这部法律的解释情况感兴趣,那么他就应该回过头来考虑那些制约这种解释的前提条件(即解释学上的手段,也被称为"次级法律渊源")。如果以在多个体系之间进行比较为目的进行此第二阶段的研究,那么显然它也属于法律比较的范畴。

一切对一个单一案件的判决能够产生影响或在过去产生过以及在将来可能产生影响的因素都是法律渊源(尽管是次级的、附带性的渊源),因此,它们都可能引起比较法学者的关注。而且,作为

---

[33] 看起来,他的这些立场始终为 N. 特罗克(Trocker)、V. 瓦拉诺(Varano)、A. 德维塔(De Vita)和 V. 维戈里蒂(Vigoriti)等人所坚持。

17 体系研究者，比较法学家总体上会对在一个特定法律体系中对法律的整体运行起制约作用的某些间接法律渊源感兴趣。例如，作为未来可能被遴选为法官的学生所接受的法律教育。

在对比较法作出上述界定之后，我们不能由此而将其与对某个或多个外国法体系的简单了解相混淆。[34]

事实上，显而易见的是，如果一本著作是一个波兰作家写给波兰人的，那么它并不会因为偶尔落入一个意大利人手中——无论是原作，还是译本——的简单事实而变成一部比较法的著作。然而，一个意大利人对波兰法所进行的研究却可能具有某些比较法上的价值，因为，在这个意大利人采用意大利的术语来表述波兰的法律状况之前，他就应该确保这些术语是相互吻合的。因此，就有意识地并且是以评判性的眼光为国际研讨会纂写的关于各国国内法的文章以及对多个法律体系的资料所作的考察而言，只要作品的目标或组织者预先确定的主题能够促使作者对其所不熟悉的范畴或类别进行评价，那么，它们或多或少地都会具有比较法上的价值。

然而，一个跨法律体系的论述，如果仅是平行地对不同国家的

---

[34] 一个能说多种语言的人与一个语言学家之间的区别，能够帮助我们理解一个比较法学家与一个简单地了解多个法律体系的人之间的区别。一个能说多种语言的人了解多种语言，但是他并不知道该如何衡量它们之间的差异，也不知道该如何量化它们，而这些却是语言学家的技能。与此相似，比较法学家既了解属于不同法律体系的整体知识，同时又知道如何将它们进行比较并测定它们之间的差异和相近之处。G.戈拉曾多次生动地讨论了比较法与关于外国法的知识之间的相互关系（最近的论述见于前引“比较法与外国法”词条，2.2）。与此相同的观点亦可以参阅 A.沃森：《法律移植》，前引，第4页；G.隆巴尔迪（Lombardi）：《比较公法学导论》，米兰，1986年版，第12页。

资料进行表述，那么，即便它可能使阅读它的人能够利用它进行比较工作，它也不过是最为粗糙和不太科学的一种比较而已。[35]

从另一方面来看，对于许多人（尤其是从事实务的人）而言，有 18
时他们感兴趣的只是有关外国法的知识，而非比较法。但是，如果缺乏比较法方面充分的知识准备，那么对外国法的研究就会相当困难，而且也有很大的可能会发生误解。

一位权威人士曾提出过这样一个看似有些奇特的问题：比较法学是否应将一种能够揭示导致法律变迁事实的“病理学”研究包含在内？[36] 提出这一疑问的可能的原因是：如果将法律比较界定为“旨在获取法律知识的活动”，那么这一界定就可能产生这样的疑问，即这种界定旨在研究“纯粹”的法律知识，于是，与法律相伴随的任何社会现象，尤其是那些导致其产生的原因，就都与比较法的研究无关了。

对此问题的回答其实并不困难。

比较法研究现实运行的法律，而且，（除静态的法律外）它还研究处于动态之中的法律。因此，在研究中会遇到那些推动或阻碍法律变革的事实因素。对这些原因要素的研究，凡是法学家们所感兴趣的方面，比较法学者同样也会感兴趣。更为确定的一个事

---

[35] J.范德林登（Vander Linden）在“D.科基尼－亚特里多《比较法导论》评述”一文（见《国际比较法杂志》（*RIDC*），1989年，第1057页）中，严厉地批评了那些主张进行比较但后来只是进行了平行表述的人。在这篇文章中，作者不仅批评了他所评述的这部著作，而且也同时批评了《比较法国际百科全书》。阿尔曼容、诺尔德和沃尔夫的著作《比较法论》（3卷本，巴黎，1950－1952年）是持这一批评立场的典型作品。相同的观点还可以参阅前注沃森《法律移植》及其发表于《宾夕法尼亚大学法律评论》（*Un. of Pensylvania L. R.*）（131，1983，1121）上的“法律变迁”（Legal Change）一文。

[36] 参阅G.戈拉，前引“比较法与外国法”词条，第2、3页。

实是:法律的变革或法律的停滞,其原因通常都表现在一个法律现象之中。例如,如果法官不进行说理,那么就不会产生一个由先例构成的法;如果法官是从接受大学教育的人中所遴选的,那么学理就会影响法律实践。只要对两个法律现象之间的因果关联进行探讨,那么其原因、结果以及因果关系就完全落入了法学研究对象(有时是比较法研究对象)的范畴。

产生法律命题并将它传播和推广的方法和程序、对法律命题的产生可能发生影响的法官遴选、对法律命题的产生可能发生影响的机构或各种因素的存在,所有这一切对比较法学者而言都是极其重要的,正如它们对以一国法律为研究对象的法学家极其重要一样。需要指出的是,恰恰是比较法学家们,出于对体系研究的偏爱,最早发现了这些因素的重要性,并将它们理论化。

上述这些因素是在一级和次级法源的层次上发挥作用的。在这些机制之外,还存在着引导这些机制发生的法外原因。布汶
19 (Bouvines)战役的结果就是这方面的一个事例。可以向比较法学者提出的一个建议是:他们不必独自承担决定法律制度的哪些原因将成为比较法研究对象的义务。总体而言,凡是作为法学研究对象的东西都将成为比较法研究的对象。

七、比较法与本国法的改良(通过借鉴外国法)

与法律的一体化一样,作为一个总体政治运动的结果,对外国法的借鉴可能是一种通盘借鉴(1806 年后对法国法的接受就是一个典型的事例),它也可能仅是对个别制度的有选择性的吸收。对其他国家法律制度的知识毫无疑问地对上述第二种借鉴模式起到

了支持作用。将某些单一的制度引入借鉴国的整个法律体系之中，这要求对这些被引入的制度以及引入它们的整个法律体系有很好的把握，因此，只有具备上述两方面精准的知识，才可能有效地进行这些工作。

毫无疑问，在众多的事例中，比较法的确加速了法律的发展，因为它有利于各种法律体系的传播。比较法与法律借鉴之间这种事实上的相互关系是我研究的对象，我将在谈到法律体系的传播时重点讨论这个问题。在这里，我仅应该提出这样一个问题：对外国法的模仿借鉴是否应该或能否被设置为比较法学的一个目标？[37]

根据前文所表述的观点，这一问题的答案是可预见的。

如同其他任何一门科学一样，比较法旨在获取理论上的知识，是否要对这些理论知识加以进一步的利用则是一个不相关的方面。如果操作者们希望借助它来使对各法律体系的借鉴成为可能，那么，显然这一点也并不会改变比较法作为一门科学的属性。比较法是一门可能产生很好实践效果的科学。如果立法者在有意识地仔细研究了比较法学所提供的精确知识之后决定借鉴某一种法律模式，如果学者们根据他们带有批判性的知识去设计未来的法律借鉴，那么这些活动就证明了在这门科学的基础之上所从事实践活动的价值。

然而，作为一门纯粹的学问，比较法已经取得了令人赞叹的积

---

[37] 通说对此问题给出了一个肯定的回答，参阅 G. 戈拉前引“比较法与外国法”词条。

20 极成果:关于普通法系和民法法系之间差异与相似之处的无法被后人超越的分析;对于没有文字民族的法律(etnodiritto)充满智慧的重构;对亚非法在接触欧洲法之后所发生的转型所作的分析研究;有关资本主义国家法与社会主义国家法之间存在的差异的分析研究。

这些成就都是科学的成果,尽管它们并未伴随着法律制度的传播。同时,迄今为止,尚未有任何人列出一份清单来表明哪些法律制度的传播是以精确的比较法研究为先导并因后者而成为可能的。如果有人现在列出这么一份清单,那么完全有理由怀疑这份清单并不会太长。最重要的一些法律继受——它们是推动法律前进的车轮——是在没有进行事先的法律比较或仅是在一种浅层比较的基础之上完成的。这种浅层的比较仅以了解法条或一个学理的框架为满足。达到科学水平的比较法则介入得较晚,它只是在法律继受完成了之后(有时甚至是在完成了若干世纪之后)才对它们进行了分析。

八、所有法律体系和规范之间的可比性

将某一法律体系与其他任一法律体系进行比较,这是可能的吗?

对于那些认为比较只是意味着见证不同制度之间实质上的统一性的人们而言,这显然是值得质疑的。同样,对于那些认为比较只是意味着对法律的统一作出预先安排的人们来说,这显然也是值得质疑的。

而对于那些认为比较法是确定和估量存在于各种法律制度之

间差异的人们而言，他们会毫不犹豫地对这个问题给出肯定的回答。

历史地看，这一问题是在讨论三组对立的事物之时被提出的。人们曾提出这样的疑问，即在以下三种法律体系之间是否可以进行比较：罗马法体系和普通法体系；资本主义体系与社会主义体系；成文法体系与没有文字之民族的法律体系。

在1920年之前，人们否认英国法可以与其他国家的法律相比较。[38] 相反，在两次世界大战之间，所谓普通法法系与民法法系之间的对话却变得异常地活跃。

半个世纪以来，同样的问题被以另外一种形式提了出来，即社会主义法系与自由经济法律体系之间的可比性问题。[39] 在开始阶 21
段，社会主义地区的法学家们质疑了将他们国家的法律与资本主义国家的法律进行比较的可能性。根据他们所宣称的一种理论，法律是一个上层建筑，是建立在社会的经济基础之上的。由于从资本主义向社会主义的转变伴随着社会经济基础的倾覆，因此法律也必然发生了完全的倾覆。事实上，如果资本主义法的目标在于强制被剥削阶级服从于剥削阶级的意志，那么社会主义法的目标则在于确保所有劳动者免受任何形式的剥削。在一个社会主义

㊳　1920年这个时间界限是我们在前引M. 安塞尔的《比较法学的功能与方法》一书（第18页以下）中找到的。该著作对伟大的学者E. 朗贝的思想进行了很好的阐释。

㊴　大量的著作讨论了这个问题，其中包括：G. 戈拉，前引"比较法"词条（他在此表现出了强烈的质疑）；I. 绍博，《法律比较的目的和方法》，前引，I, n. 12；M. 安塞尔，"社会主义法与西方法之间的对比"（La confrontation des droits socialistes et des droits occidentaux），载于Z. 彼得里（Péteri）主编，《法律理论：比较法》（*Théorie du droit : Droit comparé*），布达佩斯，1984年版（作者持肯定立场）；G. 隆巴尔迪：《比较公法学导论》，前引，第75页（作者亦持肯定立场）。

国家和一个资本主义国家中，买卖、死因继承和损害赔偿等可以用相同的法律条文来加以调整。但是，这两个国家的法律在目标上的对立却使得各国立法在文字上存在的相似性变得虚幻难解。

第二次世界大战以后，上述这种不具有可比较性的理论开始逐渐发生变化。国际公法催生了联合国，而在联合国中发挥作用的包括社会主义国家和其他国家。旨在创造一体化法律的国际公约得到了具有不同经济基础的国家的共同签署，而根据定义这一法律在不同国家中是一致的。各种性质的措施被引入资本主义国家的法律，以保护劳动者的各种利益。这些举措创造了一个使法律比较成为了可能的空间。尽管在深层次上的一些差异(法律的目的性)是无法缩小的，但是，至少在法律要素的浅层表现上(在纯粹技术意义上的规范)或它们的一些个别领域仍然是具有可比性的。

在我看来，对于具有不同经济基础的国家之间的法律规范和制度的可比性问题，应该给出一个肯定的回答。

社会主义国家的法学家之所以感到必须尽力否认这种可比性，其原因在于，他们担心别人可能会在研究他们的法律体系时以罗马法的眼光来解读，他们担心解读者会利用西方的法律来淡化苏维埃法律的色彩，他们也可能担心由列宁及其后继者所实施变革的革命性会遭到否认。如果不考虑这些忧虑，事实上在各种法
22 律体系间是具有可比性的，这不是因为它们之间或多或少地具有一些相似性，而是因为法律比较并不惧怕差异，无论这种差异究竟有多大。一些法学家否认在社会主义法系和与其对立的法律体系之间具有可比性，因为他们认为在这些法律体系之间存在着根本

差异，然而，他们并不知道，在得出这个结论的过程中，他们已经进行了一种真正意义上的法律比较！

比较法可以测算出体系间的最大差异和最小差异，人们不应在这二者之间有所偏好。[40] 它不应仅仅去捕捉不同国家法律间的共同内核，它也不应仅仅去捕捉各个法律体系的独特之处。

对于那些否认其所论述的法律体系与不同社会主义法系之间具有可比性的法学家而言，有两个批评性的意见是他们必须回应的：首先，他们为什么要将那些看起来不具有相似性的法律体系排除出比较法？其次，就进行比较这个目的而言，他们为什么要将法律要素形式上的关联排除出去，而仅认为体系基础结构上的关联才有意义，就好像后者已经穷尽了我们所考察的法律要素一样？

在将法律人类学或法律人种学的研究纳入比较法的领域这一方面，有着更为强烈的反对意见。

最初的反对意见源自法的"国家性"这一理论。

法的国家性理论，是法学理论站在一种总体上属于实证主义的立场上对 19 和 20 世纪具有欧洲文化传统的国家的社会现实的系统总结。

在某些人看来，那些虽调整社会生活但并不为一个国家确保执行的民众规范并不具有法的属性。这一观点是欧洲人种中心主义的产物。在欧洲，人们很容易接受法与国家这两个概念是相伴生的观念。但是，即便没有国家，那些依其传统而生活的社会同样

---

[40] 以下著作已经指明了这一立场：M. 安塞尔，《比较法学的功能与方法》，前引，第 28 页，第 55 页以下；G. 隆巴尔迪，《比较公法学导论》，前引，第 75 页；G. 戈拉，"比较法与外国法"词条，前引，第 2、3 项。

知道如何赋予它们的社会规范以效力。

L. J. 康斯坦丁内斯库总结了一种已经相当流行的观点，否定了在成文法和传统法之间的可比性。他认为，现代社会可以意识到自身的存在，并且知道社会生活仅仅是人类经验的一部分；现代社会的法律与道德和宗教是相分离的，而且它是以一个经构建而成的整体。相反，传统社会却是多元的；它的公共生活简单，而且
23 它对环境的控制能力很低；在这里，对法律的遵守具有被动、完全、默认、不精确以及意识性低下的特点。[41]

N. 鲁兰对以上看法做出了回应，他认为这些看法代表着一种已经过时的观点。他总结道，“如果传统型社会之间的性质差异真的像 L. J. 康斯坦丁内斯库所描述的那样的话，那么对它们进行比较实际上就将毫无意义”。[42] 当然，今天从事法律人类学研究的学者已经不再会坚持康斯坦丁内斯库的观点。但是，即便传统型社会的社会生活的确具有欧洲学者们过去倾向于认为具有的特征（某些人现在还持相同的观点），这一点也根本不会影响将它们与成熟法律体系中的社会生活加以比较（其差异）的可能性——这种比较能够以恰当且精确的探讨各自社会形态的构成、其组织方式以及它们相互间在体系上的排列方式，从而揭示出不同体系之间（相对立的）特征。

---

[41] 参阅 L. J. 康斯坦丁内斯库（Constantinesco）：《比较法论》，第一卷，“比较法导论”，巴黎，1974 年版。

[42] 参阅 N. 鲁兰（Rouland）：《法律人类学》（*Anthropologie juridique*），巴黎，1988 年版，第 173 页（该著作已由 R. 阿卢菲 · 贝克 · 佩科兹译成意大利文，米兰，1992 年版）。

在功能和结构方面，没有文字之民族的法律具有与成熟国家的法律相同的特征：通过被赋予效力的规范的作用，维持一定的社会秩序。当然，它们也具有其自身的一些特点：不存在一个专门负责规范实施的法学家阶层；实际运行的规范与在其之上的非法律的教义之间存在特别的关联；有时它们很少表现出解决方案的可再现性倾向。一言以蔽之，它们的模式与德国法或加拿大法不同。然而，它们也是法，因为它们也是在其特定的社会中对社会秩序需求的一种回应。

在可比性问题上的争论让我们看清了这样一个重要的事实。就一些法律体系而言，任何学者都承认其具有可比性，因为它们的解决方案以及特征都具有相似性。而对于另一些法律体系而言，人们（错误地）认为它们之间是不具有可比性的，因为它们之间存在的重大差异使它们发生了分离。在作为研究对象的不同法律体系间存在的差异可能有程度上的变化。于是，就出现了宏观比较（在属于不同家族的法律体系之间进行的比较）与微观比较（在属于同一家族的法律体系之间进行的比较）的区分。[43] 这两种比较 24
方法所使用的工具可能是有所不同的，例如，在宏观比较中，一个法律体系所使用的词语通常并不适合翻译成另一种语言，因为后者很可能缺乏恰当的词汇。

---

[43] 这一分类以及相关术语是由 R. 达维德于 1953 年在由都灵“欧洲研究大学研究所”举办的一次研讨会上提出的。R. 达维德自己采用了这个建议，并在其于 1966 年出版的著作《当代世界主要法律体系》（*Grands Systémes*）第 2 版（参阅该书参考书目第 12）中使用了这一区分。该书后来的版本未再讨论这一问题。然而，相关术语已经开始被人们所使用了。

上述这组对立的概念经常被人们加以使用，但是有时这些术语也被赋予了新的内涵和价值。[44]

九、比较法的实践需要法律人类学的经验

技术先进的社会中的法与没有文字之民族的法律之间的确存在着重大的差异。而且，如果不是考虑发达社会真正意义上的法而是考虑欧美学者对其法律所作的描述的话，那么这种差异还将会增大。

人类学家们未透彻描述的一个重要差异是：在民法文化和普通法文化之中，诉讼反映的是一个在诉讼进行前（而且是独立于诉讼的）即已确定好的可能且自然的事实过程。如果（而且只有）所有的事实构成均告成立，原告方就可以援引这些事实指向的法律规范。在我们的文化标准之外，诉讼则可能在程序进行之前和之中更为弹性地考虑当事人的情况。当事人的行为获得赞赏的程度将影响诉讼的成功与否：获得社会的同情和认可（这可以通过符合被广为接受的社会价值标准的行为而获得）在诉讼后果方面同样具有意义。

在其他情形下，诉讼旨在加强社会的团结。这种社会团结是通过在诉讼中照顾更为强势的一方而获得的，而后者本身具有执

---

[44] 相关概念出现在作为一个历史学家和人类学学者的 N. 鲁兰的著作中具有重要的意义，N. 鲁兰：《法律人类学》，前注，第 172 页（“进行宏观比较是可能的吗？”）。G. 戈拉在其纂写的“比较法与外国法”词条中（前引，第 7 项）将微观比较的意思扩张为“以单一规范或单一规范群或制度为对象的比较”，而宏观比较则是对特定法律进行的特征描述（于是它就与我们称之为“体系学”的概念靠近了）。

行判决所要求的影响力和手段，这样就不会引起可能导致社会不稳定的异议。

在其他文化中，被裁判之人的情形则要在超自然的场合（神明裁判）来加以确定；或者说，它们寻求超感官的事实，因此需要的是 25
那些具有巫术性质的程序。

尽管（而且恰恰是因为）在没有文字民族的法律现实与发展成熟国家的现实之间存在很大差异，对于比较法学者而言，人类学的经验仍然具有无可比拟的价值，因为这种经验向比较法学者传授了无数的背景事实，而且，更重要的是，它能够使他们避免陷入那些危险的错误和偏见之中。

首先，人类学学者并未受到下述这种观念的影响：对任何研究本国法的人来说，其研究的目的都是为了对它加以适用；而对于任何研究非本国法的人来说，其研究的目的都在于改良其本国的法律体系。在特定时期，法律人类学的目的在于为殖民当局服务：它通过向后者提供必要的知识，以便其以贯彻宗主国价值观的名义使被殖民民族的文化解体。在殖民时代结束之后，人类学开始展示其对传统型社会价值观的中立立场，并将其研究的目标限缩为对各个体系的深入研究，也就是说，是对它们的内容、差异、共性以及传播情况的研究。对一定价值观的推广，这明显地只是人类学研究偶然具有的目标，是第二位的且非同质的目标。这是因为，如果人类学与摧毁没有文字民族的文化这种目标相关联，那么人们就会用怀疑的眼光看待这门学科。

其次，人类学始终鼓励研究者进行更有价值的抽象概括，从而向比较法学者展示了不同体系间存在的关联和相互作用。就文化模式变迁的重构而言，进化论和传播论构成了两个关键的因素，而任何比较法学者都可以就此进行有益的思考。

再次，人类学学者通常首先看到的是那些在其实施环境中未被充分表述的规范。如果他想描绘其所看到的情形，他自己就必须将这些规范用文字表述出来，也就是说，他必须通过使用恰当的术语所表述的概念来重构这些规范的内容。一般说来，这就要求他使用其本国的范畴和表达方式，而这些因素对于其所研究的民族而言恰恰是陌生的。也就是说，他需要重构由该民族确立并拥有之规范的印象。这位人类学学者所具有的经验使他很容易就可以理解，人类群体完全有可能在尚未将某些行为规范记录下来之前就已经正常地对它们进行了遵守；同样，这种经验也能够使他理解，在反映研究者所记录的规范框架与反映被研究民族所拥有的规范印象之间存在着差异。这是理解实际运行的法与人们所认知的
26 的模式之间所具有的对立关系（此方面的进一步论述可参见第二章）的第一步。也就是说，在实际运行的法与人们所认知的模式之间存在的分歧是一个基本的前提。在成文法的领域内，只有少数专家才理解这一点，而在人类学学者那里，它却是一个核心的和常识性的认知要素。

此外，一个从事人类学研究的老手习惯于将规范理解为：如果条件 A 所要求的所有事实要件均存在，则发生法律关系 B。相反，在法律人类族学领域，研究者可能会发现，相同的事实未必总是引起相同的后果。这是因为，连接事实与法律关系之间的链条由于在中间环节上其他因素（超自然的因素、社会考量、诉讼当事人各自的实力以及出于教育方面的考虑等）的介入而受到了影响。

在一个技术上已经发展成熟的社会中，法学家受到一种观念的支配，即法律是经由某个人为的程序而被创造出来的：议会的审议；一个书面文本的公布和编定（包括法学家的解答、一篇专题论文或者一本权威著作）；作为先例被采用的司法判决等。甚至在讨论到习惯法时，我们所说的这些法学家们也要罗列它的一些准形式要件，包括反复持续的遵行以及“法的确信”。相反，传统型社会的法律却是自发性的。对于学者们来说，“自发性”这一词并不能免除他们对影响这种法的形成的要素加以分析的义务，但是，这种自发性毕竟排除了来自一个权威机构的决定性的介入以及用来限制社会的选择能力的一切要求。对没有文字之民族的法律的研究能够引导我们重新审视发达社会中带有自发性的法律。

最后，人类学还使学者们有机会接触前殖民地国家。这些国家曾经实行过某个欧洲的法律体系，现在它们虽然由本地人治理，但先前的法律基础却具有明显的影响力，深刻地影响着规范的适用。这样就可以在下层基础（本地）的贡献和上层基础（具有欧洲起源）的贡献之间加以区分，并显示不同的基础是如何影响着每一法律体系的基本面貌的。

关于法律民族学的论述表明，有必要引入以蒙昧社会为研究对象的民族学。对法学家而言，民族学并不是一个不相关的领域。蒙昧社会向我们表明，某个特定的规范或某种特定的权力分配可能在人们尚未以语言明确地表述它之前就已经强制性地施加到某个人群的成员中去了。

第二节　语言问题

27　十、法律术语的可译性或不可译性[45]

伦敦大学的基拉菲教授在负责编纂《国际比较法百科全书》(*International Encyclopedia of Comparative Law*)的词条时，曾经就"rivolving funds"这一术语向各国法学家发放了一份调查表。"rivolving funds"这个术语有些类似于我们意大利文中的"循环基金"(fondi di rotazione)。

意大利的法典和其他欧洲大陆的法典都未涉及这个主题，而如果在法典以外的单行法中寻找，或许可以找到相关的零散规定，但是我们肯定找不到这方面完整的规范。

基拉菲教授所列出的前7个问题如下：

1. 如果存在循环基金，那么在何种程度上它被视为一个物或其他客体(这种客体独立于其可变的构成部分并与后者相分离)?

2. 如果存在循环基金，那么在何种程度上它可以被人们所

---

[45] 有关翻译问题的论述，可以参阅M. 博普雷(Beaupré)、I. 北村(Kitamura)、G. R. 德格罗(Groot)、J. H. 赫伯特(Herbots)、R. 萨科，"法律翻译"(La traduction juridique)，载于《法律手册》(*Les cahiers de droit*)，1987年，第28期，魁北克蒙特利尔，第733页以下；M. 博普雷，《加拿大双语立法解读》，多伦多，1981年版；B. A. 斯特拉顺(Strashun)，"政治与法律术语的翻译"(Translating Political and Legal terminology)，译自俄文，载于《苏维埃法》(*Soviet Law*)，1982年，84页以下。同时亦可以参阅B. 伯格曼斯，《作为了解比较法之工具的外国法律术语讲解：以德国为例》，载于《国际比较法杂志》，1987年，89页。1974年第19期的《法哲学档案》(*Arch. Phil. droit*)杂志收录了来自不同国家作者的18篇有关法律语言的专题论文。

拥有？

3.谁拥有它——管理者还是受益人？

4.所有权是否被视为在他们中间进行了分割？

5.“所有权”这一概念是否被放弃，并且，用普通法的术语来表述，法律上的财产权属于管理者而衡平法上的财产权属于受益人？

6.如果所有权完全属于管理者，那么，它是一个完整的所有权呢，还是说它的内容自动地受到了削减？

7.如果受益人不是所有权人，那么，他们的利益是否仅具有一种对人的性质，还是说具有对物的性质？

这样看来，基拉菲教授首先想知道的是：循环基金是否可以成为所有权的客体？所有权人是管理人还是预先确定的受益人？接着，他还想知道，是否在管理人法律上的财产权的对面还存在着受益人的衡平法财产权或利益等。

以上所有这些问题都是以在意大利不存在的法律规范和事实为前提的，而且，它们利用了相对立的概念来加以表达（“法律上的
财产权”与“衡平法上的财产权”，这组概念是“法律”与“衡平”这一 28
区分的结果），而在意大利根本不存在这些对应的概念，在意大利语中也找不到相应的表达方式。

对一个意大利人而言，基拉菲教授所提问题的难度并不在于寻找这种情形下的法律规范（一旦问题本身被识别出来），而是在于如何将问题纳入意大利语的范畴。

这样，我们就遭遇了比较法上的一个重大问题——表达法律概念的语言表述的翻译问题。

应该承认，的确存在一些不可翻译的表述。但是，我们可以提

出的问题是：是否存在可以翻译的表述？如果答案并不是否定的，那么还需要进一步提出的问题是：需要具备哪些前提条件，我们才能确保某一表述的意义未被改变，而且我们可以说一种译法是正确的？

十一、翻译的对象

和其他国家的情形一样，意大利并未发明所有其正在实施的法律制度，而是优先利用那些已为其他国家充分论证了的制度。在制度继受方面的这种倾向性是与翻译领域的一些重要举措相伴随的——译自法文、德文、英文、俄文以及其他文字。

意大利对法国法和德国法进行了双重继受（有关此方面的内容见本书第二编），这使得意大利人必须确立一些法律范畴，它们应该与在这些制度的发源国所使用的法律范畴完全相同。为满足这种同化方面的需求，意大利的法律词汇表不得不做了两次重大改变。[46] 就"无效"（nullità）这同一个词而言，在某个时期的意思可能是"不生效力"（对应法语中的"nullité"），而更晚近的意思则是在法律上的完全无效（对应德语中的"nichtigkeit"）。[47] "民事犯
29 罪"（delitto civile）、"不法事实"（fatto illecito）是对法语"delit"和

---

[46] 这一我们在 1976 年即已指出的事实也已经为一些通晓意大利文的外国人所熟知，参阅 G. 鲁埃特（Rouhette），"G. 托尔托拉《意法法律辞典》评注"（Dizionario giuridico italiano-francese），载于《国际比较法杂志》，1991 年，第 957 页。

[47] 意大利国家科研委员会通过其下设的法律文献研究所推动一部《意大利法律词典》的编定。1978 年，出现了一本包含字母 a 的词汇的小册子。在这本小册子中，由于材料选择方面的原因，"annullare"这个词被（无意识地）优先赋予了"使……成为无效"的意思，而不是"宣告无效"的意思。在这第一个小册子后，这项工作停顿了。

“fait illicite”的翻译,而“不法行为”(atto illecito)则是对德语“unerlaubte Handlung”的翻译。“以清偿为目的的给予”(dazione in pagamento)是对法语“dation en paiement”的翻译,而且它直接来自于拉丁文的“datio in solutum”,而“为履行而为之给付”(prestazione in luogo d'adempimento)则来自德语的“Leistung an Erfüllungsstatt”。

通过这样的方式,意大利语将两种不同的法律语汇纳入了其体系的内部,尽管今天有不少人倾向于认为法语化的语汇已经变得不恰当了。

在单一的语言中同时存在多种法律语汇,这种现象并不罕见。例如,在法语中,我们可以同时看到一种法国的法律语汇、一种魁北克的法律语汇以及一种瑞士的法律语汇。

魁北克的法律语汇并不必然是法国的法律语汇,这一点尤其表现在当语汇的选择是由立法者自身做出之时。如果魁北克的立法者将“fiducia”称之为“信托”(trust)(《下加拿大民法典》第981条以下,《魁北克民法典》草案第600条以下,这两个法典都是以两种语言写成的),那么,在魁北克的法律语汇中“fiducia”就意味着“信托”。这是一个语言的问题,而非法律的问题。

“Possession”这个由法国人所使用的法语词以及“possesso”这个由意大利人所使用的意大利语词,指的都是以所有之意思对物的支配;然而,同样是这两个词,如果它们是由瑞士人所使用的法语和意大利语,那么它们指的就是一般的对物支配。“Besitz”这个德语词在由德国人或瑞士人使用时,指的是一般的对物支配;然而,如果是由奥地利人使用“Besitz”这个词,那么它就包含了

“所有”之意思(《拿破仑民法典》第2228条以下;《奥地利民法典》第309条;《德国民法典》第854条以下;《瑞士民法典》第919条以及《意大利民法典》第1140条)。

从逻辑的角度来看,没有什么因素能够影响我们得出这样的结论,即,存在多种法语(法国人的法语、瑞士人的法语、魁北克人的法语、刚果人的法语以及塞内加尔的法语),存在多种意大利语(一种法国化的意大利语、一种德国化的意大利语以及一种瑞士提契诺州的意大利语),存在多种德语(帝国—联邦德语、奥地利德语、瑞士德语以及1990年之前的社会主义德语)。

不同国家的两个法典可以在不同的意义上使用同一个词语。在明白了这一点之后,人们还应该记住,同一个国家的不同法典也会在不同意义上使用一些词(例如,在意大利,有关汇票与本票的法律所使用的“留置”(detenzione)一词与《民法典》第1922条以下所界定的这个词具有不同的含义),而这种情形也可能会发生在同一部法典的两个条文、学术著作的两名作者以及两名法官之间。
30 事实上,词语并不具有绝对的和永久性的含义,每一个说话之人,在每一次使用一个表述之时,都会赋予它一个不可重复的特定含义。

于是,有关翻译的问题就向我们揭示了语言的同一性以及特异性方面的问题。例如,在我们讨论1865至1942年间的意大利法时,我们应当使用当时的法律术语呢,还是应当以我们现代的术语去替代它?如果当时流行某种术语上的选择(但同时又不完全排除其他选择),而现在则流行另一种不同的选择(同时也不完全排除其他选择),那我们该怎么办?我们如何才能找到概念在同一性和差异性上的精确尺度？

实践给了我们第一个回答。我们在不进行预先翻译的情况下阅读上个世纪的意大利文著作。对于一位需要阅读魁北克著作的巴黎的法学家以及一位需要阅读出版于维也纳之著作的斯图加特的法学家而言，他们也都是这样做的。意大利语看起来都是一样的，[48]而这一点同样也适用于法语和德语。

十二、由法律而生的翻译问题

1974 年，考虑到其在国际货物销售领域举措的成功，[49]国际统一私法协会（设于罗马的国际研究协会，其章程所确立的宗旨是私法的统一）启动了一部国际商法典的编定工作（此项工作仍在向前推进之中）。初步草案前几章的起草工作首先交由三位可以说是最知名的比较法学者去进行，他们是：R. 达维德、T. 波佩斯库和 C. 施米托夫。从一开始起，草案文本就以两种语言书写（英文与法文）。

草案的第 2 条对“contract”和“contrat”做出了规定。

但是，“contrat”和“contract”并不是一回事。旨在移转不动产所有权的双方行为，旨在于不动产上设置担保的双方行为，以及就由一个代管人对某项财产予以管理而达成的合约，在法国所有这些都是“contrats”，但是在英国和美国它们都不属于“contracts”

---

[48] 情形的确如此吗？1991 年，P. 梅洛格拉尼（Melogani）将 N. 马基雅维里（Machiavelli）的著作《原则》（*Principe*）翻译成了当代意大利文。

[49] 国际统一私法协会首先提议制定《关于国际销售的统一法》和《关于国际销售合同之订立的统一法》，海牙，1964 年，然后又重新将它们纳入了 1980 年维也纳公约。

31 [相反,它们属于“转让”(conveyance)或“信托”(trust)]。[50]

草案的措词向其作者们提出了一些无法在翻译层面得到解决的问题。在英文中不存在一个能表示“contrat”的术语,而在法文中也不存在一个能表示“contract”的术语。如果人们为“contract”和“contrat”都赋予“以法律关系为对象的协议”这样一种一般的含义,那么这个难题似乎就变得可以解决了。但是,在此情形,法律条文必须澄清以下这个问题:为使协议落入法律条文规定的范畴并约束当事人,应为此协议补充哪些法律要件?

需要明确的一个问题是:“转让(conveyance)不是一项契约”(这句话隐含着一个特定的契约概念)这个判断所表达的是一个语言学上的事实,还是一个法学上的事实?如果属于前一种情形,那么说这种语言的人(尤其是学术理论)就有能力改变相关语词的含义,而且,立法者(包括统一法的立法者)也可以通过赋予一个词以新的含义(并使它的这个决定为人所知)的方式予以介入。

如果“contract”和“contrat”之间的差异属于概念间的差异的话,幸运的是,这种情形并不像相关法律规范间的差异那么严重。就“给予之义务”(obligation de donner)和“转让所有权的义务”(obligation to transfer a property)而言,尽管前者在法国将自动导致所有权的移转(《拿破仑民法典》第1138条),而后者在英国则仅导致债的发生以及有利于债权人的衡平利益的产生,但它们仍

[50] 同样,赠与(donazione)和物权契约(contratti reali)都是“contrats”,而“gift”和“bailment”(寄托)都不是“contracts”。但是,就一部商法典而言,这些方面的差异并不重要。赠与并不是一项商行为,而寄托也只有在有偿时才构成一项商行为——在此情形,它属于一项交易(bargain),因此也就进入了“contract”的范畴。

然是两种容易发生混淆的语言表述。我们面对的是不同的法律规范,但相关范畴以及相关语言表达却是相对应的。

以上所举事例表明,即便多个词汇之间具有对应性而且可以相互翻译,例如 tod(德语)= death(英语)= mort(法语),[51]但这并不意味着存在一系列实际运行着的相似规范。尽管看似奇怪,但以上这个判断反过来也是成立的。也就是说,两个法律体系中实际运行的规范之间的相似程度可能会大于用于表述它们的词汇之间的相似程度。[52] 32

以上所述为我们指明了翻译与比较法之间的相互关系。

翻译工作由以下两方面构成:寻求需要翻译的句子的含义;寻求用翻译的语言表达此含义的恰当句子。前者由法学家来进行,后者也同样属于法学家的工作。但是,这两项工作作为整体的同时进行却是比较法学者的任务,因为,只有他们才有能力决定两种来自不同法律体系的观念是否相对应,只有他们才有能力决定规范间的差异是否导致了概念上的差别。

此外,翻译者还需要进一步考虑一系列无法为语词与概念之间的相互关系所包容的情形。

---

[51] 这三个词曾经一度是完全可以互用的,而现在情形已有所不同。法律上的死亡可能是心脏功能的丧失,也可能是脑功能的丧失,死亡标准的这种可选择性就有可能使人们赋予以上这三个术语以不同的内涵。

[52] 提兹承诺将某一动产的所有权移转于卡尤,在该承诺无效而且他也明知此无效事实的情况下,提兹仍然以履行之目的将此动产交付于卡尤。在英国、法国和德国,此种情形下的所有权均发生移转,但是,它们对这一规则的表述是不同的,而且某些部分是不可译的。

十三、由语言而生的翻译问题

如前所述，法律规范在得到语言表述之前即已存在。如果规范具有习惯法的性质，那么这一点就显得更加清晰了——在这种情况下，只有在一个职业法学家阶层对其进行研究之后，它才能得到恰当的表述。

因此，并不是所有的法律规范都得到了人们的表述。但是，在它被加以表述时，这种法律表达就有了一个参照物（也就是说，它参照先前的规范）。就翻译者而言，他所关心的只是他要翻译的表述的含义，该含义以外的一切看起来都与他无关。事实上，他唯一的目标似乎就是使需要翻译的句子与他在译文中解释的句意相符。

译者所使用的两种语言所具有的特点可能会有利于达成上述句意的一致，但同时也有可能会在此方面造成困难。

需要翻译之文本的法律语言所具有的特点可能会有利于翻译工作的进行。

33 19世纪德国的法律语言在客观上就具有容易翻译的特点。学说汇纂学派创造出了一个由具有解析性且经充分协调的大量概念构成的体系，从而接近了一种理想的状态：每一个概念对应一个单一的词汇，同时每一个词汇也对应一个单一的概念。如果译文所使用的语言中缺乏相应的词汇，那么困难可能就会由此而生。如何能将以下六个相互关联的德文词汇翻译成法文呢："rechtswirksames Verhalten"，"Rechtshandlung"，"geschäftähnliche Handlung"，"Willensgeschäft"，"Willenserklärung"，"Rechtsgeschäft"

(有法律意义的行为、行为、准法律行为、意思实现、意思表示、法律行为)? 法国人只有"法律上的行为"(acte juridique,相当于 R. H.)和"意思表示"(déclaration de volonté,相当于 W. E.)这两个概念,或许还可以将"rechtswirksames Verhalten"翻译成"fait de l'homme"(人的行为)。但是,其他的术语,尤其是"Rechtsgeschäft"(这是最重要的一个术语),却在法语中没有相对应的词汇。尽管如此,需要将德文译为法文之人也并非就因此而束手无策:他可以在搞清楚德文术语的含义之后以一个完整的表述(由一个句子或多个词组成)对它进行翻译。

翻译工作所面临的真正困难来自于以下这个事实,即,词汇与概念之间的关系并非在所有的法律语言中都保持着语义上的同一性。

对一个有关法律语言翻译的理论而言,如果它不讨论在多种语言中存在的词汇与概念之间的关系问题并且不对该种语言中决定此种关系的现象加以识别,那么这种理论就不是有效的理论。

"提喻法"(sineddoche)是这方面的一个突出例证,这种修辞方法主要为法国的法学家们所运用。[53] 如果一个法国人用"掉转肩膀"(tourner ses épaules)来表示"转过身来",那么,一个意大利人也可以用"掉转肩膀"(voltare le spalle)来翻译,因为意大利语

---

[53] 参阅 P. G. 莫纳泰里,"法国与德国的定义规则与技术"(Règles et techniques de la définition en France et en Allemagne),载于《国际比较法杂志》,1984 年,第 77 页。还可以参阅同一作者,《提喻法》(*La Sineddoohe*),米兰,1984 年。莫纳泰里的结论引起了一场学术争论,就此可以参阅 G. 鲁埃特,"法律上的行为理论:对近期某些资料的评价"(La doctrine de l'acte juridique: sur quelques matériaux récents),载于《法学》(*droits*),1988 年(该文对莫纳泰里的结论持批评立场)。

在此特定场合承认这种提喻法。然而，是否可以针对一切法语所承认的提喻用法而这样做呢？能否以这种方式来翻译世界上的所有语言呢？

这个问题是法学家感兴趣的，因为，与其他语言相比，法语这
34 种极其重要的语言更倾向于用表述其中最具特色的事实来替代对一种情形的表述。[54]

一些关键的定义均来自法语的这个特殊之处（法国人似乎并没有特别意识到这一点），如各种法律行为（只关注意思，而忽略了表示）和不法行为（关注过失和损害，而忽略了原因）。当然，这一点并不影响人们对定义的语句做出扩大的解读，因此，对实际问题的解决也不会受此影响（如果是这样的话，提喻法就被清除了！）。

法语文字的译者应注意是否存在具有迷惑性的修辞手法，而且，他还应该在自己本国的语言中寻找能够表达双重含义的用法：一是其字面的含义，一是考虑提喻法因素后的含义。

提喻和转喻只不过是更为一般的修辞现象的两个事例。在法学家表述规则的方式与该规则被加以适用的方式之间可能往往会存在冲突，而导致这种冲突的原因可能有很多。但是，如果在被表述出来的规则和表述者希望表达的意思间存在冲突，而这种冲突又是运用一种可识别的修辞手法的结果，那么一个执著的译者就不应对此冲突的存在一无所知。

---

[54] 这里使用的“最具特色”一词的意思是：最适合用于立刻引起观察者注意此种情形的后果。

十四、定义以外的问题

法律语言是一门科学语言，它应建立在一个特定的词汇对应一个范畴的基础之上，而这一范畴又是以它的字面意义为基础的，也就是说，是以其建构性的特征整体为基础的。在观察到以下事实时，人们或许会感到吃惊：某些法律术语还包含有一些言外之意，它或为褒义，或为贬义，暗示着好感或反感；对词汇的选择可能会因法律规范的历史起源而有所差异；术语的结合导致了制度的结合。

事实上，法律的语言（尤其是公法的语言）同样也是政治学的语言，在这种语言中允许价值判断的存在。“储蓄”一词暗示着一种正面的评价，而“资本化”一词则缺乏此层褒义。如果用“资本
化”（capitalisation）一词来译“储蓄”（risparmio），那么这就是一个 35
糟糕的译法，尽管这两个词的外延其实是一致的。

即便是直接由立法者所做的术语选择也可能带有这种感情色彩，这是为了满足对不同风格加以区分的需要，而这种需要又要归于特别的好恶以及对戏剧效果的喜爱。

19世纪末，德国的“法律社会主义”对《德国民法典》草案中使用的术语采取了一种评判的态度，他们批评这些术语过于抽象，远离民众的语言，因此无法为大众所理解。在于1975年公布的《德意志民主共和国民法典》的制定过程中，该地区的法学家们用新词取代了若干德国的法律词汇：用“Betrieb”取代了“Unternehmen”，用“Gemeinschaft”取代了“Gesellschaft”，用“Andere”取代了

"Dritte"等。[55] 这里，我们要提出这样一个问题：我们总是用"impresa"（"企业"）这个意大利语词以及"predprijatie"这个俄文词来翻译"Unternehmen"这个德语词，那么我们是否也能用同样的词来译"Betrieb"这个词呢？

在一个法律体系受到模仿之时，有时会采用借用或转借的方式在新语言中显示原有的体系。在这种情形下，所使用的名称就向我们传达了有关法律体系传播的信息。试想想在社会主义国家中由俄国革命所产生的以下这样一些词汇流传得是多么之广吧："hozrascët"（合作社）、"kolhoz"（集体农庄）、"presidium"（主席团）。

在某一特定的语言中，在多种表述之间可能存在或隐约能看见它们之间的相互关联。"交易自治"与"契约自由"的意思相同，但第二种表述能够与自由权产生关联。法语将著作权和发明者的权利归入财产权的范畴，而将它们称为"文学产权"（propriété littéraire）和"工业产权"（propriété industrielle）。[56]

十五、高度抽象的概念

在前文中我已经强调了"possession"、"Besitz"、"possesso"（占有）这几个术语在含义上的差异。

36 以上这三个术语在某些法律体系中的意思是"对物事实上的

[55] 此方面的详情，参阅 G. 克雷斯皮·雷吉齐（Crespi Reghizzi）、G. 德诺瓦（De Nova）、R. 萨科："德意志民主共和国民法典"，载于《比较法杂志》，1976 年，第 1 期，第 47 页。

[56] 成立欧洲经济共同体的《罗马条约》第 222 条排除了该条约对财产权制度的调整。在法语中，可以对"财产权"（propriété）这个表述做扩张的解释，以便将文学产权与工业产权包含在内。

支配，有无所有人的意思在所不问”；而在其他一些法律体系中它们则意味着“事实支配＋主体的所有者意思”，从而与意为“对物的直接支配，有无所有人的意思在所不问”的“détention”、“Innehabung”或“detenzione”（持有）相对立。在此，语言上的分歧存在于法语、德语与意大利语的内部。

德国人与瑞士人决意对任何在物上行使事实上支配权之人都给予平等的保护，而不问该人的主观意思。于是，他们就一个法律上的问题做出了决定。在这里我们需要提出的问题是：为什么德国人和瑞士人不将行使这种事实支配的人称作“Inhaber”、“détenteur”或“detentore”（持有人），从而在这三种语言的内部确保术语上的统一呢？

我们可以尝试为以上提出的这个问题找出一个答案。“possession”或“Besitz”这个词让人想到的不仅是一种保护不被剥夺占有的情境，而且它也同时针对侵扰行为，因此它所规定的保护范围相当广。“possesseur”或“Besitzer”这个词则让人想到这样一个主体：（1）他对一物行使着现实的支配；（2）特定的法律体系赋予该现实支配之人以最大限度的保护。

这一基因类型（抽象概念）产生于“支配”与“保护”这两方面的观念，而每一个法律体系则确定一个与基因类型相吻合的显型的特征。

德国人与瑞士人选择抛弃了罗马法的规则，对一种不伴随着“心素”（animus）的支配也给予排除妨害的保护，因此，这一支配也就成为了一种“占有”（Besitz）。

在法国,1975年关于占有诉权的法律[57]似乎又将这种语言学上的对称重新纳入讨论,因为该项法律向持有人赋予了占有的诉权(对抗侵扰的救济手段)。尽管如此,法国法对持有人的保护仍然不像其对占有人之保护那样广泛(事实上,前者对于自己实施占有之人不享有诉权)。

要想对此主题做更完整的讨论,还可以分析以下这些表述:
37 "contrat"、"contract"、"Vertrag"、"contratto"(契约);[58]
"propriété"、"ownership"(所有权);[59]"fatto illicito"、"tort"(侵权行为)。在所有这些术语的背后似乎都隐藏着一种基因类型(抽象概念)与其显型之间复杂的概念关系。

在每个国家,这些基因显型(概念的具体表现)都受到其国内学术研究的关注。在一个更高的抽象层次上,基因类型(抽象概念)则是比较法学者的研究对象,他们探究其在语言学上的表现并在翻译中加以利用。

十六、名词及其范畴

在前文中,我已经探讨了表现抽象概念的一些名词:契约;意

---

[57] 1975年7月9日第75－596号法令。就此可以参阅G.古博(Gouberaux),"将占有保护扩大适用于持有者之利益"(L'extension de la protection possessoine aw bénéfice des détenteurs),载于《德弗雷瓦努公证人杂志》(*Rep. not. defrenois*) 1976年,第374页;A.瓜尔内里(Guarneri),"一项关于占有诉权的法国法"(Una Legge francese sulle azioni possessorie),载于《比较法杂志》,1980年,第1卷,第302页。

[58] 作者本人对此主题的讨论见于即将出版的《论契约》第2版,该书将收录于R.萨科主编之《民法论丛》。

[59] 相关论述,可以参阅A.甘巴罗(在我看来,在精确性方面无人能与之相比),《所有权》(*property*、*proprietà*、*Eigentum*),帕多瓦,1992年。

思、损害。但是，在翻译过程中，我们有可能会碰到一些拥有广泛含义的语词，这些语词只有在特定的语境中才能获得与其原始应用环境或其他情形密切相关的一个含义。在一些有限的情形中，这些语词甚至会变成为某一个人专用的专有名词。类似这样的词语是无法翻译的。为了表示英国的国王(king)，我们将其翻译成re(或者 roi、könig)。但是，为了表示先前俄罗斯的君主，我们(在任何一种语言中)将其称为 czar“沙皇”(“zar”这一按字母的直译法更为流行，但不太准确)。尽管我们所说的这些君主都正式采用了“皇帝”的称号，但我们仍用以上的语词来称谓他们。

在公法中，在讨论到荣誉称号时，我们时常会遇到一些无法用任何概念上的区分来加以解释的名词[如“伯爵”(conte)与“侯爵”(marchese)；“骑士“(cavaliere)与“受勋骑士”(commendatore)；学士(licencié)、硕士(maître)和博士(docteur)]。这些词语与中世纪拉丁语相应词汇的等同性或者说其所具有的历史价值，使得这些词语能够在众多的语言中扎下了根基。[60]

在以上这些情况中，我们看到了一种法律维名论的现象，即名词本身比其含义更为重要。用一种既不严谨也不科学但利于表述的句子来说，在这里，一个名词并不意味着一个观念，相反它只是意味着另一个名词。收集另一些例证并不困难：没有人会将 Soviet(“苏维埃”，就其政治会议的含义而言)翻译成 consigilo(委员

---

[60] 尽管如此，它仍然有可能带来一些翻译上的问题。法国人和意大利人都将在拿破仑时代建立的波兰国家称之为“Granducato di Varsavia”(华沙大公国)。而波兰人却将其称为“Ksiestwo”[即“公国”(ducato)或(principato)]Warszawskie，而这体现了波兰人在语言选择上对拉丁语的排斥。

会),尽管这两个词的意思是一样的。

38 严格来说,法律规范的创制是权力机构的特权,而去界定那些为了解法律规范所需的概念却是学理的特权。

此外,我们有时还会看到由权力机构(尤其是立法机构)所做的分类。对于权力机构的这种意愿,学理可以予以质疑,但却不能予以忽视。如果存在一种超越其政治决定范畴而侵入认知手段领地(无论是在科学的层面上,还是在日常生活层面上)的政治意愿,译者不应向其读者隐瞒这一点。此现象最明显地表现于社会主义国家之中。我们可以在先前的苏联、民主德国和其他国家中近距离地观察到这一现象。

在苏联,国有企业占有一定数量的生产资料并对其享有处置和享有的权利,西方的法学家们因此会急于得出这样的结论:这些企业是这些生产资料的"owner"或"propriétaire"(所有者,分别用英文与法文表述)。就有关国有企业抑或是国家本身是所有者的问题,著名的民法学者 A. 韦涅季克托夫展开了研究。出于政治上的压力,在迟疑良久之后,他得出了国家是生产资料所有者的结论。[61] 在他的作品问世后,1961 年的苏联民事立法纲要(各加盟共和国的民法典遵循了该纲要)明确规定,国家是工业生产资料唯一的所有者。[62] 在此,译者不应考虑选择一个真正反映该词内涵的

---

[61] 参阅 A. 韦涅季克托夫(Venediktov):《国家的社会主义所有权》(*Gosudarstvennaja socialističeskaja sobstvennost'*),莫斯科,1948 年(意大利译本,都灵,1953 年)。在此之前,该作者曾经发表过赞成在国家与企业间分割所有权的观点。他所写的这方面的文章目前在俄罗斯和其他前社会主义国家已经找不到了。

[62] 《民事立法纲要》(OGZ)第 21 条:"国家是作为国家所有权对象之全部土地的唯一的所有者";《苏俄民法典》(GK RSFSR),第 94 条等。

术语。他应该以“所有权”(proprietà)一词来译“sobstvennost’”，并在其他的场合讨论国家对生产资料的所有权(sobstvennost’)与“所有权”这个术语的其他含义之间的分歧。

十七、翻译与语言以外的因素

在属于两种不同语言的两个表述之间，其完全(无保留)的和
永久性的吻合只能由一个人为的因素来达成。在此，如果我们先
不考虑属于那种完全人为创造的语言的情形，那么只要一个凌驾 39
于语言之上的权威对一个术语做出界定，那么这个词的含义就是人为设定的。如果一个立法机构以双语立法，并因此设定两个文本具有相同的意思，那么这就属于前述的情形。我们还可以想到一个纯粹属于道义上的权威：一个国家的学理可以预先选择以一种表述来对应外国的某种表述。

就此问题我们应该来看几种情形。

第一种情形：立法者编纂多语言的法律文本或继受以另一种语言写成的外来规范。如果魁北克的立法者(双语立法者)将某种制度称之为“fiducie”和“trust”(信托)，那么“fiducie”的意思就是“trust”——这一点至少在魁北克的语言中是成立的。

第二种情形带来了一些特殊问题(同时解决方案也使问题变得简单了)，它见于法律继受之中：一个阿拉伯国家接纳了《拿破仑民法典》的规则；[63]德国接纳了罗马法；俄罗斯人对德国学说汇纂

[63] 通过一个信息电子化的系统，人们可以编定一个包含所有用以表达欧洲法律概念的阿拉伯语术语表。有关此方面的论著，参阅 R. 阿卢菲·贝克·佩科兹(Aluffi Beck Peccoz)，“阿拉伯法律词典重编：信息化伊斯拉法计划”(Verso il rior dinamento del Lessico giuridico)，载于《比较法杂志》，1985 年，第 1 期，第 77 页。

学派创造的概念体系加以利用。

在法律继受的情形下，翻译者的工作是十分重要的。法律继受提供了一个创造新词汇以用来翻译外国术语的机会。一个新词汇的诞生，其目的在于与熟悉被模仿国法律体系之人所周知的一个概念相对应。在法律继受国的法学家中总会有随时准备对相关术语做出解释之人。于是，两种语言之间的翻译就变得相当简单了。当意大利的学理开始谈论“法律行为”(negozio giuridico)时，这个概念的定义是清晰的，因为大家都知道，这个词是对德文“Rechtsgeschäft”的翻译。

如果说两种不同语言的人们需要(各自独立地)决定所采用的词汇，来表达以第三种语言中的某个词汇所表达的意思，那么我们将看到的是一种略为复杂的情形[例如，为表达拉丁文中“locatio”(租赁)的意思，法文和德文分别使用了“louage”和“Miet”这两个术语]。

十八、认同

40 立法者有能力引入一个新词，或为一个既有的词汇添加一个新的含义；它也能够创造新的词汇，而无须承担为这些新词所具有的各种含义做出精确界定的义务。法院也有能力做到这一点，只不过其行为方式的显著程度较低。

因此，由立法者采用的译法以及继受式的翻译并不能代表“正常”的翻译(由于它们的语义是人为确定的，并因此是武断的和不适用于讨论的)。

简单地说，正常的翻译工作具有如下目标：在不改变其含义的情况下，以译文所使用的语言，使人们了解以原文文字所表述的一系列观念；或者是使人们了解以多种语言表述的某些概念，这些概念在各种语言沟通中应保持同一性。

一位杰出的翻译家应该是一个不拥有公共权力的人。如果在他所处的国家中法律体系的构建主要依赖的是学理而非法律实践或司法判例，那么他的工作就将显得更为精致而重要了。

纯粹意义上的翻译所面临的问题是：作为学者和理论家的译者没有权力以一项意志行为来消除各国法律词汇间存在的不吻合之处。对理论家而言，语言是认知的一项工具。在他从事翻译工作时，他唯一的目标只是在于以译文所使用的语言使我们能够了解以原文语言所表述的观念。

如果说，我们可以简单地断言翻译与"实用目标"是相关联的话，那么，需要澄清的是，在这里，创造有助于相互理解的有效工具并使其制度化应该就属于此"实用目标"的范畴。

理论家不能够使用一个词语而考究其含义的各个方面。如果无法以某种明示或暗示的方式借助立法或司法的力量来界定词语的含义，那么他就应该以自己的力量来确保需要翻译的语词和在翻译中所采用术语之间的同一性。[64]

面对一段外文文字，译者的任务是将其翻译成其本国人能够理解的东西。为完成这一任务，他可以采取以下这些立场之一：

1. 放弃翻译。尤其是在进行宏观的比较时，放弃对相关术语 41

[64] 如果缺乏这样的术语，那又该怎么办呢？在这种情况下，最好是加以解释而不是翻译。未来的安排是，在词典中（以读者所使用的语言）对外国的术语加以解释，而不对它们进行翻译。F. 德·弗朗西斯在其编纂的英意法律词典中就是这样做的。

的翻译是很常见的现象。一个意大利人不会去翻译"trustee"、"executor"、"horzrascet"、"sovet kolhoz"、"saria"等词语。人类学学者几乎不作任何翻译。

2. 首先找出在以用于表述所研习之法律的语言所表达的术语和研究者所使用的语言中最相近的术语之间存在的差异；确定哪些差异与正在进行的特定研究是无关的；然后再进行翻译。一本侦探小说完全可以将"attorney"翻译成"pubblico ministero"（检察官），将"executor"翻译成"esecutore testamentario"（遗嘱执行人），将"legal estate"翻译成"servitù"（役权），但是，一段法律文章将会避免这样做。对诸如"Présidente de la Republique"、"chose mobilière"、"Rechtsverhältnis"、"Parliament"、"licnaja sobstvennost"等词语可以进行翻译[其所对应的术语是"Presidente della Repubblica"（共和国总统）、"cosa mobile"（动产）、"rapporto giuridico"（法律关系）、"parlamento"（议会）、"proprietà personale"（个人所有权）]：其在具体内涵上的分歧[65]可以被视为并不属于构成相关概念的成分。

42 3. 在其本国语言中专门创造出必要的新词，以用来表述一个外国术语所具有的全部内涵。拉丁语系的语言以及德语正是利用这种方法来确定与拉丁文术语相对应的语词。而对于法语尤其是德语中的法律词汇，俄语也做了相同的处理。

在前述任何一种情况下，比较法学者——无论他进行翻译还

---

[65] 例如，在"Présidente"（法国总统）和"presidente"（意大利总统）之间存在着权力享有方面的差异。但是，如果人们说的是一种通过继承方式取得并享有终身的国家元首，那么（总统）这个概念就无法包容这层意义。

是放弃翻译——在将属于一个外来体系的概念引入其本国的概念体系中来时，都不能不保持相当的谨慎。也就是说，他应该在实际运行的规范中寻找不同概念体系间的共同要素，借此来确定它们之间的差异和共性。举例来说，如果一个意大利人需要对（英文中的）“trespass”这个词加以考察，那么他就应该将它转化为一些更基础的概念。这样做，他就会发现以下这些要素：暴力、不动产、侵害、未经权利人同意而对物造成侵扰。接下来，他可能会发现这里的“暴力”概念与意大利法上的同一概念有所区别，也就是说，相对于后者，前者所表现或要求的要素或者多些或者少些。他或许还会发现，此处“违反权利人意愿”的意思与我们意大利法上通常所说的意思并不相同。于是，这就出现了在不同的范畴间寻找对应词汇的问题。这种将一个法律体系的范畴转化为另一文化区域的范畴的过程，我们可以将其称为“认同”。

第二章 比较的对象

第一节 构成要素的发现

43 ### 一、“法律规范”的意义何在？

要讨论比较法，首先需要有比较的对象。对于“在法律中人们比较的是什么？”这个问题，一个明显的答案似乎就是：不同法律体系中的**法律规范**。

然而，问题恰恰在于应如何识别规范。例如，对我们意大利人来说，“规范”究竟意味着什么：宪法规范、普通规范抑或是由法官适用的规范？

让我们来举一个例子。在意大利，集体契约是在宪法层面上得到规范的。意大利宪法第39条规定：“经注册之工会……能够……订立对所有人均具有约束力的劳动集体契约……”。根据该条宪法规范，只有经过登记的工会才能进行缔约谈判。如果工
44 会根本未经注册，那么，**从立法层面上讲**，集体契约就不应具有效力。但是，司法实践却经常确认这些集体契约的法律约束力。于是，在成文法律与司法判例所承认的法律之间就产生了不和谐。在一个将判决先例视为主要法源的英国法学家看来，我们所传授

的判决先例不是法源的规则是相当奇怪的。

于是，在将我们自己的法律体系与英国的法律体系加以比较时，我们所说的究竟是哪些规范呢？是宪法规范，是普通规范，还是法院的实践？

到目前为止，我们的论述似乎指向的是这样一种观点，即我们应该决定，在此问题上，意大利的法律规范(regola italiana，注意其单数形式！)究竟是什么。这种思考问题的方式与一个缺乏经验的法学家的看法是吻合的。在后者看来，法律比较的第一阶段恰恰是要确定各国的法律规范是什么。

这一立场似乎是无可争议的和无害的。但是，它却是将人们引向歧路的一种简单化的结果，正如后文将要指出的那样，比较法应坚决地抵制这种立场。

我们习惯于使用某个国家的"法律规范"这种用法，而不一一说到"立法规范、学理规范和判例规范"以及从法庭判决和教科书示例中得出的常见规则(costanti)。这让我们产生这样一种感觉，即法学家的思想受到了如下这条根本性的"先验规则"(a priori)的深刻影响：在某个国家中，在某个时期，立法规范(L)、学理规范(D)、从学理示例中总结出的规范(E)、法院在裁判要旨(massima)中阐述的规范(M)以及法院所适用的规范(A)均具有相同的内容，因此，它们之间具有所谓可互换性。

在我们"区域性"法学家们的学术活动中，我们十分推崇此项统一原则。我们民法学者最重要的使命就在于去发现某个法律体系中的法律模式。当某个法律问题摆在面前时，我们将会尽一切努力找出这个问题(唯一的)答案。我们希望找出规范此现象的

(**唯一**)规范。事实上,为了解这条规范,我们在阅读了法典之后,会看上一眼判例集;因此,事实上,即便是在此寻找法律要素的阶段上,我们就已经考虑到了以下事实,即,在一项法律之外,还存在着有别于此项法律的、起辅助补充作用的东西。事实上,在实践中,对我们罗马法系的法学家而言,尽管表面上我们说自己是在成文法中寻找法律的,但实际上我们是从书本中了解它们的(学生们十分清楚这一点,他们在准备考试时,并不借助法典而是借助书本
45 来熟悉法律;或者说,至少他们是在阅读书本后才熟悉了法典)。因此,事实上,从现实的角度看,我们从书本中学习法律知识,然后我们在法典中验证它们,接下来在判例中验证它们。因此,事实上,我们的行为在某种程度上表明,我们有意识地在我们的法律中区分了成文法、学理和判例。事实上,在实证方面我们知道,我们能够举出一些案例,在这些案例中,判例与学理并不吻合,或者,过时的或不合理的成文法被由法官或教授们所做的更为恰当的解释所取代。所有上述这些方面都是真实的。但同样真实的是,在区域法学家思维模式背后的观念中,我们能够发现以下这种观念,即,在某一特定法律体系中,一个法律问题的答案总是唯一的;法律真理只有一个,它渊源于某个法律,得到学理的忠实重构,并得到判例的忠实适用。

法律显然可以有多种解释,但此种情形恰恰增强了法律规范的唯一性。如果多种解释可能抽象地并存,那么人们会说其中只有一种解释是正确的。学术研究的目标就在于找到并明确这种正确的解释。如果学理研究的结果不够清晰,那么与实践紧密相关的判例也能够提供具体的规范,以对其加以补充。于是,人们又回

到了特定国家的法律规范具有唯一性的这种基本假定之上。

事实上，学理见解（以及法律解释）不是单一的，而且这些见解看起来并不相互吻合。但是，伴随着我们的一个观念是：法律问题只有一个唯一的答案；如果存在多个答案，那这就意味着临时存在着主观上的不确定性，这种不确定性会随着将来出现确定且令人满意的法律答案而消失。如果多个判决的立场不吻合，那么其中至少有一种立场是与写在法律中的规则是不符的。此时，我们就会说，那种与我们个人对法律的解释方法不相吻合的判决是**错误的**。也就是说，我们随时准备承认，对一个法律问题的不同解答可能存在分歧，但可以说其中只有一个解答是正确的，其余则都是错误的。在对我们自己所属之法律体系展开分析时，我们所持的就是这种立场。

法学家所具有的经验可能会使他们想到，这项基本假定有时是存在例外的：在解释中所认可的规则与法律可能是相悖的；判决规则，表面上虽然严格，但却可能隐藏着不同的法律适用。但是，不同规范之间的同一性仍然是一基本假定，这种假定只有在必要时才被排除。而且，即便是在此种假定被经验所排除的情形，仍然有可能通过以下方式重新寻求体系的统一：指定其中一个方案是
正确的，并排除其他方案的有效性，此时后者就成为了错误的 46
方案。

在展开进一步论述之前，让我们首先来熟悉一下我们所遇到的规范与观点的各种类型。我们提出了它们是否具有相同内容的问题，但我们看到，不同类型的规范与观点在法学家那里总体上被加以了区分，他们讨论“成文法”规范、“学理”观点、“判例”规范等。

现在，我们应该来看看这些成文法规范、学理观点等形式各自所具有的特性。

首先，作为一个初步的和粗略的分析，我们会说，在法律体系中并存着这些各种各样的形式，我们将它们称之为法律体系的“构成要素”(formante)。[①] 于是，我们就有了成文法构成要素、学理构成要素等。

继续以上的话题。在仅以某一个国家的法律为研究对象的法学家看来，活的法律包含着许多“构成要素”(L、D、M、A、E)，而由这些多元构成成分所带来的复杂性可以通过以下这个预先确定的等式来加以解决：L＝D＝M＝A＝E(法律体系统一的原则)。如果我们停留在一个法律体系内部，那么没有任何证据能够证成这个等式，同样地，也没有任何证据能够证明这个等式是错误的。

法律的解释机制绝对不可能保证法律规范的统一性。在接受美国宪法或民法典某个条款的含义或决定一项南斯拉夫习惯或非洲的一项惯例的内容时，解释者运用的是他作为法学家的天赋。在这样的学术活动中，他所展示的是一种说服能力，而他是否确实诉诸于逻辑则是值得怀疑的。即便他诉诸于逻辑，逻辑也不具备足以证明一种解释是正确的而另一种解释是错误的有效标准。

在某一法律体系内部，我们绝对找不到一个标准来告诉我们此法律体系的构成要素之间的相互关系(协调一致或相互对立)究

① 在早些时候(从 1974 年起)，我将其称之为“成分”(componenti)。从 1979 年开始，我认为取自语音学的“formante”(音素)这个词的表达力更强。自那时起，这种表述已经变得相当普遍了。但是，非比较法学者只会讨论成文法构成成分、学理构成成分以及判例法构成成分之间的表面差异。

竟是如何的。

二、统一性原则批判

如上文所述，在一个法律体系内部，我们能够看到创制规范的
立法者的意志以及解释和贯彻此种意志的学理和司法判例。原则 47
上，各种规范（成文法规范、学理规范和判例法规范）应该是一致的。
如果它们之间存在着差异，那么这就应该归咎于解释者的错误。

这一逻辑推理并不能为比较法学者所赞同。在我们进行法律比较时，我们绝不能因某种外国的解决方案源自“错误的解释”而将它一笔勾销。同时，对多个法律体系的考察使我们看到，在每一个体系的内部，各种构成要素之间可能存在很大差异。

让我们来看第一个例子。在意大利、法国和比利时，根据规范来回答以下问题：表见继承人（erede apparente）以有偿的方式向善意第三人处分遗产财产的行为是否有效？

在意大利，根据民法典第 534 条第 2 款之规定，该行为是有效的；判例法也同样确认了该行为的有效性。

在比利时，民法典对此问题未予规范，这就意味着需要适用有关所有权的一般规则。由于所有权具有排他性，于是该行为不发生效力。

在法国，法典的规定与比利时的情形相同。但是，通过运用默示委托理论或其他能够达到同一结果的理论，该行为被认为具有效力。

那么，我们能够说比利时的制度与意大利的制度相同吗？当然不能，因为法律的规定是相反的。

那么，我们能说比利时的制度与法国的制度相同吗？当然不能，因为二者的实践是相反的。

因此，在衡量这些不同法律体系之间的共性和差异的时候，我们考虑的不仅是成文法，而且也包括判例规则。

在比较法中，如果说仅比较成文法是不够的话，那么仅比较某一体系下的司法判决同样也是不够的。

事实上，了解一个法律体系，并不意味着了解在过去所呈现的问题是如何得到裁判的。它还意味着去了解，对于现在以及在不远的将来所出现的案件，对其解决可能起决定作用的法律要素有哪些。为此目的，须阐述司法判决的发展倾向，并考虑法官对法律
48 的理解。这种理解可能有多种来源。例如，它可能来自获得广泛认同的学理创新。要想知道一种理解对法官可能产生的影响，我们还必须了解法官。例如，我们需要分析法官的来源，因为，相对于那些从一开始就在法庭上接受培养的法官而言，在大学中完成法学教育的法官更倾向于重视学理的重要性。此外，只要与某一问题相关的司法先例明显地与立法规定相违背，那么它们的确定性就会降低，因为在任何时候人们都可以重新解读法律条文。

三、构成要素同一性的验证

让我们来研究一下这样一个问题：如果一件质量有瑕疵的商品对他人造成了损害，而该人又并非是从生产商那里购买此商品之人，那么在何等范围内该生产商需要对受害人承担责任？我们将考察的对象扩大至我们称之为A、B、C、D的四个法律体系。在每一个法律体系内部，我们又将找到对该问题的不同解决方案，它们

分别来自我们已经熟悉了的各种法律构成要素:L、D、E、M 及 A。

在此,我们可以考察一下每一个法律体系内部各种构成要素之间的相互关系。如果两项一致的成文法导致了两个一致的司法规范,那么很可能在同一个法律体系内部的每一项成文法与其司法规范也是一致的(如果 La=Lb 且 Ma=Mb,那么,很可能 La=Ma 且 Lb=Mb)。但是,如果两项一致的成文法导致了两个相对立的司法规范,那么在这两个司法规范中至少有一个是不以成文法为先决条件的。

很自然地,人们也可能遇到相反的情形。两个法律体系中可能包含着两项不同的成文法或者两种不同的学理见解,而其实际适用的法却是一致的。在这里,实际适用的法同样也不是正式法源的简单翻版,而学理则既未决定法律实践,同时也未追随法律实践。②

因此,比较法可以为我们提供一块相当广阔的领地。在此,我 49
们将每一个法律体系予以分解,得出一系列不同的构成要素。于是,我们就可以确定这些构成要素之间的离散程度,并搞清楚以下这个重要问题,即:在一个国家中,其正式的法律渊源、其实际适用的法律以及法学家们关于他们自己体系的知识在多大程度上是一

② 读者可能会从哲学的角度提出一个令我很不好回应的异议,即:在说到法律、学理表述等的“含义”时,我们究竟指的是什么?如果说对法律的每一种解释都会对其含义留下印记的话,那么,同样正确的是,在对其做出解释之前人们也无法确定独立于其解释的一种含义。对于这种异议,我们可以用一种更具实证性的观点来做出恰当的回应,即:在此情况下,“法律的含义”这种表述想要表达的意思是“与条文编纂者的思想相一致的字面的实际含义”。如果在其字面含义与编纂者的思想之间存在冲突,那么最好是承认此时面对的是两个不同的法的构成要素。

致的[③]。

从法律科学及其有效性的视角来看，必须指出的是，存在于某一法律体系中实际运行的规则与人们对这些规则的认识（以定义或解释性的规则来加以表达）之间的分歧[④]也将被纳入这种严格的检验之中。

作为了解内国法的一种方法，比较法将很容易使我们看到，人们对法人理论、意思自治原则以及所有权的性质等进行的某些讨

③ 自本书第一版出版以来，我并未改变观点。在提及“立法规范”和“对规范的具体使用”这两个表达之后，本书第一版最博学和睿智的一位读者评价说，当我写到这里时，“话题开始滑向对于各种要素之间是否吻合的讨论……，其结果是，作者开始在这两个术语之间进行比较，但却非在同一层面上加以考虑，而是将其提升至比较法的范畴，从而使法的不同表现形式——无论其为正式的法源，还是不正式的法源——成为了比较法的基本研究对象”。参见前引 G. 隆巴尔迪：《比较公法学导论》，第 64 页。在深信（这也是我的研究方法中最关键的一点），所有的构成要素均具有同等的重要性，而每一种构成要素均应以严谨的态度加以确定。我并不将“立法规范”称为“法律”，因为前者只是法的一种表现形式。

④ 我注意到，“某单一体系”的法学家倾向于将这种不平衡的状况归因于解释者的错误。但是，正确解释与错误解释之间的对立是一个比较法学者所不能允许的。对于观念（每一个法律都仅有一个唯一正确的解释）与事实（存在很多种解释）之间的距离，单一体系的法学家会通过选择将其最为偏好的解释视为正确的方式来加以填补。然而，比较法学家——他并非外国法领域合适的法官——并不会将此种或彼种解释奉为神圣，他怀疑每一种标准的客观性，并认为每一个法学家所做出的每一种解释都是客观存在的解释。“存在即为真理”，这是指引比较法学家从事分析工作的一项准则。对一个比较法学家而言，正如他不认为某一国的法律优于另一国的法律一样，他不会在某一特定法律体系中更为偏好某一种构成要素，同样，他也不会在某一特定构成要素中更为偏好某一元素。在“特伦托宣言”中（参阅第 1 章注释 32），第 4 个命题是这样表述的：“以比较法的形式了解各个法律体系，这对于（在识别和重构每一个法律体系内的要素之后）检验一个法律体系内的多个要素之间的一致性具有特别的价值。尤其是，它将检验，在一个法律体系内实际运行的规则与人们为使这些实际规则为人所知而对其进行的理论阐述是否和谐一致”。

论的价值是多么地有限。[5] 50

以上的思考表明，比较法可能会危及在其产生之前所确立的一切法学。当然，在它同时以其他更为坚实的成果来取代先前的法学之前，它什么也摧毁不了。

对那些严重与实践脱节，尤其是那些致力于发掘概念并完全信赖一定义与其他定义之间协调一致的学理研究而言，（比较法所造成的）这种威胁会更为显著。

在获取法律知识的两种方法——历史、伦理分析的方法和逻辑、系统的方法——中，比较的方法对后者有着更为深刻的验证效果。

四、比较法：历史科学

比较法认为，各法律体系的世界是各个独立自在的体系的世界（尽管它们抽象地发生关联），它们的内容并不总是统一的，在它们之间可能存在着矛盾。仅局限于某一特定体系的法学家迷信不相互矛盾的原则，但以任何历史方法的眼光来看，该原则都将完全失去其价值，而比较法的视角是典型的具有历史性的视角。就此

⑤　在19世纪法国有关所有权的研究中，如果人们并未给予学者们的论断以及《法国民法典》中的一般定义一种优先的地位，如果人们能够承认包含在《法国民法典》和其他特别法中的特别规则的重要性，那么，相当数量的错误就将可以被避免。"特伦托宣言"（参阅第1章注释32）拟定了两个命题（第2个和第5个），它们分别是这样表述的：（命题2）"如果不衡量存在于各个法律体系之间的差异与共性，那就不存在比较法学。如果我们不仅限于进行文化交流或平等地表述各地区存在的法律规则，那么也就不存在比较法学"；（命题5）"对一个法律体系的了解并非属于该法律体系的法学家的专利。相反，对属于某一法律体系的法学家而言，尽管他可以占有丰富的信息，但如果他假定其体系内存在的理论阐述与该体系实际运行的规则之间是完全一致的，那么他所受的障碍就会比任何一个人都要多"。

51 方面而言,任何具体存在的法律模式都是真实的,而任何事实上为真的模式与其他同样事实上为真的模式都具有同等的正当性。如果我们考察一下两个世纪以前一部老的法律(如《拿破仑法典》)在其颁布后出现的诸多解释,那么我们就会发现,路易吉·菲利浦(Luigi Filippo)这代人给出了一种解释,而克里蒙梭(Clemenceau)这代人则给出了另一种解释。每一位解释者都会确定地说,所有过去的解释都是错误的。一位比较法学者参与这种数代人之间的争论是不可思议的。在比较法领域,处于变动之中的各种模式都是真实而现实的(当然,一个对考试准备不足的学生在过度紧张情况下所给出的答案,似乎用处并不大)。

比较法学可能运用许多种方法。但是,与教义学不同,无论如何它都不应该是一套追求体系和谐的解析性推理。它永远都是一门实践科学,它建立在对各法律体系内的具体规则和规范之实际运作的观察之上。

就此点而言,比较法与教义学具有相对立的性质:后者提出定义,而前者则考量事实因素。[⑥]

---

⑥ 这一教诲来自G.戈拉,参阅其在"比较法"词条第3节开始处的论述,前引书第5页,在他处亦有论述。意大利的比较法学者十分明确地承认了解历史知识是比较法的一项重要任务(他们还强调事实研究的方法,见后文"六"部分)。这一点在比较宪法的领域也是清晰可见的。G.博涅蒂(Bognetti)、G.隆巴尔迪和A.皮佐鲁索(Pizzorusso)的研究方法都展现了这一点。G.隆巴尔迪表达了他对理论等式的保留态度,但无论是他的启发式研究还是他所坚持的分类学,都借助了历史材料,而他本人就是一位处理历史材料的大师。在"特伦托宣言"中(参阅第1章注释32),第3个命题是这样表述的:"比较法关注过去和现在存在之法律生活的各种现象,它将法律规则(包括由立法者和法官创造的规则以及由学理所做的界定)视为历史事实,并倾向于接受一切实际发生的事物。就此点而言,比较法是一门历史科学"。在意大利以外,也存在此种发展趋势。参阅,A.沃森:《法律移植》,前引,第6页;"法律变迁",前引,第1122页;"比较法与法律变迁"(载于《剑桥法律评论》,38,1978年,第313页)。

第二节 各构成要素及其结合

五、"判决要旨"与"判决理由"之区分的出现

在罗马法系国家，尤其是在意大利，比较方法的运用导致人们开始对司法判决的价值做出重新评价，并使得一些不太为人所注意但法院却实际遵循的规则得以被表述。但是，我们还应透过这 52
第一印象更为深入地分析这一现象。实际上，任何非教条主义的研究方法都会重视判例。社会学的、理性的、历史的、评释性的以及其他一些方法均关注现实，并从现实中发现一种创造精神的来临或一种具有正当性的社会创造。并不是说，只有通过了解外国法经验的比较法学者才能理解判决先例的重要性。

今天，在意大利，以判例作为探讨对象的著述之丰富是50年前的人们根本无法想象的。否认比较法研究的普及对这一现象的贡献肯定是不公平的，但是，将这一现象完全归结为比较法研究的成就也是毫无疑义的。

比较法倾向于进行针对判例的研究分析，这一点显然是可信的。如果说教义学的方法将法律简化为了一些学理公式的话，比较法则将事实材料置于其研究的中心位置。它是一门历史学科，以实在为其研究对象，它遵循维柯(Vico)所确立的标准"真理存在于事实之中"(verum ipsum factum)。因此，人们有理由预期，比较法学者会将其注意力引向司法判决。但是，也不能将比较法的方法简化为对判例材料的关注。比较法学者显然不会将法律仅仅归结为判决。他清楚地知道，尽管判决总是具有司法行为的性质，

但是，在以先例为法律的国家和成文法国家中，判决所具有的意义是不同的。

比较法能够在司法裁判内部发现一些东西，G. 戈拉在对合同的研究方面所取得的成就提供了一个这样的事例。[⑦]

在他出版的著作中，戈拉尝试对英国法上对价（consideration）的作用与法国法及意大利法上原因（causa）的作用进行了比较。在进行这一探讨时，戈拉考察了许多案例及其判决，并进一步探讨了裁判要旨。

研究证明，法国法和意大利法实际上并不使用“存在原因”与“原因缺失”这组对立关系，而是使用“存在非无偿的原因”与“非无偿原因的缺失”这组对立概念。法院以同等的方式对待缺乏原因和存在无偿原因这两种情况。须注意的是，戈拉本人也未明确表述这一结论。

53 在英美法上，戈拉在法国法和意大利法上所发现的上述对立关系是显而易见的。正如通常会发生的情形那样，在一个法系上显而易见的某一制度，也存在于另一法系之中，只不过是以隐含的方式存在。

戈拉的研究结论为进行以下一组概念的区分奠定了坚实的基础：“裁判要旨”和“判决理由”，前者指的是法官所宣示的规则，而后者指的是法官在做出判决时所依赖的事实整体。这涉及到我所提出的一个区分：“在判决要旨中宣示的规则”（M）与“法院所适用的规则”（A）。

---

⑦ 参阅 G. 戈拉：《合同》，两卷本，米兰，1955 年；《大陆法系中的合同》（*Le contrat dans le droit continental*），都灵，1958 年。

明显地，英美法系鼓励法官列出相关事实，并给出明确的“判决理由”，这种判决理由与法官在判决时附带表达的意见（obiter dicta）明显不同。通过这样的方式，该法系倾向于缩小二者（M与A）之间的差异。

六、“基于事实”之方法的发展：康奈尔大学的研讨（1957—1968年）

我们能否得出这样的结论：对法的传统观点——法即为成文的法律，学理致力于发现其内涵，并通过将其传授给实践者，由后者在判决规则或“判决要旨”中加以具体化——是完全多余且脱离事实的？我们能否说，所有的法都体现在判决理由的层面上？我们能否说，判决理由根本就是无须以“正式的”法律规范为根茎的法律之花呢？这样的提问方式当然意味着答案是否定的。

纯粹的成文法不是法的全部，纯粹的学理界定不是法的全部，纯粹的判决要旨不是法的全部，而对判决理由详尽无遗的列举也不是法的全部。

为了解法律，需要为所有这些要素——成文法、学理界定、判决理由、判决要旨等——找到它们各自合适的位置。

也就是说，需要承认法律秩序的所有这些构成要素，并为它们确定各自的作用范围。人们不仅应避免因过度放大比较一般的要素（对法的一般界定）以及忽略具体的规则而造成的视觉错误，而且也应避免无视较抽象的要素之存在的错误。

一个实际例证可以证明承认多种构成要素的必要性以及它们 54
各自发挥的作用，这就是在康奈尔大学进行的有关合同成立的研讨。它是在R.施莱辛格（Schlesinger）主持之下进行的一项比较法的集体研究，它为我们留下了一笔不朽的知识财富。[⑧]

那么，这项研究是如何进行的呢？

1957年召开的一次为期3天的会议计划进行一项有关合同成立（或订立）的比较法研究（要约、承诺、撤销以及有关事实合同和缔约形式的附录）。

在接下来的3年中，仔细选定了纳入考察的各国法律制度以及报告人。首先，问题被（以一种对不同法系的法学家均具有可信的、完整的意义的方式）设计出来；然后，又制定了详尽无比的备忘录，每一个报告人在研究不同国家的法律制度时均须遵循这一备忘录；最后，每一个合作者写出（分国别）的书面报告。

这项研究工作主要是在1960年至1964年期间完成的。在这几年中，各报告人三次聚首康奈尔大学，时间从两到四个月不等。在此期间，与会者对有关各国的报告展开口头讨论，在讨论的最后每一个报告人都对自己先前的报告做出补充。接下来就是总报告的纂写，其目的在于列出所考察的各国制度之间的共性与差异。这一总报告尽管以每一个报告人各自纂写的国别报告为基础，但它本身却是集体作品。

在1964年至1968年期间，各国别报告又进行了进一步的修订（以便使其内容与总报告更为吻合），而且又加入了一个导论。最后，该作品得以付印，其篇幅达到1700页。

R.施莱辛格所要解决的一个基本问题（正如在所有的比较法

---

⑧ 参阅R.施莱辛格主编：《合同的订立》（*Formation of contracts*），纽约、伦敦，1968年，两卷本。就此，我曾发表过一篇名为"一种新的工作方法：康奈尔的研讨"（Un metodo di lavoro nuovo：il seminario di Cornell）的评论，载于《比较法杂志》，1972年，第2期，172页以下。

研究中需要解决的问题一样)是,如何就针对各法律体系所提的问题得出具有可比性的答案。除其他方面外,重要的是要确保所有答案都指向同样的问题,也就是说,所有的解答者都对问题做出了同样的解释。第二方面的问题与每一个答案的自足性相关:一个还需要进一步加以解释的答案不能被认为是一个有效的答案;因此,应寻求在最为具体详尽的规范的层面上确立答案。

为满足上述两个方面的需要,在设计问题时,施莱辛格不得不 55
对该研究纳入考察的每一法律体系中相关的每一种情形都加以考虑,以确保在对所有其他法律体系的考察中都考虑该种情形。这样,以同样形式出现但却能够产生不同适用结果的一般规则就不会被混为一谈。与此同时,这一做法还间接地有利于实现一个更为重要的目标。通常,一旦指明了在某一法律体系中以正式且清晰的方式运作的所有相关要素,人们就会发现,在另一个体系中,这些因素尽管表面上被忽略或被认为不相关,但实际上却在该法律体系的缝隙间运作,悄悄地挤进了规范的形成与它们的适用之间。

在康奈尔大学进行的此项研究的特殊之处在于,它使众多具有不同背景的法学家都根据他们各自的知识对相同的问题做出了回答[也就是说,他们对其知识加以组织,从而使其能够以同样的语句加以表达出来:根据每一个法律体系的情况,在句前加或不加“否”(NON)的字样]。

前面已经提到了该项研讨的核心问题,而对此问题所提出的解决方案也构成了该研究最重要的方法论特征。该研究所面对的核心问题是,应如何将其所探讨的所有对象以一种对一个印度人、一个西班牙人、一个波兰人、一个德国人或一个挪威人等都一致的方式表达出来。为达到此目标，只能利用那些在先前已被人们自然而然地认为具有普适性的一些抽象概念（如“要约”、“承诺”等）。

为了保持一致性，该研究还避免使用过于抽象的术语来表述问题。这是因为，在这些抽象的术语中，每一个国家的报告人都可能会发现一个受制于其本国法的含义，而且令情形变得更糟的是，他甚至会看到一个属于自己学派的含义。为此，问题表中的每一个问题都被以一个“案例”的形式加以表述。这些案例不仅取自英美法系国家，而且也取自日耳曼国家的法律实践（法国和意大利的判例未被利用，因为这两个国家的案例报告往往在阐述法院所考察的案件事实方面不够清晰）。

因此，该研究是建立在一种基于事实的方法之上的。就其所考察之结果可能存在相似性这一点而言，其研究结论也可能导向一个“体系”。但是，这种基于事实的研究方法——它在各具体实践知识具有同一性的基础上进行归纳总结——与体系的研究方法之间存在着潜在的（甚至是明显的）冲突。

56 因此，这一研讨活动的成果在获得认同的同时，也受到了一些人的批判，尤其是来自 D. 塔隆（Tallon）的批判。塔隆认为，由于这项研究工作是在一位来自强调司法判例的国家——美国——的法学家的组织之下开展的，他事实上将罗马法系也当作了以判例为基础的体系来加以对待。塔隆的批评是站不住脚的。施莱辛格并未要求来自民法法系的法学家忘记他们来自一个司法裁判在总体上受学理指导并利用概念与体系的国家，而只是请求他们解决某些实践问题。在回答一个问题时，报告人完全可以自由地参阅其本国的法典或某项法律，他们也可以自由地利用从学术著作、概念和体系方法中所获得的知识，而不必局限于从司法判例中寻求答案。如果情形如此，则他们应说明学理与法律之间的相互关系以及这些法的构成要素对实践的影响。

研究中所揭示的都是具体规范，但这并不意味着不允许用一般命题去解释它们。实际上，后者可以对具体规范加以限定，或将其与一般规范加以比较。⑨

在我看来，在康奈尔大学所进行的此项研究代表了比较法方法乃至整个法学方法历史上的一个巨大进步。

先前，人们认为存在于一个法律体系内部的各构成要素之间是和谐统一的，而现在这一点开始被重新审视。

这一研究也破灭了这样一个神话，即只有各国的法学家才有资格对其法律体系内各构成要素之间的统一性加以判断。对统一性的这一判断应由比较法学做出，因为它采用"基于事实"的研究方法，能够验证各构成要素间的统一或不谐。⑩

在康奈尔，承担对某一国家的法律状况做出报告任务的法学家当然是从该国的学者中选出的。但是，该研究所采用的方法同时也避免了这种平行式的集体信息表述机制通常可能具有的风险。在这种平行式的表述中，人们通常会认为，只有某一国自己的

⑨　在我看来，在康奈尔的研究项目中，有些罗马法系的法学家过分强调了体系，而另一些法学家则过分强调了最新的判例（参阅前引《一种新的工作方法：康奈尔的研讨》）。但这种缺陷是由操作者造成的，而非方法本身存在问题。因此，我不赞同G.隆巴尔迪就此所做的评论（参阅前引《比较公法学导论》，第31—33页），他的观点与D.塔隆的观点大体一致。

⑩　这一方法受到了许多人的赞赏。例如，M.卢波伊（Lupoi）在其所著《以合同履行地作为司法联结点的标准》（*Il luogo dell esecuzione del contratto come criterio di collegamento giurisdizionale*）（米兰，1978年）中就运用了这一方法。另可以参阅我在《比较法杂志》1979年第1卷第370页之下的评论。

57 法学家才有能力对其所属之国家的法律加以阐述。[11] 人们通常都会说，只有该国的法学家才具有相关知识的准备，而这种知识准备不仅对于了解法律、学理和司法实践是必要且充分的，而且，它对于了解法律与学理见解之间的关系、法律和学理与司法三段论的大前提之间的关系、司法三段论的大前提（裁判要旨）与最终做出的具体判决之间的关系也是必要且充分的。

康奈尔大学的研究项目教导我们，要想全面地了解某一国家的法律，我们不能简单地信赖该国法学家们的观点，因为在实际运行的法规则与那些被传授和被重述的规则间可能存在巨大的差异。

该项研究还揭示了另一个现象：报告人经常会被问及一些关于其本国法律体系的但在其国内法上从未被问及的问题。于是，该研究项目所产生的报告所描述的内容就与在该国国内使用的专著的内容具有了相当大的差异。

对于意大利法而言，上述情形是显而易见的。戈拉所面对的问题中有一些是很不常见的，包括：如何将一个要约与一项要约邀请相区分？如何区分可以分割为各个部分的可分解的要约与只能就整体承诺的要约？如何知道对单一建议的承诺导致的是多个契约的订立还是单一契约的订立？如何对这样一种要约加以规范：它旨在仅使要约人承担义务，而且其义务的产生也以一项有利于要约人本人的给付的做出为条件？要约可否转让？“承诺与要约的一致”意指什么？要约人在设定承诺的生效条件方面拥有怎样

[11] 人们也承认存在一些例外情形，但即便这些例外情形也有其前提条件——承担某一部分任务的报告人须以一种最忠诚的方式模仿其所论述之国家的法学家。

的意思自治？如何将与要约不符的承诺（构成反要约，并使要约失效）和受要约人所做出的不影响之前所接受之要约的一般提议区分开来？如何对私下进行的拍卖加以具体规范？[12]

在有些人看来，以上所强调的某些问题并不应该由法学家来解答，因为它们是有关事实的问题。然而，这一争辩恰恰具有比较法上的重要意义，因为它表现了以下这一点：在某些法律体系上被视为属于“法律”的问题，在另一些法律体系上却可能被认为是“事实”问题。

七、某些构成要素的特征

在每一法律体系内部都存在着多个法律构成要素，这一点似乎已经成为了一个公认的事实。然而，迄今为止，我们尚未对所有 58
类型的构成要素做出解释。

在我们尚未解释的各构成要素中，让我们来看看法官和学者们的说理和论断（定义、哲学命题等）。

法官和学者们为解释其所做的选择会进行说理论证，而这些说理论证事实上也构成了独立于其结论性法律见解的一个构成要素。

让我们举法国的一条法律规则为例。该条规定：“表见继承人的出让行为对善意第三人有效”。对于这一结论的论证，法学家们采用了不同的方法：(1)认为存在一个所有继承人都共同享有的集体“所有权”(saisine)；(2)认为存在一个默示的委任（真实继承人

[12] 在写作我的作品《契约论》(*Contratto*)（都灵，1975）时，我参考了康奈尔项目的成果，对这些学理漏洞进行了填补。

对表见继承人的委任）；(3)认为存在一个表见所有权；(4)认为存在一个（由真实继承人的消极不作为造成的）人为的风险。

如果支持同一条规则的论证理由是不同的，那么相关法律体系就不能被认为是相同的。例如，假定表见继承人之出让行为有效的原因被认为是存在一个默示委任，那么在该法律体系内就会产生一种将表见继承人的行为与默示委任一体对待的趋势。这就意味着，如果通过了一项要求委任必须以要式做出的新法律，那么有关表见继承人的法律规则也将会发生变化。

如果相同的规范所得到的论证支持有所不同，那么相关法律体系就不是相同的。这就意味着，说理论证是十分重要的，它本身构成了法律体系的一个特殊要素。

此类典型的论证还有许多，例如，在法国法上的事例还包括："手边赠与"(don manuel)的有效性；在明知的情况下所做的非债清偿的不可回复性等。[13]

法律规则的创制者时常会提出其对法律的见解，而这些各种
59 类型的见解也构成了另一种法的要素，不过人们很少对这一构成要素加以探讨。

有时，这些见解（在表面上）表现为对相关情形的性质界定，而（实际上）只不过是在情形与效果之间的不必要的逻辑中介。例如，在"父母"或"议会的当选人"这一前提与"有权管理其未成年子女的财产"或"有权制定法律规范"这一效果之间，有时会插入"代理未成年子女"或"代表人民"这样的逻辑中介。

---

⑬ 参阅 R. 萨科："法国法上的一个潜规则：抽象弃权？"(un cryptotype en droit francais: la remise abstraite?)，载于《罗迪埃尔研究》(*Etudes Rodiere*)，巴黎，1981 年，第 2 期，第 273 页。

我们不能认为，作为不必要的逻辑中介，这些见解丧失了法律意义并因此成为了外在于法律的事物。无论它们的来源为何（学理见解、立法见解或是司法见解），它们都会对它们所解释的实际运行之规则的理解产生影响。在此意义上，它们构成了解释的工具（因此也构成了间接的法律渊源）。

由于立法者有制定法律规范而非对其加以论证的任务，因此乍看起来它似乎不会在法律条文中插入逻辑中介。但是，立法者也需要进行描述和分类，在这样做时它也就采纳了一定的定义和理论解释，而后者有时可能与实际适用的规则相矛盾，有时则可能根本是不必要的，因为在实践中有实际适用的规则就足够了。此类定义来自于立法者，这使得它们具有了官方的色彩。同时，由于与司法实践之间缺乏直接的联系，此类定义仅具有宣言性的特征。⑭

宣言性的表述通常明确表达的是一种意识形态（这种意识形态或者是在实际上对该国法律起着决定性作用，或者是该国的权力机构相信它起着这样的作用，抑或是权力机构希望人们相信它起着这样的作用）。

在罗马法系国家（以及普通法国家！）中，宣言式的陈述通常出现在自然法的背景之下。举例来说，这种宣言式的陈述可能会在“契约”与“合意”之间画上等号（契约＝合意），而实际适用的规范却要求契约不仅要有合意而且还要有“正当原因”（契约＝合意＋正当原因，参见《意大利民法典》第1376条等）。

⑭　法国法上的一个事例是1977年1月3日第77－2号法令《建筑法》（*Sur L'architecture*）（1977年1月4日法律公报）。该法第1条规定：“建筑是文化的一种表达方式”。

在普通法国家，宣言式的规范宣称，所有权的移转源自当事人的意愿，而实际适用的规则却是：动产所有权的移转或者源自一项契约（意思表示＋对价＋可能的价金支付），或者源自一个让渡(delivery)（意思表示＋交付）；不动产所有权的移转则源自一个转

60 让(conveyance)（意思表示＋形式＋可能要求的公示）。例外的是，在契约缔结时，它就产生了衡平法上的效果。

在许多情况下，宣示性的陈述与实际适用的规范之间的差异至少在表面上相当于一种提喻法（也就是说，宣示性陈述仅仅显示了相关情形的一个要素，而对其他要素保持沉默）。

宣示性的论断在社会主义国家的法律上显得尤为重要。[15]

从一开始，苏维埃政权就表现出了制定宣言式规范的极大热情。此类规范与法律的实际运用无关，但却揭示了该政权的思想观念和抱负。苏维埃法中最基本的一个规范就属于宣示性规范，根据该规范，一切生产资料都归国家所有。而从实际运行之规则的角度来看，所有者的权力其实是依物的不同而以各种不同的方式在国家和企业之间进行着分配。[16]

显然，在更具神圣性的法律（如宪法、法典等）中，此类判断性的、宣言式的规范出现得也更加频繁，而在其他法律中则较少看到它们的身影。其他观念性的表达在出现频率方面也有类似的特点。

---

[15] G. 克雷斯皮·雷吉奇、G. 德诺瓦、R. 萨科：《德意志民主共和国民法典》，前引，注4、注7。

[16] 关于对此问题各方面的重要探讨，参阅前文所引A. 韦涅季克托夫的作品。在“布拉格之春”的政治气氛中，人们在1968年特雷梅佐会议上对这个问题重新展开了讨论，相关论文载于《比较法杂志》，1969年第1卷，第19页以下。

在某些国家，其法律构成要素中包含了一些有关哲学、政治、意识形态或者宗教的命题，而它们都属于观念表达的范畴或与其相近似。如果不使用“上帝”这一概念，人们将很难表述教会法；同样，如果不使用马克思恩格斯主义的一些基本概念以及从列宁主义实践中得出的概念，人们也很难表述古巴或中国的法律。如果不使用这些概念，对这些法律体系的表述不仅是困难的，而且也是不完整和有失准确的。

判断，正如一般的观念表达一样（它们与命令也就是实际运行的规范是不同的），有可能正确，也有可能错误。当一国法律开始为宣言式论断提供空间的时候，它就在该法律体系内部导入了误导性的因素（尽管做出此类论断之人可能会对这一结果表示欣然接受）。例如，由于《意大利民法典》第1321条规定，契约是一个合意（也就是说，是由两个意思构成的），而该法典第1333条规定，在某些情况下，不必要求受要约人做出意思表示，于是，有人宣称，在这些情况下，沉默（也就是意思表示的缺失）就是一个意思表示。
这一判断是一个自相矛盾的判断，如同其他所有自相矛盾的命题 61
一样，它是错误的。[17]

八、各法律构成要素不和谐所产生的后果

无论是构成要素的数量，还是其在比较法上的重要性，都因法律体系的不同而表现出极大的差异。例如，在英国，许多法律部门

[17] 关于这一问题，参阅R.萨科：“误导性的判决要旨”（la massima mentitoria），载于《发掘判决要旨的判例以及先例的价值》（*La giurisprudenza per massire e il valore del precedente*），帕多瓦，1988年（热那亚会议论文集，该会议于1998年3月11至13日召开）。

并非由成文立法来规范，于是，在这些领域中成文法这个构成要素就是缺失或者是极不发达的。又如，对于没有文字的民族而言，它们很可能没有被记录下来的规范，而且，无论如何，它们都不可能拥有判例汇编或学术作品。而对宪法或其某些部门而言，它很可能缺乏相关的判例。意大利法拥有丰富的构成要素，而这一点本身并不意味着一种优越的品质（构成要素的多样性直接导致了它们之间不和谐的可能性）。

各构成要素在比较法上的重要性——这取决于每一要素对其他要素产生影响的能力——因法律体系的不同而表现出其差异。人们很难对一个法律体系加以描述或量化，而它的重要性明显是巨大的。

例如，在 1880 至 1900 年代，德国学理所具有的重要性绝对是同时期的法国学理所无法比拟的；司法判例在法国比在意大利具有更为重要的意义；在意识形态对学说的影响方面，实行一党制的国家要比其他国家表现得更为强烈。

另外，需要注意的是，在某一构成要素与属于同一法律体系的另一构成要素之间，可能存在或大或小的分歧，而且这种分歧在重要性方面也有差异。例如，在法国，法典与其解释之间存在极大的分歧，而在德国二者之间的差异则要小得多。就此，我们区分较松散的法律体系（其构成要素间存在严重的分歧）和较紧密的法律体系（其各构成要素相当地接近）。

当一位法学家需要了解其他国家的法律体系时，他经常会对那些在其本国法上不存在的构成要素感到难以理解。例如，面对社会主义法系的意识形态宣言以及建立在意识形态要素基础上的
62 学说界定，英美法系的法学家会表现出难以忍受和排斥的情绪。

而对于难以正确理解德国学理的法国法学家来说，他们往往会错误地将其视为一种对法学家不具有意义的（糟糕的）哲学。

九、各构成要素间的分歧、法律知识以及对立制度之间的同化

在实践中，以上所述的这种状况可以说是相当地显而易见。一般的法学家倾向于认为，理论建构通常会陷于过度抽象并忽略实践需求，因此，导致这一缺陷的责任就被自然而然地归因于理论家。

但是，实际上需要讨论的问题要更为广泛得多。

上文已经讨论到，判决本身不仅包括了裁判要旨，而且还包括了判决的理由。前者旨在阐明法官所采纳的规则，后者则是法官实际遵循的规则。裁判要旨与理论建构之间具有共性：它们都不服务于实践，都具有抽象性。

在上文中也已提及（尽管未展开讨论），立法者本身会采取两种不同的立场：一种是一般的和宣言式的，一种是特定的和实际适用的。它们之间是相互对立的，例如，立法者可能会说，主权属于人民而且议会是由普选产生的；但它同时又会规定，只有成年公民才有选举权。与此相类似，立法者可能会说，合同是一个合意；但它同时又会规定，合同是一个得到原因支持的合意。

因此，我们有必要考虑以下事实，即：将立法要素、学理要素与司法判例要素简单地对立，这样做将很难为我们描绘呈现在一个法律体系中且相对立的多种构成要素的丰富内涵。

在立法的内部，我们可以找到定义或判断（它们可能是逻辑中介，也可能仅仅是宣示）和实际适用的规则。

在判决的内部，我们可以找到判决要旨（它也包含着具有逻辑中介或宣示性质的判断和定义）和判决理由（对判决结果的论证）。

63 而学理有时表现为原创性的、旨在说服的作品（论文作品），有时则表现为教学或知识传播的辅助手段（教科书）。无论属于何种情形，它们都创造了知识性的（定义式的）或说服性的模式。无论是在前者还是在后者，作者往往都会提供事例（而从这样的事例中往往能够推导出一个规则，而该规则其实并非总是对作者试图告知或说服的规则的简单重复！）。说服性的作品通常都伴随着论证性的模式。

如果愿意的话，人们可以尝试罗列出在各个法律体系中存在的所有构成要素，但我并不打算这样做。我想强调的是，在这些法的构成要素中，有些要素本身就是行为规范，而有些要素存在的目的则在于对法律加以阐述（也就是使人们了解它们）。法律、学理和法院相互间承担了这样或那样的使命：阐述实际适用的规范；阐述理论上的建构，通过这种理论建构，人们可以对规范加以思考、重述并将其与其他要素进行沟通。此外，学理和司法判例（有时也包括法律）还会论证支持某一特定的规则。根据其提出主体的不同而对法律命题加以区分和归类或许是正确的，但我们也必须注意以下事实，即，在法的构成要素这个问题之上，最重要的区分（以及它们之间的分歧）是实际适用的规范与用来重述和说明这些实际规范的表述之间的区分。

前面已经多次谈到，各种构成要素之间可能会存在分歧。只有比较法上的经验才能测定这种分歧。在以下的几章中，我将具体讨论一些相关的问题。

然而，至此为止，我们可以提出这样一个问题：我们如何才能克服——假定它是可以克服的——定义性的要素与实际适用的要素之间的分歧？当然，这种分歧可能根本就是无法克服的。另一种可能性是，在经过一段时间后，定义可能会做出调整从而与规范相符，或者规范将做出调整从而与定义相符。然而，同样可能的是，在假定相互对立的要素之间具有一致性的前提下，定义和规范共存于一个法律体系之中。这一过程表现为“拟制”或“不可推翻的假定”，但它首先是通过这样一种宣示来实现的——根据这一宣示，某一法律事实与其对立的事实被视为是同一的。例如，沉默被等同于意思表示；暴力侵占被视为未被许可的侵占，这就意味着非暴力被等同于暴力。

第三章　若干应用事例

第一节　法律渊源

65 一、法律渊源的表述

从法律体系是一个统一和谐的体系这个立场看，有关法律渊源的学理见解也指向了法律的统一。

在意大利、德国和法国这样的国家中，人们认为，那些由宪法规定的渊源具有法律渊源的属性。这一观点描述的是一个和谐一致的景象。例如，在意大利，在国家和地方这两个层面上，制宪会议、议会、委员会、政府、选举人、共和国总统、理事会和其他地方组织行使着宪法、普通法律和次级法律（sublegale）的立法权。人们对宪法和地方法的讨论深入发掘和展示了立法机制。

66 然而，当人们在解释各种法律现象时，这种将法律渊源归结为宪法以及宪法所规定的各种渊源的见解并不是唯一被采纳的见解。

几乎在世界任何地方，都存在着构成要素之间不和谐的现象，而这一点在法国表现得尤为明显（尽管没有任何理论家对这一值得讨论的问题进行过探讨）。一方面，法国宪法在总体上仍然遵循18世纪末的观念，即认为只有被专门授予立法权的机构才能够创制法律规范，这些机构有责任形成、表达并公布法律规范。这一宪法性规定被视为具有完全的效力，它也被认为能够穷尽一切与规范创制有关的问题。而在另一方面，在创新性的司法判例的推动下，法国的民法不断地向前发展，而且民法学者们也高度地赞赏这种“裁判官法”(droit pretorien)；它遵循了古代罗马裁判官法的模式，构成了法律体系的一个重要支柱。

我们注意到了存在于宪法论著与民法论著之间的对立，而实际上它只是一个更为普遍的现象的一个征兆而已。宪法性的论著仅承认法秩序的一种构成要素或极其有限的几个构成要素，而有关民法、劳动法等部门法的论著则不愿忽视“实践”，即由法官或行政机构的行为所形成的构成要素整体。这并不意味着，宪法学者犯了错误并表述了错误的法律观点，它也不意味着民法学者和劳动法学者犯了错误并不法地偏离了宪法。道理很简单：宪法学者的论著讨论的是法秩序中宪法化了的构成要素（我们大致也可以换一种说法，即他们仅论述立法要素或立法所援引的因素），而民法学者和劳动法学者还同时讨论了司法判例这种构成要素。

在宪法条文中获得正式认可并由国家高层机构发布的法律渊源与其他具有不同性质的渊源同时共存于法律体系之中。如果有人准备对法律做一个非误导性的描述，那么上述这一点就不能被完全忽略。为了弥补这种正式的法源与一般意义上的法源之间的分歧，人们提出了“实质宪法”、“活的法律”等概念。以类似的方式，有人提出，在一个理想的、完美的法律体系中，只有那些规定在宪法中的法源才是真正的法源；但是，事实上，在司法（或仲裁）活动以及行政活动中还会涌现出许多规则。

这种便宜式的描述旨在对以下观念与现实加以调和，即，法的 67

创制权专属于宪法所规定的机构。它将这种法律创制权扩大到其他国家机构——国家授予这些机构以强制权，从而使它们能够以强力施加它们的意志。

这种调和式的描述包含着一个矛盾：当说到法官创造了法律时，它实际上暗示着立法者已经被忽略或逾越了。而这就与其所主张的下述规则产生了矛盾：立法者的意志就是法律，必须受到尊重。

令人感到惊讶的是，这两个看起来相互矛盾的命题——如果正确地加以理解的话——其实都是正确的，而且并不存在矛盾。但是，我们必须知道如何识别二者(立法者拥有专属性的无限权力，而法官又享有法的创制权)可以在逻辑上同时共存的原因：事实上，法律和司法实践塑造的是法秩序的不同构成要素，而在某些情况下这些构成要素本身可能拥有不同的内容。

这样，我们逐渐地接近了一个明显的结论。在一个由多个构成要素组成的法秩序中，如果有关法源的理论不将所有创造了每种构成要素的法源都包含在内，那么该理论就是不完整的。从这样一个标准出发，我们并不能说，只有那些由强制力支持的国家机构的行为才是法律的渊源。法由国家所创制并由其加以实施，这样的观念是一种偏见。这种偏见将会带来危险的认识偏差。事实上，即便人们认为所有的法律都是国家所创制的，国家的机构也仍可能有意识或无意识地去适用以其他方式被创制的规则。

因此，不仅法律和司法判决可以是法源，而且那些因其作者的权威性而具有说服力的命题(如论文或教科书以及学校教育)也可以成为法源。

二、法律渊源和解释

事实上，如果不先进行解释，就不可能有法律的适用。实际适用的法律是一个原始法源（成文法、有拘束力的判决先例）与一种解释之间互相作用的结果。

而解释又取决于（从而受制于）一系列因素，这些因素渗透进 68
了解释者的个人确信之中。[①] 影响解释者的个人确信的因素就是（实际适用之）法的渊源，大学教育就是这方面一个明显的例证。

事实上，迄今为止，法律科学尚未在正确地描述这一现象方面做出任何努力。如果一位法学家在解释一项成文法时表述了一个观点，那么人们就会说该成文法是实际适用的法律渊源，法学家的见解则被遗忘了；如果学理所表述的一个观点缺乏一项权威的成文法的支持，但判例却采纳了这个学术观点，那么人们就会说判决先例是实际适用的法律渊源，学理同样被遗忘了。所有这些描述都是武断的。

对解释产生影响的因素都是法的渊源。对解释者产生影响的因素可能是明显的（法典的规则、学校中明确教授的东西），但也可能是一些解释者未意识到的潜移默化的东西（不能言传的文化价值、教学中隐含的判断等）。让我们首先来看看那些明显地对解释者产生影响的因素。为确定它们的类型，一种最为形象的手段就

---

① 解释者在阅读和分析法源之前的所思所感，对于该法源的解释起着决定性的影响。这就是 J. 埃塞尔在其卓越的作品《前理解与法律发现过程中的方法选择》（*Vorverständnis und Methodenwahl in der Rechtsfindung*）（法兰克福 s. M. ，1972 年；意大利译本，卡米利诺，1983 年）中对我们的教诲。R. 萨科的见解与埃塞尔论文的观点是一致的（萨科见解的表达要比后者早些），参阅其所著《法律解释的概念》，都灵，1947 年。

是考察实践人士(律师或法官)在需要支持或界定一条规范的使用时是如何运用相关法源的。就此,我们可以举出两个例子。

美国人的法律体系基本上是一个根植于判决先例的法律体系。在一个遵循先例的法律体系中,如果两个先例之间存在矛盾,那么第二个先例将会被认为是错误的,而第一个先例则是有效的。这就导致了这样一种结果:为了解与某一问题相关的信息,法律实践者必须无限地往回搜寻和研究判例,这样做显然要耗费大量的时间和金钱。这种麻烦的状况使得某些州选择了进行法典编纂。但是,在该领域所出现的法典(例如,1872 年的加利福尼亚法典,它是按"菲尔德法典"的模式编纂而成的)可以说在诞生之初就死亡了,这是因为,正如波默罗伊(Pomeroy)所指出的那样,有关解释的理论假定法典只不过是对普通法上的先例做出解释和重述而已。因此,解释者必须去研究法典制定前大量发生且相互矛盾的司法判例。[②] 就我们这里的研究主题而言,我们注意到,美国各州
69 通过的法典数量远远超出了欧洲人的想象;[③]这些丰富的经验使得人们能够在事实的基础上总结出某些规律。在此基础上,一位资深的评论家认为,就一个法律体系而言,其可预见性、灵活性、自足性与避免造成不正义结果的能力并不取决于其正式法源(法典

② E. 博登海默(Bodercheimer):"1980 年代美国的法律:国际比较法科学院第 11 届大会来自美国的报告"(Law in the U. S. A. for the 1980s, Reports from the U. S. A. f. the XI Congress),《美国比较法杂志》(*Amer. Journ. of Comp. Law*)增刊,1982 年,第 15 页以下。

③ 参阅 W. S. 瓦格纳(Wagner):"欧洲的法典化以及 19 世纪中叶美国各州的法典化运动"(La codificazione del diritto in Europa e il movimento per, la codificazione negli Stati Uniti intorno alla metà del XIX secolo),载于《法学杂志》(*J.*)1961 年,第 519 页。

或法官法)的特性,而是取决于人们在法源与解释方法之间所确立的特定关系。[④]

在意大利,在1942年之后的若干年中,新颁布的民法典已经取代了先前的1865民法典。但是,在新法典颁布之初的法学著作仍然和先前一样大量地援引德国1900年前的学理。学者们这样做并不仅仅是为了阐述历史,而且也是在解释现行法。意大利的解释者们相信,如果不阐明相关制度概念就根本无法理解法典,而德国的潘德克吞学者在晚近的作品中对这些概念做出了后人无法超越的深入研究。于是,意大利学者通过将法律中的新条文与老的德国学理相结合,重构了规范的内容。

至此,我们可以提出这样一个疑问,即立法者是否根本无法使它的意志获得尊重。对这一问题,可以给出两方面的答案。

首先,如果制定了一项清晰、准确且容易理解的规范,那么任何正常的立法者都可以在一定程度上使它的意志获得尊重,因为法官应对此规范予以适用。要想实现这一目标,要么是应使该规范的制定符合法官的文化背景,要么是应创造出一个在文化准备上能够理解该规范的法官团体。

其次,如果法律通过方式被高举至一个极高的社会地位之上并因此而被神圣化,那么它就能获得极大的尊重。当适用者感到他们是因一种被人们所渴望的社会进步原因而适用某项法律时,该法律就是被神圣化了的。美国宪法就是具有这样的特性。在剧烈的社会冲突之后而极具争议地打断与过去联系的规范也具有类似的特性:法国大革命时期所通过的许多规范就是这方面的例证;

④　关于这个问题可以参阅E.博登海默的作品,同于第83注释。

70 而就社会主义国家所通过的许多法律而言，我们或许也可以正确地指出这一点。

当社会将某一法源的制定者抬高至一个超乎常人的地位上时，一种神圣化的重要形式就随之产生了。但丁在他的《神曲》中将尤士丁尼置于天堂之中从而将其神圣化，这一点向我们所揭示的东西是我们从注释法学派和评论法学派那里所不能看到的——它所揭示的是这样一种观念（它是从中世纪对罗马的尊崇中迸发出来的）：《市民法大全》（*Corpus iuris civilis*）是根据某种神的意旨而编纂的。

三、作为法源的学理

现在我们应该在之前已经指出但尚未深入探讨的一个方面停留一下，这就是，学理（无论是论著性的还是教学性的作品）是法律的一项渊源，也就是说，它是法的某种构成要素。[5] 必须指出，学理可能在多个层次上发挥其效力。它可能描述一项判决规则的内容（例如，一位法国教授指出，表见继承人的处分行为有效），或者描述一个与任何判决规则都不相关的定义（例如，一位意大利教授对法律行为下定义）；又或者是讨论在构建法律规则时需要遵循的方法（例如，一位教授支持历史方法、概念法学方法、社会学方法或比较法方法等）。[6] 同样，学理可能建议法律从业者遵守判例规

---

⑤ 关于此主题的文献，可以参阅 P. G. 莫纳泰里："作为一种法源的'法学理论'"（Legal Doctrine as a source of Law），载于《意大利向 1986 年在悉尼召开的第 12 届国际比较法大会提交的国家报告》，米兰，1986 年。也可以参阅向这次大会所提交的所有此方面的论文。

⑥ 法律解释的方法本身也是法源，因为它决定了其解释的内容。有时，这种法源被称为"次级法源"。

则，即便它与法律相违背；它也可能建议他们忽略司法创造而向法律条文回归。通过这样的方式，学理也对各种法源各自的重要性做出了判断或进行了正当性论证。

历史多次以清晰的方式表明，学理是法律渊源中等级最高的一种形式。

我们可以首先来看看欧洲人所理解的“罗马”法以及它从中世纪一直到《德国民法典》颁布之前在欧洲的适用情况。在未经论证 71
的情况下，人们一直在武断地重复说，实际适用的法律是记载在《市民法大全》中的罗马法（有部分被教会法所取代）。罗马法这一法源的正当性似乎已被尤士丁尼的权威所具有的（不可辩驳的，因此也是明显且真实的）正当性所证明。这一法源的现实性得到了持续性原则的保障，根据这一原则，在法律上，神圣罗马帝国的卡洛林王朝是奥古斯都建立的且尤士丁尼统治过的罗马帝国的延续。另外，罗马法规则作为法源的正当性还得益于其自身固有的合理性。只要实证法学为自然法学和理性法学多少留下了一点空间，罗马法的这种合理性就不可能不具有重要性。最后，正如前文已经指出的那样，人们完全有可能认为尤士丁尼完成了一项神授的使命，因此他的作品也就披上了一层神圣的外衣。

神圣罗马帝国的皇帝曾明确将罗马法承认为法源，但是，这种承认发生在对罗马法的继受过程已经完成之后，因此它实际上并未对其作为法源的正当性提供多少支持。

此外，人们对尤士丁尼法所做出的解释也造就了一个规范体。这些规范并未明确地表现在尤士丁尼的法律文献中，而且也不断地处于发展演进之中。在此演进过程中，罗马法学家针对个案的解决方法往往被抛在一边，而在罗马法上并不处于核心地位的一些制度的适用范围则被大大拓展，例如：从关于买卖和要式口约的规范中创造出了一系列适用于契约的一般规范；契约在罗马法上仅是债的发生原因，而后来则被允许在转移所有权的领域也发挥作用；从阿奎利亚法规则逐渐衍生出一个产生契约外责任的“不法行为”的统一概念；从产生对人性返还请求权（condictio）的一些具体案件中发育出了“不当得利”的一般概念；而在这一伟大的演进过程即将结束之际，人们更是创造出了“法律行为”的辉煌理论。这一抽象进程需要一些逻辑工具方面的准备，其中主要包括：将对实体法的研究视为一个独立的部分，使其与相应的程序规则相分离；运用一切辩证法的工具；对规范的“立法理由”进行自由的探讨等。

我们所说的这一演进过程开始于对《市民法大全》的解读，而终结于《德国民法典》的最终草案。这的确是一个长期的进程。

在《德国民法典》生效之前逐步被添加进“罗马法”或“共同法”的一切规则都是由解释者们完成的，其中最重要的是中世纪的法律博士（dottori）。当然，忽略法律实践者对法律演进所做出的贡献也是不正确的。考虑到法律博士和法律实践者很可能就是同一
72 个人，我们可以更准确地表达上述观点：我们不应忽视实践对法律演进所做出的贡献。F. 维亚克尔、G. 戈拉以及 C. A. 坎纳塔[7]都向我们正确地指出，不应忽略咨询意见、司法先例以及一般司法实

⑦ 参阅 F. 维亚克尔（Wieacker）：《近代私法史》（*Privatrechtsgeschichte der Neuzeit*），第 2 版，哥廷根，1967 年（意大利译本，两卷本，米兰，1980 年）；G. 戈拉：“统一之前各国的最高法院”（I tribunali supremi degli stati preunitari），载于《比较法与欧洲共同法》，米兰，1980 年，第 21 章；C. A. 卡纳塔（Cannata）、A. 甘巴罗（Gambaro）：《欧洲判例法历史概述》（*Lineamenti di storia della giurisperudenza europea*），第 3 版，第 2 卷，都灵，1984 年。

践的重要性。但是,对法律解释起主要指导作用的仍然是法律博士,他们以双重身份发挥着作用——作为权威作品的作者,以及大学的教师。在不同时代和不同地方,某个理论家的观点会占据支配地位,而有时占支配地位的则是一定数量理论家的共同看法。在这种情况下,对罗马法文献的援引只是徒具形式而已,它往往伴随着对其做出解释的理论家的观点。于是,罗马法法源所具有的(不可争议的)正当性也就被扩展到了学理法源之上。

在伊斯兰法领域也存在类似情形。毫无疑问,由教义和宗教逻辑所支持的伊斯兰法的法源必然是神的启示,而且正是这种启示给了法律规则以无可置疑的正确性。然而,一旦明确所有的法律都来自于上帝,而且一切来自于上帝的法律都需要通过启示而为人所知,就会产生这样的问题:启示所揭示的法源实际上仅涉及了有限的法律关系领域,而且它们的意义通常在客观上也是不确定的。于是,对于那些合法的法源所留下的空白和不确定性,人们必须通过解释来予以填补或确定,而这种解释主要依赖的是公元10世纪前所形成的理论。尽管神学可以通过论证和确保其绝对的正确性来为这种解释提供合理基础,但从人的层面来看,伊斯兰学者(alim, faqih)[⑧]才是这个巨型法律规则框架的建筑大师。作为法源的神的启示仅仅是伊斯兰法的一个历史起点,这个有着众多规范的伊斯兰法[⑨]乃是伊斯兰学者的学理创造。学理的这种独占性是由以下两种情形确立或强化的:(1)伊斯兰法构成神学的一

⑧　有关这些伊斯兰学者,参阅F.卡斯特罗:"伊斯兰学者的力量"(Les pouvoirs de faqih),载于《意大利提交给1982年于加拉加斯召开之第11届国际比较法大会的报告》,米兰,1982年。

⑨　参阅R.达维德:《当代世界主要法律体系》,第3版,意大利译本,第405页。

部分，而在伊斯兰世界并不存在一种能够对信仰的真理做出界定
73 的权威；(2)伊斯兰法的法官(qadi)不进行说理，因此他们并不指明争议的法律问题和判决的理由，于是，对司法先例的尊崇也就无法得以确立。

我们可以再看一个事例。在英国，法院在法律的演进过程中发挥着主导性作用，因此它们很少关注学理的创造。在这种情况下，教授们的著作只不过是在记述法官的所作所为，而他们的教学活动也只是为了使学生了解法官所造之法。在美国，尽管法院享有与英国法院相类似的权力，但多个独立的州法律体系的存在会在各个司法体系之间形成一定的竞争关系，这是因为，各法院在被请求就同样的问题做出决定时，可能会采取不同的立场。将各州不同的规则加以比较，这成为了学者们所承担的一项任务。他们运用学理惯常使用的逻辑方法表达了他们自己的看法。学理具有说服的能力，这种能力使得它具备了一种对司法判决做出赞同或反对的评价功能，并最终使其具有了对不同判决结果做出仲裁的功能。为论证其观点的合理性，学者们需要阐述其系统方法的标准，由此就形成了一个个“学派”(例如，对各种制度的成本和收益加以经济分析的学派)。学术活动所具有的不同意义或许正是美国法和英国法之间的一个最大的差异。

四、学术力量的正当性及其前提

学者们创造了法律，但是他们却是在无意这样做并且压根就不知情的情况下完成这一创举的。学理本能地希望自己成为法源，但它却惧怕为此给出一个特定的正当理由。潘德克吞学派通过声称自己在解释《市民法大全》而证明自己的正当性，而伊斯兰

学者则将其正当性建立在其所解释的法源所具有的神圣性之上。

正当性似乎总是能够通过以下这种方法来获致：在实证法中想像出一个高度抽象的、可适用于大量不同情形的原则，然后再将希望予以适用的一切规则都导入到这个一般规则之下。理性法学的理论家、法社会学的学者以及追求利益平衡的司法所运用的就是这种方法。在我看来，经济分析法学也是依此方法运作的。

与其选择为学理造法寻找一个正当理由并因此承受找不到任何此类理由的风险，不如探讨并强调此种学理创造是借助何种手段得以实现的。

除具有说服的能力外，学者并不具有任何其他权力。但是，作 74
为教授和教科书的作者，他通过劝说的力量来影响实证法的机会因此而大大增加。一名教授和一本教科书的作者会对学生产生影响，因为后者通过教科书和教授的讲解学习法律。现在仍然盛行这样一种说法，即，在罗马法系国家中，学生们都是通过法典来学习法律。这一说法极其荒谬。罗马法系国家中的学生通过准备考试学习法律，而他们总是在听完教授的授课之后通过教科书准备考试。当然，学生们可以自由地反对教授所教授的观点，但是，实际上除非听到了第二位教授的不同观点，否则他们很少会提出反对意见。一旦成为了法官，昔日的学生就会愿意适用他在学校课堂上学到的法律。

法律史上充满了能够证明前述见解的事例。数十年前，苏丹的法官们适用的是普通法。尽管正式的成文法已写入了法典，但当时的法官们只熟悉普通法。后来，当普通法重新成为正式的法律之后，新的一代法官却仍在适用法典，因为这是他们唯一熟悉的法源。[10] 在《拿破仑法典》生效之后，相当一部分罗马法和法兰西王室法规范继续被那些接受过罗马法和王室法大学教育的法官所适用。在更早的时代，英国、波兰和匈牙利的国王[11]则是通过阻止未来的法官们研究罗马法的方式来维护这些国家自身的法律传统。相反，在学校中研习的法律同时也是希望在法院和公共机构中从事法律实务的“律师”(jurista)成才的唯一渠道。

学者造法在不同时期所具有的重要性和广泛性可能引导我们提出以下疑问：是否以及在何种程度上能够确定学术力量与特定社会结构之间的对应关系。迄今为止，尚未有人运用恰当的方法开展这一研究。此外，我们还可以注意到，法的国家化将潜在地抑制学理的创造性。在政治层面上，当国家的权力机构(立法者、部
75 长、法官)希望将规范的创制权控制在它们自己手中的时候，就发生了法律的国家化；而在意识的层面上，如果人们认为法就是国家的规范体系，而且法规范的效力空间必然与国家或它的一个特定行政区域的领土空间相吻合，那么也就发生了法的国家化。国家化了的法的例子包括法国法(雅各宾政权、拿破仑政权及其后政权的法律)以及模仿法国法的体系(其中包括社会主义法律体系)，而且，在我看来，英国的法律体系恐怕也要包含在内。未被国家化的法的例子则包括共同法——无论是其欧洲法的阶段，还是在其纯

[10] 参阅 M. 瓜达尼(Guadagni)：“苏丹的私法改革：一项关于非洲法的规范模式的研究”(La riforma del diritto privato nel Sudan：uno studio sui modell inormativi nel diritto africano)，载于《底的里雅斯特大学经济系 50 周年纪念文集》(*Raccolta di scritti peril 50° anniversario della Facoltà di economia*)，1975 年。

[11] 关于波兰和匈牙利的情况，参阅 R. 萨科：“社会主义国家民法的罗马法基础”(Il sustrato romanistico del diritto civile dei paesi socialisti)，载于《比较法杂志》，1969 年，第 1 卷，第 115 页以下。

粹德意志法的阶段[12]——和伊斯兰法。

然而,在理论上,经由学术的力量来实现法的国家化也并非是不可能的。例如,在一党制的国家中,可能会出现一个在党内受到尊崇的法律理论家阶层;又如,在个人专制的国家中,也可能会由于统治者的喜好而兴起一个有权势的学者群体。

第二节　契约和双方法律行为

五、问题的提出[13]

契约通常被界定为由双方或多方缔结的行为(或法律行为),也就是说,它是由各方当事人所做意思表示的总和。

然而,在对契约加以界定时,人们往往会借助如下的推理过程:首先提出一个更为普遍的"法律行为"的概念,然后再通过强调双方性的方式对契约这种具体的法律行为类别加以区分界定;于是,一切由意思交换构成的法律行为都是契约,而且也只有这样的 76
法律行为才是契约。[14]

---

⑫　直到近期,M. 弗罗蒙(Fromont)和 A. 里格(Rieg)在谈到德国的情况时还这样写道:"于是这就形成了学理对司法裁判的一种深刻的影响,这种现象足以引起法国所有法学家的深思"(《德国法导论》(*Introduction au droit allermand*),第 1 卷,巴黎,1977 年,第 208 页)。

⑬　我本人对这个主题进行了大量的讨论。关于这个问题,主要可以参阅本人的作品《论契约》(都灵,1975 年,第 3 个问题以下)。这方面最为重要的资料是前引 R. 施莱辛格主编之《契约的订立》。

⑭　这一定义已经出现在了潘德克吞学派的著作中了(如,F. G. 普赫塔(Puchta),《潘德克顿体系》(*Pandekton*),第 12 版,莱比锡,1877 年,第 54 节,第 84 页:双方法律行为称之为契约)。另外,我们的法学家也相当熟悉这一概念,如:N. 科维耶洛(Coviel-

很显然，如果契约的效力是双务的，也就是说，如果在对要约人之允诺的承诺中同时也包含着一项允诺，那么契约当然需要由双方共同缔结。但是，对于仅对一方施加义务或使其承受不利后果的契约而言，就会产生契约由单方成立或由双方共同成立的问题。

在做进一步探讨之前，我想首先指出，契约成立的双方性可能是由两个不同的前提所决定的，而且，这两种不同的前提也将产生不同的实践后果：(1)从契约主体在其自身的法律事务方面具有完全的意思自治这一原则出发，人们可以得出如下结论，即，一个主体的法律状态不应被他人单方面的意思表示所改变(无论是向好的方向改变，还是往坏的方向改变)，除非这种改变可以从当事人间先前所具有的关系中找到合理的基础；(2)从防止造成不正当的财产损害这一原则出发，人们可以得出如下结论，即，一个主体的法律状态不应因他人单方面的意思表示而恶化。

如果立法者完全采纳主体对其自身事务享有意思自治的规则，那么以下这一原则就有了适用余地：在未经其同意的情况下，任何人都不应获利或遭受损失。相反，如果立法者采纳另一规则，则应订入法典的原则将变为：在未经其同意的情况下，任何人都不应遭受损失。

为能够对下文将介绍的制度做出评价，我们首先需要确立一

lo)，《意大利民法教科书》，米兰，1910年，第102节(“双方法律行为是契约”)；R. 德·鲁杰罗(Ruggiero)，《民法教科书》，梅西纳，第6版，第2卷，第105页(“双重意思表示是契约的必要前提……凡是能够表现为单方意思表示的情形，都将被排除在合意本身的精神之外，因为‘合意’这个词表明了相互达成协议的必要性”)；L. 卡廖塔·费拉拉(Cariota Ferrara)，《意大利私法中的法律行为》(*Negozio giuridico nel diritto privato italiano*)，那波里，注45(“在双方法律行为中，毫无疑问地，那些具有财产内容的双方法律行为被称为‘契约’”)。

个前提条件。在法官通过考察具体案件中所有情形而判定当事人的沉默只可能意味着接受的意思之时，法律可能承认，当事人的沉默可以被视为承诺。法律的这一规则与契约成立的双方性之间并不存在冲突。沉默本身是一个消极的事实，但是，与其相伴随的一些情形是积极的事实，而这些积极的事实可以赋予沉默以表达的性质，于是，这一“特定情境中”的沉默完全就可以被归入意思表示的范畴。此种类型的沉默在性质上与单纯的沉默具有极大的差异。 77

如果禁止法官对受要约人沉默的具体事实环境进行评价和估量并进而自由地对契约的缔结予以肯定或否认，如果在一个沉默面前契约的所有效果仍然都发生了，那么，未做出拒绝这一事实将既不构成“特定情境中”的沉默，也不构成一项（哪怕是默示的）意思表示。[15] 这就进一步意味着，并不是沉默使得契约成立，而是要约本身就已成立了契约，只要它不因受要约人的拒绝而失效。

六、罗马法系国家的材料

在进行一项有关契约性质的研究时，一个极佳的出发点是《拿破仑民法典》第 1108 条。该条文规定了“契约”（convention）的要件，其中第一项要件就是“**负担债务的当事人的同意**”。因此，《拿破仑民法典》的此项规定十分简明：每一项契约允诺都代表着一项债务，做出意思表示者因此项允诺而负债；要想使债的关系发生，显然需要一项允诺（当然还需要其他条件，如“合法原因”，不过这

[15] 一些学者认为，正是法律赋予了沉默在一定情形之下明确的积极意义。这一观点是站不住脚的，因为法律能够规定特定情形的法律效果，但却不能规定其“事实上”的构成。

些条件与这里讨论的问题不相关)，但是，除非被允诺人自己也承担债务，否则无须要求承诺的存在。一些要式契约(赠与、夫妻间有关财产的契约等)对这一简明的规则构成了例外，因为此类契约要求必须有承诺。

面对《拿破仑民法典》第 1108 条，学理选择了忽视法典的规范——它或者认为该规范在措词上存在一个实质性错误，从而需
78 要通过解释灵活地修正它；[16]或者是奇怪地认为该规范的措词本身就体现了契约的双方性。[17] 因此，《拿破仑民法典》第 1108 条自

---

⑯ 此类著作包括：C. 德莫隆布(Demolombe)，《拿破仑民法典教程》(*Cours de Code Nap*)，第 12 卷，注释 45；K. S. 察哈里埃(Zachariae)，《法国民法教程》，第 1 卷，第 343 页，注 1；C. 奥布里(Aubri)、C. 拉乌(Rau)，《民法教程》，第 6 版，第 4 卷，第 343，注释 2，注释 6；R. 德莫格(Demogue)，《债：发生原因》(*Traité des Obligations*, *Sources*)，1923 年，第 2 卷，注释 546。学者们对该规范措词做出修正的原因在于：一旦将负担义务者的意愿界定为"合意"，该合意所具有的双方属性也就无法被否认了。

⑰ V. 马尔卡代(Marcadé)的解释甚至更令人惊讶。他在其所著《拿破仑民法典的理论与实务解读》(第 4 卷，针对 1108 条的解释，注释 394)中这样说道："该条规范首先要求负担义务的当事人的同意，也就是说，需要他对另一方先前所表达的意愿表示赞同"。类似的观点还表现在 A. 迪朗东(Duranton)的《法国法教程》(*Cours de droit français*)(第 4 卷，第 27 页，注释 95)的下述表述之中："法典规定需要有负担债务的当事人的同意，我们认为，法典的这一表述表明，因债的发生而受益的一方当事人的意愿对于契约的成立也是必要的，因为合意必然意味着两个意愿的相互一致"。G. 博德里·拉坎蒂内涅(Lacantinerie)、L. 巴尔德(Barde)在《债法》(*Delle Obligazioni*)(意大利译本，第 1 卷，注释 28)中以下武断的论述风格也引人注目："我们认为，显而易见地，如果缺乏两个或多个意愿的合一，就不会有契约之债……我们还可以特别地指出，民法典的编纂者似乎并未承认那种由债务人一方的意愿产生债的可能性"。另外，德国学者对《拿破仑民法典》的解释也采取了相似的立场，例如，J. J. 鲍尔班德(Bauerband)在其著作《在莱茵河左岸德意志各邦有效的法国民法概论》(*Institutionen des französischen in den deutschen Landen des Linken Rheinufers geltenden civilrechts*)(1873 年，第 242 节)中写到，"根据第 1109 条的规定，要想发生法律效力，一项财产性契约需具备 4 个要素：第一，缔约各方的意思合一(Die willenseinigung der Paciscenten)……"

诞生之日起就立刻引发了法律和学理的分裂。

关于合同成立的双方性理论在19世纪得到了法国学理的进一步支持，后者认为，未被接受的允诺**即便在合同以外的领域**也不发生任何效力。

因此，在做进一步探讨之前，我们可以说，**历史上**的法国学理较之**今日**的法国（或意大利）学理更加注重理论的实际意义。它所维护的是一项真正的规则，一个真正的判决准则（依据该准则，任何人在没有形成自己的合意之前不能取得任何东西），而不像当代的学理那样只是在单纯地维护一个定义。

到19世纪末，该原则开始受到一些例外规则的侵蚀，而在过去的几十年中这一趋势进一步得到了强化。然而，即便现在的法国法承认了若干类型的单方允诺，这一点仍未改变契约的成立具有双方性这一学理规则。

在纯粹的逻辑层面上，人们可以批评法国学理对《拿破仑民法典》第1101条以及前引第1108条在措词和它们的实际效果之间的关系缺乏深入探讨。然而，更为严厉的批评来自于应转向从实质层面来评价法国学者的看法，即，法国学者们所采取的先验的、反字面理解的解释是如此得苍白以至于根本无法在实践中予以运用。

事实上，许多学者都意识到了一般学理见解在该问题上的不 79
足，并试图通过特定情境中的沉默理论对其加以修正。学者们认为，特定情境中的沉默实质上构成一项意思表示；然后，对于一项仅旨在约束允诺人的允诺而言，学者们又将受要约人单纯的沉默归入到了在特定情境中之沉默的广义范畴中。

当然，那些排斥或忽略特定情境中之沉默这一概念的学者们根本就无从求助于上述逻辑游戏。在坚持契约的双方性理论以及未做出拒绝这一事实具有法律意义的情况下，他们被迫陷入了更为明显的矛盾之中。德莫隆布的理论就属于此种情形。在19世纪中叶，他以下列方式对这一规则进行了论证。[18]《拿破仑民法典》第1108条似乎仅要求允诺人的同意，但是，德莫隆布却认为，很明显也需要对方当事人的同意。如果要约以仅对受要约人有利的方式做出而且也不存在任何予以拒绝的理由，那么，同样是根据第1108条的规定，此种情形将构成上述须经双方同意之规则的例外。也就是说，要求有受要约人的同意；即便事实上缺乏此项同意，法律也将视为其已经做出。此种解释方法后来成为了法国学理上一股重要潮流。[19]

明显地，在这种逻辑游戏之下，在法律适用层面上的双方性观念与概念上和体系上的这一观念之间存在着矛盾。

一些学者在所有的法效果方面反对契约双方性的理论，而另一些人也支持这一努力，不过他们只是侵蚀这一概念，而没有直接否定它。这些学者认为，在仅产生单务效果的合同中，被允诺人意

---

⑱　前引C.德莫隆布，《拿破仑民法典教程》，第12卷，注释57和59。事实上，在某些时刻，德莫隆布也注意到了他的整个论证中的恶性循环，并补充说，他对受要约人沉默的理论没有反对的理由："或许我们从中可以为第1108条找到一个解释理由，该条文似乎仅对负担债务者的同意做出了要求"。如果德莫隆布已经将这一疑问转变为一条确定的信条，那么长期以来使法国的学理如此着迷的一个魔咒也就被破除了。

⑲　前引G.博德里·拉坎蒂内涅、L.巴尔德，《债法》，第1卷，注释45；前引R.德莫格，《债：发生原因》，第2卷，注释554之3（例子：担保允诺，援引法院判决）以及第1卷，注释189之4（对一个保险合同所作的有利于被保险人的修改，援引法院判决）。

思表示的无效并不具有法律上的重要性，因为被允诺人对主张此无效并不具有任何法律上的利益。[20]

近期的一些教科书仍然坚持契约的双方性理论。契约的成立 80
以承诺的意思表示为必要，这是由契约是意思的合致这一定义推导出来的，而该定义又是从民法典第 1101 条得出的（第 1108 条甚至都没有被提及）。不过，承诺的意思表示可以表现为一个消极的行为（沉默）。许多论著都反对有关契约双方性的这一理论，但这些教科书并未理睬这些反对意见。[21]

从满足实践需求的角度看，对于那些仅使要约人负担义务的要约而言，承诺实际上是不必要的。法院判例通过遵循德莫隆布的理论，对这一点予以了认可。

1938 年，法国最高法院的申诉院（Chambre des Requetes）审理了这样一个案件：出租人向承租人提议修改租赁契约，而此项修改的内容只是使提议人的利益有所减损（具体而言，就是减少未来的租金）；承租人对此项修改提议未做答复；于是，出租人事后认为，该项修改并未完成。上诉法院支持了承租人的主张。最高法

---

⑳　参阅 T. 于克（Huc），《民法典的理论与实践评论》（*Comm. théor. e prat. du code civ*），第 7 卷，巴黎，1894，注释 26；前引 R. 德莫格，《债：发生原因》，第 1 卷，注释 232。两位作者都讨论了受赠人、借用人和保管人（这第三个例子选得不好）之错误的适用问题。相反，并不存在被允诺人欠缺行为能力的问题，因为，在法国存在一项相当确定的规则："未成年人在获取一项利益时无须其监护人的辅助"（参阅民法典第 1125 条、1305 条和 1306 条；有关赠与的第 935 条例外）。

㉑　坚持传统理论的著作如 J. 盖斯坦（chestin），《契约论》（*Le contrat*），第 2 版，收录于其主编之《民法学》，巴黎，1988，注释 i 278，5，284 页以下。持反对意见的著作如 G. 鲁埃特（Rouhette），《契约概念批判研究》（*Contribution à l'etude critique de La notion de contrat*），《文集》（*Thèse*），巴黎，1965，第 363 类。

院于1938年3月29日做出判决，[22]驳回了对原审法院判决的异议。最高法院的判决认为，原审法院的法官有权判定，当要约以完全有利于受要约人的方式做出时，后者的沉默可以被视为承诺。

法学家P.瓦兰对该判决做出了评论，他认为，实际上无法解释为什么一个没有被承诺的要约可以产生法律效力。

在法国，学者们这一判决规则的真正性质进行了探讨。如果人们承认，当要约仅旨在减损要约人的利益之时沉默就将被视为承诺，那么这并不意味着要约本身事实上已经引导出了受要约人的承诺意愿；相反，它意味着，此时存在着一种其本身应适用不同法律规范的特殊事实。这样就很好地解释了前引判例所引起的广泛兴趣。

1970年，前引1938年判决所确立的规则再次得到了最高法院的确认(1970年12月15日判决)。[23]

对契约的学理定义将其指向了双方法律行为，而一些法律规
81 则表明受约束之一方当事人的意思表示即足以成立契约。除前述内容外，在其他一些方面也可能表现出这二者之间的对立。根据《拿破仑民法典》的规定，意定的抵押权因当事人间的合意而产生；另外，其他法源还要求合意必须采取公证文书的形式(民法典第2127条)。公证文书是一个合意，由两项意思表示构成：既然协议要求具有特定的形式，那么要约和承诺二者都需要以公证的形式做出。从前的学理也都支持这一结论。然而，司法判例却认为，只

[22] 参阅Dalloz，1939，D.P. I，5。

[23] 参阅*Bull. Civ.*，V，注释722，第590页。

要有抵押人(要式)的同意就足够了。后来,学理放弃了其先前的主张,但同时也认为,债权人通过要求进行抵押登记而表达了他的意愿,此项意愿即构成了非要式的而且是默示的承诺。㉔

在德国,《德国民法典》并未对契约(Vertrag)做出明确定义。法典第1编第145条及其后条文隐含着承诺对于成立契约的必要性。另外,在德国人们也习惯于将契约界定为一个双方法律行为。㉕

事实上,《德国民法典》第516条关于赠与(Schenkung)的条文中包含一个类似于《意大利民法典》第1333条第2款的规定:在受赠人未予接受的情况下,赠与人可为受赠人指定一个期间;如果该期间届满而受赠人未拒绝赠与,则赠与成立(视为已被接受)。

然而,第516条并未妨碍学者们继续传授这样一条规则,即赠与也是一个双方法律行为。㉖ 学者们在进行理论表述时,以"概念"替代了规范。

《德国民法典》第516条或许原本就是为了规范狭义的赠与,但该条却与《意大利民法典》第1333条第2款有着十分不同的适

㉔ 有关此问题的各种观点概述,可以参阅F.洛朗(Laurent),《民法原理》,意大利文译本,第2版,米兰,1908年,XXX,注释438—444。此后,有关默示承诺足以成立契约的规则,参阅法国最高法院1903年11月3日判决,见于D. 1905, I, 529、S. 1901, I, 389以及学理观点。

㉕ 德国学者不像法国学者那样执著地坚持契约的双方性,这是因为,德国学者的主要兴趣在于界定一般法律行为,以及澄清法律行为、意思表示与非表意行为之间的概念关系。尽管如此,在德国,将契约定义为双方法律行为仍然具有坚实的基础(可以参阅L.恩内克鲁斯(Enneccerus)、H. C.尼佩代(Nipperdey),《民法总论》(*Allgem, Teil*),第161节a项)。

㉖ 例如,E.莫利托(Molitor),《债法》(*Schuldrecht*),摩洛哥、柏林,1948年,第1卷,第82页,注释1, 16。

用范围，而意大利法上的赠与则明显地受到了第1333条第2款的影响。

82 尽管如此，我们大概可以肯定地说，在德国法上，契约的单方成立不仅限于赠与的情形，而且也包括所有旨在仅使要约人负担债务的缔约提议。事实上，《德国民法典》中规定的赠与（Schenkung）包含了某一法律主体使他人获利而使自己受损的一切财产变动情形，也就是说，当事人意识到该财产变动是在没有对价的情况下发生的。因此，学者们认为德国法上的赠与并不要求"赠与意思"（animus donandi）。[27] 这表明，德国法上的赠与可以包含一些在意大利法上不被视为赠与的一些情形（例如，对第三人提供保证的允诺）。

以上简要分析表明，《意大利民法典》第1333条第2款所规定的一系列契约（例如，无偿地为他人提供担保、悬赏广告、为债务人利益而对债所做的变更、关于不行使请求权的约定等）都可归入《德国民法典》第516条所规定的单方成立的契约。但是，将516条的规定扩大适用于上述情形将带来一项不便，即赠与所要求的特定形式也将成为这些契约的成立要件。恰恰由于这个原因，德国法并未将此逻辑演进发掘到其极致。

除第516条之外，我们还能够在《德国民法典》中找到另外一条不严格要求本身不负担债务的受要约人之承诺的规范。《德国

[27] 当事人的意思应指向财产变动以及"无对价"。但是，法律并不要求赠与的意思（《帝国法院裁判集》第70卷17号；第72卷191号；第73卷48号；第94卷14号；第125卷385号）。也可以参阅《民法典大型实务评注》，第2卷，柏林，1953年，第561条，5。

民法典》第107条规定，未成年人能够有效地实施使其纯获利益的法律行为。因此，实施法律行为的要件是一回事，而使自己负债的要件则是另一回事。

如前所述，尽管《德国民法典》第516条和517条的适用范围有所限制，但是，德国学者通过适用第516条以外的一个规范最终确认可以单方的形式缔结仅使要约人一方负债的契约。根据《德国民法典》第151条(规定在总则编"契约"一节之下)的规定，如果"依交易惯例，无须做出承诺的意思表示"，则"在未向要约人做出承诺的意思表示时"，契约仍成立。

由于根本不愿意承认契约可以在缺乏受要约人承诺的情况下成立，学者们习惯于解释说，只要交易惯例允许，第151条就将通过履行的承诺与通过意思表示的承诺完全等同。于是，《德国民法典》的第151条就被认为与《意大利民法典》的第1327条相类似。

尽管学者们对《德国民法典》第151条做出了上述解释，但是，在司法实践中，法官仍援引该条款做出如下认定：如果根据当事人间先前存在的关系，接受意思表示的一方有义务做出回答，那么， 83
其沉默将导致契约的成立。[28]

在其适用范围获得进一步扩张之后，《德国民法典》第151条还被用于支持下述规则：只要保持沉默之人的同意是"显而易见的"，那么其单纯的沉默即可被视为承诺。从司法判例的情形来看，保持沉默之人的同意的"显而易见性"典型地表现在债务免除、

---

[28] 适用该规则的最典型情形是对订购的确认(1903年3月24日民事判决，《帝国法院裁判集》第54卷50号，第177页以下；1904年4月26日民事判决，《帝国法院裁判集》第58卷18号，第66页以下)。

债务的连带承担[29]以及所有其他发生单方财产增益的情形。

在转向对意大利法的讨论之前，我们看到，上文所做简要的比较法上的考察指明了以下几方面的法律现象：(1)在所考察之国家的法典中，契约经双方合意而成立的要求仅针对双务契约以及部分要式契约；(2)所考察之国家的学理往往忽视法典的规范，而代之以契约均需经双方合意而成立的观念；(3)所考察之国家的司法实践承认，即便未被接受，那些旨在仅使要约人承担义务的允诺也将发生效力(除非由于某些特殊原因而要求受要约人的承诺，如有关赠与的规则，而各国法律关于赠与的规定也有着相当大的差异，这一点在后文中还将论及)；(4)通过主张运用受要约人的沉默理论从逻辑上可以推导出对前述类型要约的承诺，在纯粹的字面意义上，学术理论与司法实践实际运用规则之间的差异获得了弥合。

我们在某些大陆法系国家中看到的这种法律现象有助于我们对意大利的法律状况做出评判。

首先在法源方面我们可以指出的是，法国法上有关契约成立的规则(撒丁王国的《阿尔伯特民法典》原封不动地借鉴了法国规范)受到了 1865 年《意大利民法典》的修正(第 1104 条)，后者将双方当事人的合意设置为契约的要件。

当时占据支配地位的观点认为，契约以外的单方允诺不可能

---

[29] 参阅前引《判例评论大全：德国民法典》，第 1 卷，第 151 条，1。在我看来，这里极其准确地援引了《帝国法院裁判集》第 19 卷 4/07 号，第 7 卷 384/06 号，《法学周刊》(*JW*)，1911 年，第 875 页，《帝国各州高等法院裁判资料集》(*RG. Seuff A.*)第 79 卷 89 号。另外，在这里，作者在论证司法实践的合理性时也援引了《德国民法典》第 516 条，这一点是很有意义的。

产生法律效力，而这一观点在一段时间内也强化了学理与法律规 84
范之间的和谐一致。

另外，在那个时代，G. 乔治也感觉到了作为反向允诺的承诺与单纯承诺（对一个单方允诺行为的接受）之间存在的功能上（从而也是结构上）的差异。在他的教科书中，尽管契约仍须经双方当事人的合意而成立，但两个意思表示之间的对称性却被否认了。[30]

一直到1882年《意大利商法典》的第36条最后1款才对不以反向允诺为前提条件的单方允诺做出了规定。然而，商法典的该条规定并未引起民法学者的注意。[31] V. 夏洛亚（Sciloja）是唯一对该条款的重要性加以系统分析的学者。[32] 他认为，该规范的出现乃是源于一个误解；他认为，此种情形不应被称为"契约"，而且他认为该规范的适用应该被局限在一个很小的范围之内。

从《意大利商法典》第36条产生出了现行1942年《意大利民法典》的1333条第2款。而民法典新条文的制定也并未改变占据统治地位的学理界定——无论是教科书还是专著作品都倾向于维

---

[30] G. 乔治（Giorgi），《债的理论》（*Teoria delle obbligazioni*），8卷本，佛罗伦萨，1876年以后的第3卷，第213页。单纯的承诺可以是意思的任何形式的外在表达，而允诺和反向允诺则属于应被接受的意思表示。关于契约订立的双方性则可以参阅同卷书第138页。

[31] 有些学者完全忽略了对该条款意义的探讨。而其他的学者或者是采用默示或推定意思表示的理论来解释它，或者是将该条款的内容仅限定于要约的不可撤销性（关于这种解释方法，可以参阅 C. 维万特（Vivante），《商法》（*Trattato di diritto commerciale*），4卷本，1893年首次出版，第4版，第4卷，米兰，1916年，第1514页），或者是将该条款所指的允诺仅仅界定为缔约的允诺。

[32] 《商法典第36条评注》（现收录于《法学论著集》，第4卷，第102页以下）。在这里，夏洛亚指出，商法典第38条不适用于赠与。在体系的方面，该作者指出，任何有关受要约人同意的推定或拟制都是不正确的。

护传统立场。

而且，在意大利也出现了通过语言学的方法来论证契约必然具有双方性的尝试。这种方法之前已被法国学者所利用，它认为，“合意”(consenso)这一个词不可能被用来指称一个不具有双方性的事实。司法判例大体上尊重了民法典第1333条的规定，但却通过主张存在一个由沉默推导出来的“默示意思表示”的方法来证明该条款内容的正当性。

85 然而，人们可以注意到，在意大利已经出现了一种在其他国家中尚未出现的理论修正的迹象，而这并不仅仅是由于民法典第1333条存在的缘故。

特别值得一提的是，戈拉在近期的作品中对以合意来识别契约提出了批评。他认为，在许多情形下，受要约人的承诺既不是契约成立的充分条件，同时也不是其必要条件。[33]

有一些学者也认为，民法典第1333条所指的受要约人的沉默既不是拟制的合意，也不是推定的合意。但是，他们却追随夏洛亚的理论，质疑或否认此种情形的契约属性。

1965年，笔者在一部专著中认为，民法典第1333条所规定的情形属于契约的法律范畴，而且属于单方成立的契约类型。[34] 但是，无论是这本专著，还是其后笔者的坚持，都未改变我们国家大多数学者的对立观点。他们或者(像笔者一样)承认单方允诺，但

[33] 参阅“合意理论”(Il dogma del consenso)，载于《比较法杂志》，1956年第1卷，第923。

[34] 参阅“契约与法律行为”(Contratto e negozio[…])，载于《保罗·格雷科纪念文集》，帕多瓦，1965年；现以《契约论》出版，都灵，1975年，注释3以下。

却否认其契约属性；或者（像我一样）承认其为契约，但却否认它是单方成立的，并因此赋予受要约人的沉默以某种积极意义。

七、普通法系国家的材料

在英国法上，人们通常认为，契约一般需要通过要约和对该要约的承诺而订立。[35] 在这一规则之前加上了“一般”这个限定语，这容易使人想到，对于一个契约的成立而言，存在一项要约与一项承诺的必要性并不是一个强有力的、不可辩驳的因素。

G. C. 切希尔与 C. H. 法富特明确地提到了通过提问和回答的方式而订立的罗马法上的“要式口约缔约”（stipulatio conventionalis）模式，并仓促地得出结论说应谨慎地利用这一模式。

在讨论“契约的性质”时，J. 萨蒙德[36]认为，契约在类型上属于
一个被接受的要约。但是，在普通法引入大量大陆法系的概念范 86
畴（如“法律行为”、“债”以及契约所属的“意思表示”的广义范畴）之后，萨蒙德的观点已不再是理解普通法的关键了。当切希尔和法富特在讨论契约的成立以及它的各种表现形式时，[37]他们试图直接“为契约给出一个定义”。事实上，将契约定义为一个被接受的允诺，这种表述遵循了萨维尼所做的定义，而且它也被《奥地利民法典》第 861 条所采用。无论如何，由 J. 萨蒙德提出的定义出

---

[35] 参阅 W. M.，吉尔达特（Geldart），《英国法的要素》（*Elements of English Law*），第 8 版，牛津，1975 年，第 130 页；G. C. 切希尔（Cheshire）、C. H. 法富特（Fifoot），《契约法》，第 5 版，伦敦，1960 年，第 30 页。

[36] 参阅 J. 萨蒙德、G. 威廉姆斯（Williams），《契约法》，伦敦，1945 年。

[37] 如果在论述中做出定义，他们总是以附带的方式做出。

现在了1975年出版的由D. C. M. 亚德利担任主编由W. N. 吉尔达特纂写的教科书中。在该教科书中，契约一章以对“法律行为”(acts in the law)的阐述开篇。

以上所述表明，英国学者似乎认为，要约只有在被接受后才能产生法律的拘束力，因为只有在此时契约才成立。而就所谓“单方契约”(unilateral contracts)而言，对契约的上述界定将会遭遇难题。

如果某人在做出要约时预期，他的要约并不像双务契约那样旨在产生相互交换的允诺，而是将其允诺取决于受要约人是否做出一个行为或数个行为，那么，此种情形就属于单方契约，这也就引发了要约对其要约人的拘束力问题。自何时为止，他可以撤销自己的要约？要约需要受要约人的接受吗？受要约人有必要将其接受的意思通知要约人吗？只有受要约人完全履行了要约人所要求的行为才构成默示的承诺吗？

卡利尔诉碳烟幕弹公司(Carlill V. Carbolic Smoke Ball co.一案)[38]涉及了这些问题。在该案中，一家制药公司允诺，对于采取了一些预防措施(使用其所制造的产品)而仍患感冒之人，将给予100先令。一位女士(Carlill女士)采取了预防措施，但仍患上了感冒。这家制药公司拒绝付款，并在诉讼中提出如下抗辩：(1)以此类广告方式做出的允诺构成一种“游戏行为”，因此不应产生法律上的效力；(2)要约并未指向某一特定人，因此不可能从这一要约中产生法律的拘束力；(3)即便这一要约可以被认为是认真的

---

[38] 《帝国高等法院判例集》(1893年)第1卷，第256页。

和有效的，原告也未将其承诺的意思通知被告。

法官鲍恩勋爵对被告的抗辩做出了回答。他认为，一项要约 87
可以向“不特定公众”做出，而且，在这种情形下，如同在一项向特定人做出的“要求其做出某一行为作为回报”的要约（即在一个单方契约中）中的情形一样，履行要约中明确指明的条件即可被视为承诺，而且此项承诺无须通知给对方当事人。

事实上，鲍恩法官这样说道：“如果我丢失了我的狗，并允诺向任何为我找回它之人给付一笔报酬，那么，对于有意为我寻回走失之狗的各个人以及警察机构而言，他们是否应该坐到我面前并将他们接受我的要约的意思通知我呢？”对完成了明示之条件的任何人来说，该项要约都应具有拘束力。于是，该法官很自然地得出了如下结论：“从一般的常识出发，我们不可能赞同其他的意见”。

但是，在他于自家房前的路上看到了被别人带回的狗时，该承诺人能否撤销他的要约呢？如果此时应适用英国法上关于撤销的一般规则，那么对此问题应做肯定的回答。在切希尔和法富特看来，[39]上述肯定回答源自这样一条规则：在因承诺的合意而成立契约从而产生拘束力之前的任何时刻，要约都可被撤销。要想产生法律的拘束力，承诺是必要的。而在此种情形，做出要约的目的在于使一些行为得到履行，因此，只有在这些行为被全部完成时，契约才得以成立。

在奥福德诉戴维斯（V. Davies）一案[40]中，法官威廉姆斯向被

---

[39] 前引 G. C. 切希尔、C. H. 法富特，《契约法》，第 47 页。

[40] 1892，C. B.（N. s.），748.

告方提出了以下问题："假设我就建造一辆马车的价款为第三人提供了担保，而该第三人在该马车建造完毕之前陷入了不能清偿，那么我能撤销我的担保吗？"被告方回答说："不能，如果马车建造者已经开始建造就不能再撤销担保"。首席大法官厄尔不同意上述观点。他认为，在契约成立之前（也就是说，在要约得到承诺之前），双方当事人都可以撤销意思表示，从而终结该缔约关系。

F. 波洛克开始尝试对这一问题做系统的分析。他认为，有必要在对一项要约的承诺和用于支持该要约的"对价"（consideration）之间做出区分。对价体现在对所要求的一系列行为的实施；
88 只要这些行为尚未实施，要约人就不负有履行的义务。但是，可以认为，一旦受要约人明确开始履行所要求的行为，承诺就已做出，而且从这一刻起就不能再撤销要约。1937 年，法律改革委员会采纳了这一立场，但是，在切希尔和法富特看来，这一观点是扭曲的；它无法与有关要约和承诺的一般规则相协调（而是构成了例外），而且，它也反映了普通法为实践需要而放弃逻辑的倾向。[41]

美国法的情形部分地与英国法相类似。关于契约的定义，《契约法重述》第 20 条明确地说到，"对于契约的成立而言，双方当事人相互同意的意思表示是不可或缺的"；第 45 条则确认，一项允诺自被接受时起产生拘束力，但是，就单方契约而言，准备性的行为即可被视为承诺。

---

[41] 前引 G. C. 切希尔、C. H. 法富特，《契约法》，第 48 页。

但是，学者们对这一规则的论证却与F.波洛克的论证有所不同。在美国学者看来，事实上，一项契约提议中可能包含着两项要约：一个是实质性的要约；另一个隐含的要约则表现为，一旦受要约人在一个合理的时间内开始履行，要约就变得不可撤销。于是，履行的开始就被视为了对这后一个隐含的要约的承诺，即在通过完全的履行来实现对整个要约的承诺之前不撤销自己的要约。

另外，在美国还存在一种具有权威性的不同见解。与其他作者不同，A.L.科宾认为，所谓"单方契约"是由一个单方允诺构成的。[42]

对于前述资料，还应再补充一点。

在英国以及美国(在后者更为普遍)，人们慢慢地形成了"信赖行为"这一概念。这一概念在第二次《契约法重述》的第90条中得 89
到了清晰的表述。根据该表述，一旦做出一项要约，如果要约人有理由预期，此项要约将诱使受要约人实施某一行为而且后者也的确会根据这一诱导而行动，那么，在只有通过履行该项承诺才能避免受要约人遭受不当损失的情况下，此要约具有拘束力。例如，甲

---

[42] 参阅A.L.科宾(Corbin)，《论合同》(*Contracts*)，明尼苏达州圣保罗，1963年，第1卷，第52页以下："一个单方契约由一个允诺或多个允诺构成，它仅由契约的一方当事人做出，并且通常为另一方当事人所接受……但是，存在许多不要求类似同意的情形……。对这两个类型的契约(单方契约和双方契约)做出区分十分重要……不承认这种区分的做法已经在许多案件中形成了错误的立场，如'双方当事人都必须受到约束，或任何一方都无须受拘束'等。而且，它还导致几乎所有的学者都声称'不可能存在一种像单方契约这样的东西'，或者'说起单方契约，就像是在说单侧的大象'，由此他们会主张，'在要约获得承诺之前，契约仅是单方的，尚不能产生效力'"。

为诱使乙购买某些股票，而向其允诺他将补偿其可能发生的损失；[43]甲为诱使乙将债权转让给丙，而对丙的债提供担保[44]等。

我们看到，在普通法上，要式文书（契据，deed）以及用于移转不动产所有权的文书（让渡，conveyance）都属于单方成立的文件。在更一般的意义上，在英国的契约法上，承诺是契约的一个必备要素；而对于在英国不属于契约的其他一切行为，承诺就不再是其必备要素了。但是，在意大利法上，正式的免除债务的行为（无论是纯正的，还是附条件的）和一项转移权利的要式行为都是契约。另外，如果前面所说的要式文书也需要受益一方的签署，那么普通法系国家的法学家们就会使用“契约”一词（盖印契约，contract under seal）来指称这一契据（它由双方签署，但其效力却不依赖于此）。此时，成立上的双方性似乎并不是该文件发生效力的要件，而是使该文件（即便没有承诺也可发生效力）可以被称为“契约”的要件。

八、材料的蕴意

我们可以得出这样的结论：在罗马法系国家，当受到一项有偿的原因关系的支持时，允诺无须得到受要约人的同意即可产生拘束力，只要该允诺不以一个反向的允诺为前提。

但是，在对要式契约和旨在产生物权效力的契约做进一步研

㊸ 参阅特伦霍姆诉克洛普尔（Trenholm V. Klopper），《西北地区判例汇编》（N.W.），第129卷，第436页，1911年。

㊹ 参阅毕晓普诉伊顿（Bishop V. Eaton），《东北地区判例汇编》（N.E.），第37卷，第665页，1894年。

究之前，轻易地信赖这个结论将是不慎重的。而且，我们还可以补充说，在法国司法实践中出现的判例由于以下三方面原因可能不具有完全的说服力（前文所举的1938年判例清晰地表现了这些方面）：(1)法国最高法院并未说“在特定情况下，沉默可视为承诺”，而是说“原审法院的法官有权判定，在特定情况下，沉默可视为承 90
诺”；(2)该案所涉及的是已经处在一个契约关系（租赁）中的当事人；而这一点对于判断是否存在一项表达自己意愿的义务，并进而判断沉默是否具有“意思表示”的价值可能是相关的；(3)具体而言，该案涉及的是租金的减少，因而它属于债务免除的一个类型，而债务免除本身就具有一种介乎契约与单方意思表示之间的模糊的性质。

尽管如此，法国的判例还是可以被加以利用的。1938年案例的判决源自一项学理的教诲，而后者具有更为普遍的适用性，因此，学理赋予了该判决以更为一般的意义。

在对上述规则的价值做出确认之后，我们可以提出这样一个问题：在该规则的创制过程中，法律、学理和法院各自发挥了怎样的作用？在所有国家中，法律均未对契约的双方性提出要求。但是，各国的学理却普遍认为，契约是一个由双方订立的法律行为。而法院则设法将学理见解运用到法律条文的解读之中，但是，如果要约旨在仅为受要约人带来利益，则法院会选择利用受要约人拟制的、推定的或默示的同意来解决问题。

关于单方的允诺是否足以成立契约的问题，可以简要列表如下（1/2的标识用来表示一种中间的立场）。

	法律	学理	判例
法国	足以	不足	足以
德国	足以	不足	足以
意大利	足以	不足	足以
英国	——	不足(存疑)	1/2
美国	——	不足(存疑)	1/2

但是,上述列表存在一个漏洞。它忽略了这样一个事实:在司法三段论的推理过程中,存在一个作为大前提的陈述性规则,它赞同契约的双方性;而在具体适用时,该推理又借助拟制或其他方法清除了该规则,使其发生了偏离。

因此,我们可以补充说,学理构成了司法判决的前提,它在造就一个有关契约双方性的一般规则的同时,也生成了一系列的具体适用规则。后者通过判例或例示的方法表现出来,它们通过运
91 用诸如前文所举的德莫隆布的逻辑技巧等方法,使上述一般规则发生偏离。

但是,如果更好地观察这个问题,我们会发现,即便是立法者也会沉迷于一个体系。在此体系之中,契约的概念(如同"所有权"、"婚姻"等的概念一样)被分割为两层含义:第一层是综合性的和正式的含义,它源自拜占庭法律、自然法学以及法律教义学,它坚持契约的合意性(《拿破仑民法典》第1101条、《德国民法典》第145条以下以及《意大利民法典》第1321条);第二层是具体的和针对个案的含义,它在不以受要约人的反向允诺为条件的情形下放弃了对承诺的要求(《拿破仑民法典》第1108条、《意大利民法典》第1333条以及《德国民法典》第516条等)。因此,我们可以说,在法的构成要素的各个层面上(法律、学理与判例)都存在着一

般原则与具体适用标准上的对立，而这一状况可以用下表来表现。

	法律		学理		判例	
	一般定义	个案规范	一般界定	具体规则	判决要旨	实际标准
法国	不足	足以	不足	足以	不足	足以
德国	不足	足以	不足	足以	不足	足以
意大利	不足	足以	不足	足以	不足	足以
英国	——	——	不足	足以(存疑)	——	1/2
美国	——	——	不足	足以(存疑)	——	1/2

这个表格中所反映的各国法律的各要素之间的协调状况具有典型的意义。在我们考察三个罗马法系国家的法律条文或者这些国家的学理定义或它们的法院判决时，我们看到它们显示出了一致性。相反，在那些人们感觉不应该存在对立的地方，却显示出了规范之间的对立：在法律条文与学理规则以及学理规则与实际适用的法律之间就典型地存在着这种烦人的对立关系；或者可以说，这种对立关系典型地存在于一般定义与实际作用的规则之间。在这些要素中，看起来真正有问题的是学理的界定，它的实际作用是值得怀疑的。

以上结论也部分地得到了普通法系国家情形的验证。在普通法上，如果一个非对待的允诺未被接受，那么它将不发生拘束力。但是，在学理上，学者们或者认为(基于各种理由)该允诺是有拘束力的，或者认为它之产生拘束力须以其所设定的条件完全成就为前提；而就法院实际适用的规则而言，看起来仅须受要约人开始履行对方允诺中设定的行为即可。

在罗马法系国家考察的情形甚至可以使我们得出这样的结论：就相近的各国法律体系而言，在它们同样的法律构成要素之间 92

存在的相似性要远远超出在它们各国内部不同法律构成要素之间存在的相似性。

当然,对其他问题的研究可能会得出一些不同的结论。例如,它可能会使我们产生这样的看法:各国之间在法院所实际适用的规则方面存在着相当大的共性,而一般的学理在各国之间未必有如此大的共性。

无论如何,对罗马法系和普通法系国家法律考察的结果使我们认识到,法的学理性构成要素倾向于忽视具体规则和判例。

第三节 契约外责任的客观要件

九、问题的提出[45]

契约外责任的构成要件有哪些?除行为人的过失以及损害外,还需要另外一个表现客观要素的要件吗?对此问题可以有两种解决方案:(1)只要行为人有过失,任何损害都将产生责任("不害他人"原则);(2)"禁止损害他人"的规则只适用于典型的和特定的情形("不法的典型性"规则)。

---

[45] 自 1960 年以来,笔者多次探讨了该问题:"民法典第 2043 条中损害的不当性"(L'ingiustizia di cui all'art *2043*),载于《波河论坛》(Foro Padano),1960 年,第 1420 页以下;"罗马法系中的一般定义与实践标准",载于 M. 罗通迪(Rotondi)主编,《比较法上的考察》(*Inchieste di diritto comparato*),第 2 卷,帕多瓦,1973 年(该文已与之前刊载在《国际比较法杂志》,1965 年,第 827 页以下)。关于该问题的论述,还可以参阅前引 P. G. 莫纳泰里,《提喻法》;P. 加洛(Gallo),《过失侵权》(*Il tort of negligence*),米兰,1988 年。

众所周知,罗马法和古英国法所采取的是上述第二种解决方案。这两个法律体系列出了致害行为的受害人在具体情况下能够向责任人提出的各种诉权:落下物或投掷物致害之诉(actio de effusis et deiectis)、放置物或悬挂物致害之诉(actio de positis et suspensia)、盗窃之诉(actio furti)、侵辱之诉(actio iniuriarum)和非法损害之诉(actio de damno iniuria dato)等;不法侵入(trespass)、恐吓(assault)、诽谤(libel)等。

十、从 1806 年至今的法国理论 93

"不害他人"原则可以上溯至《拿破仑民法典》的第 1382 条:"任何给他人带来损害的行为"都将产生损害赔偿责任。拿破仑法典的该条规定与"不害他人"原则的吻合只不过是一个假定而已。对第 1382 条所做解释的历史证明,该条文与民法上类型法定主义的侵权行为观念是完全吻合的:19 世纪上半叶所有的法国学者以及其后相当数量的学者都在《拿破仑民法典》第 1382 条找到了后来被《德国民法典》第 823 条中所包含的规范要素,后者将损害赔偿责任限于侵害受害人一项绝对权的情形。

对第 1382 条做出上述这种界定,这一点在德国学者对《拿破仑民法典》的解释之中清晰可见,同样,受到德国思想影响较多的法国学者通常也持此立场。在 K. S. 察哈里埃看来,"在民法上,因故意或过失而不法地侵害他人权利的行为构成侵权行为"。[46]在奥布里和拉乌著作的前 4 版中,我们也能看到相同的定义。[47]

[46] 参阅 K. S. 察哈里埃:《法国民法》,第 2 版,布鲁塞尔,1850 年,第 444 节。

[47] 参阅 C. 奥布里(Aubry)、C. 拉乌(Rau):《法国民法》(*Droit civil français*),巴黎,各版次,第 444 节。

而在该著作后来的版本中,这两位作者采纳了 E. 巴尔滕和 A. 埃斯曼的“最新观点”,提出了相反的界定。这一点表明,该问题理论界定的发展是在有意识的和自愿的情形下进行的。

然而,就 19 世纪的情形而言,旧定义的真正代表人物并非察哈里埃,而是图利耶(Tullier)。[48] 这位今天在法国已不再那么热门的学者反对 1382 条的高度抽象性,他提出应对该规范做限制性解释。事实上,他意识到不应该忽略这样一种风险:即便是合法行为也可能落入第 1382 条的宽泛规定之中(例如,在自己土地之上从事建筑的土地所有人,即便未侵害邻人的地役权,但也有可能会因此而遮挡后者的光线和视野,从而可能会被认为应负损害赔偿之责)。在图利耶看来,如果是这样,那么第 1382 条就将制裁任何一种造成损害的行为。然而,权利的行使行为应该构成一项例外。“自由权”意味着可以实施一切不为法律所禁止的行为,这样的行
94 为显然不应遭受任何制裁。因此,与第 1382 条的规定不同,损害赔偿之债的发生应以存在违反一项保护受害者之法律的行为为前提。图利耶的这一观点也见于朗洛(Laurent)、普拉尼奥尔(Planiol)以及甚至是德莫格(Demogue)的著作[49]之中(尽管这一观点的清晰度不断地下降)。这一解释理论强调了受害者的一项权利受

---

[48] 参阅 CH. B. 图利耶(Toullier):《法国民法》,第 4 版,布鲁塞尔,1848 年,第 6 卷,第 117、119、120 页。

[49] 参阅 F. 朗洛(Laurent):《法国民法原理》(*Principes de droit civil français*),第 5 版,布鲁塞尔-巴黎,第 20 卷,1893 年,第 404 页以下;M. 普拉尼奥尔(Planiol):《民法基础教程》(*Traité élémentaire de droit civil*),第 4 版,巴黎,1907 年,第 2 卷,第 863 页以下;R. 德莫格:《债法教程:发生原因》,第 3 卷,巴黎,1923 年,第 226 页、第 227 页以下以及第 240 页。与这里援引的其他作者不同,朗洛是一位比利时学者。

到侵害这一事实的重要性，它明显地构成了对该法条的一项重要补充。

然而，到19世纪末期，一度如此受人支持的这种解释理论开始丧失它的阵地。人们清楚地意识到这样一个事实：对致害行为的打击与其是否构成对受害人一项权利的侵害可能根本无关。此类行为包括不正当竞争、杀害亲属、诱骗、信息误导以及无效契约的订立等。

让我们来看看，面对这一新的观念，像朗洛这样关注19世纪最后25年司法实践的法学家会做出怎样的反应。在他看来，问题的关键仍然在于责任与一项权利受侵害之间的关联。他写到：

"对权利的任何侵害都将构成第1382条意义上的侵权行为。这一原则是确定无疑的，但是，对该原则的适用却也并非没有困难。首先，要求存在一项权利，但是，如同债务一般，权利也只能产生于法律的规定或当事人的约定。因此，需要有一项法定的或约定的权利受到侵害。只有在此时，才存在一个侵权行为或准侵权行为，因为，第1382条的立法宗旨恰恰是为了保障文明社会中人们的权利——这种保障通过赋予他们针对侵害其权利之人的一项诉权的方式来加以实现。

但是，人们必须注意避免这样一种倾向，即认为侵害即表现为由一个行为所造成的损害。事实上，损害仅仅是致害行为的一个要素，它本身还不足以导致责任发生。必须有一项权利受到侵害"。[50]

---

[50] 参阅F.朗洛：《民法原理》，意大利译本，第2版，米兰，s.d.，第20卷，注释404，第321页。侵权行为与权利受侵害之间的联系是如此地根深蒂固，以至于人们在实践中将不赋予针对夺取企业者的诉权归因于对第1382条的忠实适用(参阅注释495)。

但是，在具体的法律适用层面，朗洛的这一理论界定受到了修正和淡化。事实上，法律适用与这种理论界定是相对立的。仅仅是在寻找被侵害的权利方面，人们就可以注意到一些令人惊奇的界定：如果有人基于错误的主张而阻止他人认领自己的非婚生子
95 女，那么他就侵害了该子女获得认领的权利；如果某人阻止他人订立遗嘱，或销毁他人的遗嘱，那么他就侵害了后者的“遗嘱权”（ius testandi）。另外，如果被侵害的权利缺乏法律条文的支持，那么为了给责任一个正当的基础，就需要借助“权利滥用”这个概念，此类情形包括：模仿他人商业标识；一般的不正当竞争行为；恶意诉讼等。在其他一些案例中，法官则借助契约过失的概念（公证人的责任）。[51] 然而，运用此类解释技术还不足以解决问题。

判例法支持对以结婚许诺为手段的诱骗、谋取对无清偿能力者的债权、欺骗性的商业陈述以及将某一不负债之人列入不能清偿之债务人的名单等行为予以制裁。为与判例法的这一精神相符合，在各个案件中，原告应谨慎地避免提及受损害的权利。

然而，这些原本违反体系的情形或许可以得到修补。为实现这一目标，应在旧有的且为人们所熟知的“权利侵害”概念中加入新的“不法”范畴，以便能够包含新的且更为一般的侵害类型，从而引导出损害赔偿义务。

早在20世纪初，普拉尼奥尔[52]似乎就谨慎地转向了类型化的侵权行为理论。他甚至认为，法国民法典与德国民法典在条文表

---

[51] 参阅F.朗洛：《民法原理》，意大利译本，第2版，米兰，s.d.，第20卷，注释405，406，497，500，412，511等。

[52] 参阅M.普拉尼奥尔：《民法基础教程》，第4版，巴黎，1907年，第2卷，第863页、第865页、第866页和第868页。

述上的差异仅仅具有形式上的意义。他写到：

“用‘任何行为’(tout fait quelconque)这一表述来界定过失实在是过于含混不清。这里所指的行为并非任何一种行为，而是完全具有不法性特征的行为。然而，这一核心观念却未在《法国民法典》中表现出来。相反，《德国民法典》则对此做出了精确的界定：不法侵害他人之人……(第823条)”。

在普拉尼奥尔看来，《法国民法典》第1382条仅仅具有制裁作用，它并不创造新的义务。他认为：

“我们很容易就可以列出契约之债的数目及其标的……。但是，法定义务的情形却不尽然。人们常说，某人在任何时候均系‘根据第1382条的规定’对其过失负责。在某种意义上，这种说法是正确的，因为正是该条款为过失的行为人施加了填补损害的义务；但是，该条款仅具有**制裁的功能**。该条款之于法定之债，正如民法典第1142条之于契约之债……就其自身而言，该条款并不包含任何特定的债务……如果不事先存在作为或不作为的义务，则根本不会存在过失”。

但是，普拉尼奥尔的其他论点却似乎又掏空了前述观点的实 96
际内涵。他认为，凡行为人没有能力或力量实施的行为，都应该避免去实施。这样看来他完全接受了存在一个一般的不作为义务的观点。在承认了此类因不具有技艺而产生的一般责任形态之后，普拉尼奥尔就很难对其理论自圆其说了。

在我看来，只有结合其随后对损害的分析，才能够澄清普拉尼奥尔的观点。他认为，“损害的性质并不重要。只要它是真实的并可加以证实，就一定会产生赔偿的责任”。随后，在相关的事例中，他十分谨慎地做出了选择，使得能够得到赔偿的损害都表现为了那些因侵害一项典型的且以特定方式与受损害之主体相关的利益而造成的损害。他从损害出发，讨论了不正当竞争；然后讨论了对生命与健康的侵害，就此，他以当时刚刚得以确立的判例规则为基础，将传染疾病视为侵害；最后他还讨论了对尊严的侵害，就此，他同样以当时的判例法发展为基础，将诱骗视为侵害。为论证对被杀害者之亲属所受损害的赔偿，他还发展出了一个专门的类别——对家庭亲情的侵害。[53] 除这些因侵害而造成损害的情形外，M. 普拉尼奥尔还讨论了权利滥用的问题，不过此类行为具有一个与过失不同的心理要素。[54]

普拉尼奥尔理论的含混不清当然未能逃过批判。在他之后，德莫格在逻辑的层面上重新评价了存在权利侵害的必要性。他认为，权利侵害是（由过失所代表的主观要素以外的）过错责任的客观要件。他进而批评普拉尼奥尔混淆了部分（过失，negligenza）与整体（过错，colpa）。[55]

然而，德莫格理论的其他因素影响了上述严格的形式逻辑。实际上，德莫格所说的“权利”实在有点令人琢磨不透。他写到：“需要注意的是，权利边界问题并非一简单的问题。有时，它会呈

---

[53] 我们已经在 M. 普拉尼奥尔所举的例子中找出了错误的事例（它们明显地具有契约上过失的性质）；就公证人因文件无效而须承担的责任，则尚未对其做出归类。

[54] 气响等的不法侵入属于过失责任的范畴，而 M. 普拉尼奥尔则将其视为权利滥用，他原本可以将其划入物的侵害的类型。

[55] 参阅 R. 德莫格：《债法总论教程：发生原因》，第 3 卷，巴黎，1923 年，注释 226：“在法律所保护的某种权利受到侵害时，即存在过错”；也可参看该著作注释 240 之 3。有关对普拉尼奥尔的批评，参阅该著作注释 225 注释 3。

现出其客观性的一面，而有时则具有主观性……有时，权利的范围会因其行使的情形的不同而有所不同；有时，它的范围也会因其所指向的相对人的不同而有所差异。有时，某些情形会导致权利的消灭。另外一些主观要素也可能影响权利的行使：如果某人在行使权利时具有追求社会利益的目的，则其权利范围可能较通常情
形为广。而有时，某人所拥有的权利只能对抗一种妨害行为。最 97
后，在决定权利边界的问题上，习俗也会具有其影响力……”[56]

在 20 世纪第二个 25 年中，不法行为类型法定的理论彻底走入了危机。甚至是在那些老著作的更新版本中，作者们都不再提及被侵害的权利[57]以及损害的法定类型[58]了。然而，以下这个问题仍须加以澄清：为什么有如此之多的行为即便造成了损害却仍不产生责任？

行使自己权利的行为不构成不法，这个观点初看起来似乎正确无误，但是，近些年来它却受到了广泛的批评。有人明确认为，这一观点实际上会导致完全掏空民法典 1382 条的内容。让我们来看看以下这段论述：

“事实上，难道我们不能说任何不为法律所明确禁止的行为都

[56] 参阅 R. 德莫格，前引书，注释 226，第 370 页。这段论述已经是德莫格针对名誉权与隐私权的司法判例所做的难得的综合分析了，参阅前引书，注释 227 和 229。

[57] C. 奥布里、C. 拉乌：《法国民法》，第 6 版，由 A. 埃斯曼（Esmein）修订（1951 年）。由 E. 巴坦（Bartin）修订的版本（1920 年版）则仍然论及对权利的侵害（第 339 页）。

[58] 参阅普拉尼奥尔：《民法基础教程》，1962 年版，由 A. 埃斯曼、J. 布朗热（Boulanger）修订，第 2 卷，注释 892 以下；在注释 1033 以下，原版本中对损害的分类系以被侵害之权利为标准而进行的，在这个新版本中，它被新的分类标准所取代——这种新的分类有时以受损害的利益为基础，有时则以损害的性质为基础。

将构成权利的行使行为吗？来来往往、狩猎、四处走动……这些事实本身看起来构成了公共权利这种极为普遍之权利——在过去它也被称为'人的权利'——的外在表现。而如今，恰恰是这些权利行使行为最经常地对他人造成了损害……因此，无论我们面对的是一项专门赋予给每一个人的权利，还是面对确保人们可以自由行动的一般权利，总的原则都是一致的：人们应该始终谨慎地行动，以避免对其同类造成损害。如果他未能做到这一点，则须为此承担责任”。[59]

面对这一十分具有说服力的逻辑，人们唯一可做的就只能是寻求从其他方面做出解释。就此而言，教科书的作者们似乎在努
98 力地发掘以下一组概念之间的区别：对一项一般权利的行使，它不能作为免责之正当事由；对一项特定权利的行使，它能够为造成损害的行为人提供有效的抗辩。[60]

然而，面对一些专著作者所提出的对权利行使的正当性理论的批评，即便是以上这个区分权利行使行为的解释方法仍然不能做出有效的抵抗。因为，即便是特定权利的行使行为，也有可能造成应予赔偿的损害。就此，有人这样写道：“某人在自己所有之物的辅助下造成他人损害，这种情形并不比他在利用他人之物造成

[59] A. 科兰（Colin）、H. 卡皮塔尼（Capitant）：《法国民法基础教程》（*Cours élémentaire de droit civil français*），第 10 版，第 2 卷，巴黎，1953 年，注释 324，第 235 页。

[60] C. 奥布里、C. 拉乌的《法国民法》第 5 版和第 6 版（第 5 版由 E. 巴坦修订，前注 57，第 444 节之 2；第 6 版由 A. 埃斯曼修订，前注 57，第 444 节之 2，第 458 页）明确支持这一组区分。前引 A. 科兰、H. 卡皮塔尼的《法国民法基础教程》也持相似的见解，尽管该见解更为费解，但也同样确定无疑。通过修订，该理论也为 M. 普拉尼奥尔的教科书所吸收（参阅 1952 年由 A. 埃斯曼、J. 布朗热修订的版本，第 2 卷，注释 984）。

损害的情形更具合法性”。[61] 因此，必须寻找其他方式来为说明免责事由。

有学者认为，应放弃以下这种概念推导，即：私犯或准私犯系由“不法性”而来，合法行为不能被归入私犯或准私犯的范畴；而“合法行为”即可被认为是“权利的行使行为”。为归纳出一些较为抽象的规则，需要对司法判例的情形加以考察。有学者明确提出，在规范免于承担责任的事由方面，法律是无能为力的。事实上，埃斯曼这样写道：

“根据民法典的规定，因任何可归责于己的行为而对他人造成损害的，行为人应负损害赔偿之责。然而，除法律本身谴责之行为（或者明确地予以责难，或者是对其规定一项刑事或民事制裁）外，需要由法官来决定何种行为是可归责于行为人的……在一个法典化的国家中，法官享有上述权力是十分引人注目的。

人们可以说，在法国存在一项不给他人造成损害的一般义务……但是，这一说法其实并不准确，因为，存在众多的案例表明，有时故意地给他人造成损害也是被允许的”。[62]

R. 萨瓦捷认为，免责事由“在法律条文没有明确规定的情况下，系由社会生活的需要所产生的：例如，表达自己思想的权利；对自己合法主张的人身权或财产权加以防卫的权利，即便因此给他

---

[61] 参阅 R. 萨瓦捷（Savatier）：《民事责任论》（*Traité de la responsabilité civile*），第 2 版，巴黎，1951 年，注释 38，第 52 页。另可以参阅 Req. 1927 年 3 月 23 日，D. 1928，I，73：“所有权的行使行为应受制于一个条件，即不对他人的财产造成损害”。

[62] 前引埃斯曼：《法国民法》，注释 505。

99 人造成损害;竞争权;相邻权等。它们构成了得致害于他人的衡平权利。当立法者介入之时,通常它都会将这些已经存在的衡平法权利的某种情形纳入法典”。[63]

他还对各种具体的免责事由做出了专门的讨论,其中最为突出的是“人类行为不可避免的雷同性”,[64]它为一般的竞争行为(只要是正当的)以及任何相似的观念表达提供了正当性。

借助免责事由这一机制,人们可以在不放弃任何损害都应得到赔偿这一原则的情况下在许多案件中免除致害之行为人的责任。在体系的层面上,造成损害之禁止一直都是一项基本原则,加害自由只能作为例外存在。通过这种方式,人们的注意力被从受害人的法律状况转移到了行为人的加害行为之上。这一立场仍盛行于当今的法国学理之中。

最后,侵害的要素似乎已完全被“过错”的要素所吸收。“过错”被视为对一项义务(例如注意义务、勤勉义务等)的违反,而这一义务并不一定对应受害人的权利。[65]

---

[63] 前引 R. 萨瓦捷:《民事责任论》,第 49 页,注释 36。

[64] 前引 R. 萨瓦捷:《民事责任论》,注释 37。在谈到这些免责事由时,C. 奥布里、C. 拉乌在《法国民法》(前引由 A. 埃斯曼修订之第 6 版,第 444 节之 2,第 445 页)中这样写道:“不法的获利不受保护。另一方面,即便所指的是合法的收益,某些利益也不受保护,这或者是因为对社会更为重要的法律利益更值得保护,由正当竞争所造成的损害就属于此种情形;或者是因为它们无法完全被加以保护,而且承受损害之人也具有为他人带来同样不便的优势,对邻人造成的合理范围内的侵扰即属此例”。

[65] 持此见解的有:G. 维内(Viney),“责任的条件”(La responsabilité: conditions),载于 J. 盖斯滕主编之《民法论集》,巴黎,1982 年;M. 皮埃什(Puech),《契约外民事责任的不法性》(*L'illicéité dans La responsabilité civile extracontractuelle*),巴黎,1973 年。

图利耶、察哈里埃和洛朗的解释理论是否忠实于法律条文，这一点是值得讨论的。他们似乎过于武断地将违法性这一客观要素加入了第1382条的规定之中。但是，他们的理论界定或许并不比今日盛行的解释理论更为武断，后者认为，只要存在某种为加害行为人提供正当性的事由，就可排除他的责任。

因此，第1382条可同时兼容两个相互对立的理论（甚至是恰恰源于此两个对立理论）：一个是限缩性的理论；而另一个则相当宽泛。这两个理论似乎会将法院引向两个不同的方向：一个理论将会促使法院对所有的损害予以判罚；而另一个理论则会使法院除几种有限的损害情形外均免除行为人的责任。

十一、德国和意大利的理论

法国学者在探讨侵权责任时，其出发点是一个要求对任何损 100
害都予以赔偿的条文。而对探讨该问题的德国学者而言，他们似乎不会远离一个导向对具体不法行为类型做出界定的法定责任体系。原则上，根据《德国民法典》第823条及其下条文的规定，如果不是因过失或故意侵害了受害人的“生命、身体、健康、自由、所有权或其他类似权利”，即不产生责任。其他条文则针对另一些具体情形对第823条做出了补充（诱骗、虚假信息等）。最后，根据第826条的规定，以违反善良风俗的方式故意致他人以损害者负损害赔偿之责。因此，责任的产生必须要求一个特定要素的存在——或者是一个客观的情形（对一项权利的侵害，或法律所规定的其他情形）；或者是一个主观的要件（恶意）。

德国法赋予恶意以重要的法律意义，原则上这一点看起来与法国法不符，因为后者完全取消了主观意愿的效果与单纯的过失之间的差异。

法国法与德国法之间存在的这种原则差异促使我们去考察一下这两个国家判例的情况，以便找出在法国产生责任而在德国不产生责任的情形。鉴于法律条文上的差异，人们似乎有理由预期轻易地找到这种事例。结果是，这一预期却落空了。相反，我们可以证实的一点是，无论是在法国还是在德国，判例法的发展都呈现出了令人惊异的相似性。

事实上，在法国，将侵权行为从权利侵害模式中解脱出来的这一重要观念是在19世纪末提出了的，因为当时的司法实践已承认缔结无效契约、诱骗、虚假陈述和不正当竞争等行为的民事责任。在将这些情形列入不法行为的序列之后，法国的学者们就不得不选择超越传统上将不法行为等同于权利侵害行为的做法了。

19世纪末，在德国人们也同样感受到了有必要为诱骗、发布虚假信息以及订立无效契约等行为确定责任。但是，在德国，放弃传统模式并不需要采取与法国法相同的方式。在编纂民法典时，
101 立法者确立了一系列其损害赔偿效果无须以权利受侵害为前提的情形。

另一方面，在德国，这些新类型的民事不法行为的承认（类似情形在法国可谓是家常便饭）并未像人们想象的那样对类型法定原则产生影响。

在德国，若一项权利受到了侵害，则该行为即系不法。但是，解释者总是可以在传统的权利序列中加入新的权利类型（例如，开

展商业活动的权利)。[66] 除侵害特别受到保护之法律利益的情形外,如果不存在故意和对善良风俗的违反,就不存在不法行为。然而,在教科书中所提及的一系列案件中,帝国最高法院承认可以因重大过失施加责任。例如,一名医生出于过失而导致受害人被宣告禁治产,法院判定其对此过失行为负责。[67] 有关虚假信息的案例也采用了类似的解决方案。[68]

法国和德国的法院在实际适用之规则上的一致性也体现在民事不法行为的主观要件之上。法国法将故意的重要性降到了零,而《德国民法典》第 826 条则赋予了故意以明显的重要性。尽管如此,这两个国家的司法判例却表现出了令人惊异的相似性。在法国,法官通过以下两个阶段的推理确立了建立在故意基础之上的责任:在特定情形下,他首先承认行为人的行为系属于权利行使行为;其次,由于该行为人主观上具有加害的意愿,因此其行为构成权利的滥用,从而将导致责任的产生。通过运用各种表达方式,这一推理模式目前正存在于法国的判例法之中,其结果是确立了建立在故意基础之上的责任,从而使其与德国法院实际适用的规则具有了极大的相似性。

---

[66] 在 19 世纪的法国,图利耶理论的支持者们所采取的解释方法与此并无二异,参阅前引图利耶,《法国民法》,注释 10。

[67] 参阅 L. 恩内克鲁斯、H. 莱曼(Lehmann):“债务关系法”(Recht der Schuldverhältnisse),载于 L. 恩内克鲁斯、T. 基普(Kipp)、M. 沃尔夫(Wolff),《德国民法典教科书》,第 15 版,图林根,1958 年,第 238 节。

[68] 参阅 F. 拉涅里(Ranieri),“虚假信息的责任”(La responsabilità da false informazioni),载于《商法判例》(*Giur. Com.*),1976 年,第 1 卷,第 630 页。

正是通过这一推理模式,法国法院对不正当竞争、恶意诉讼以及故意侵害契约专属权或债权等行为施以了责任,而上述这些行为恰恰是《德国民法典》第 826 条所规定的典型情形。

让我们从故意责任再回到过失责任之上。事实上,存在两种推理模式:其一为添加型的,即在所有侵害权利的类型外再加上类似权利侵害的一切类型;其二为扣减型的,即从所有损害中减去具有特定免责事由的情形。有一点看起来是十分明了的,即无论采
102 用上述何种推理模式,都可以为司法实践的结果提供合理的论证;而在具体适用的层面上,这两种推理模式事实上也产生了相似的结果。

那么,意大利的情形又如何呢?意大利法看起来是属于混合型的。为使民事侵权责任产生,立法者并未明确要求必须有一项权利受到侵害。但是,它将损害界定为"不当"(《意大利民法典》第 2043 条),同时又未对"不当"这一模糊的而且近乎是哲理性的语词做出明确界定,于是,其结果是赋予了法官一种真正意义上的裁量权。然而,意大利的法官们并未充分去利用这一对法院有利的裁量权。早在接受大学教育的时候,他们就掌握了分别建立在权利侵害(及类似事实)和"不害他人"规则基础之上的两种规范模式。他们所遵循的是这样一条便利规则:每当需要免除责任时,他们就适用权利侵害理论;而每当需要判决承担责任时,他们就适用宽泛的"不害他人"理论。[69]

---

[69] 20 世纪 60 和 70 年代出现了大量此方面的著作。例如,G. 阿尔帕(Alpa),《不法行为类型法定问题研究》(*Il problema dell'atipicità dell'illecito*),那波里,1979 年。

十二、英国与美国的情形[70]

在英国(同样也在美国),直到相当晚近的时期,作为契约外责任发生原因的侵权行为(torts)一直都严格地遵循类型法定的原则。事实上,因侵权行为类型的不同,其行为模式与侵害对象也表现出很大的不同。“侵入不动产”(tresspass)意味着对被害人财产的侵入;“侵占”(conversion)意味着针对他人财产以据为己有的方式行事;而“侵扰”(nuisance)则意味着不正当地对邻近的土地造成妨害。因此,在各种具体的救济方式以外,并不存在任何一般条款。

到 19 世纪末,情形发生了某些变化。事实上,“过失”(negligence)本身被视为了一类独立的侵权行为。对“过失”所给予的救济被扩及到了原本属于其他侵权类型(如“侵入不动产”、“侵占”及“侵扰”等)的范畴。到这一演进完成之时,“过失”诉讼已经成为了契约外责任最为常见的救济方式。

“过失”的构成要件有四项:(1)具有注意义务;(2)对这一义务 103
的违反;(3)造成损害;(4)损害非间接造成。违反注意义务、损害和因果关系分别对应大陆法上的过错、损害和因果关系。如果在一个具体案件中行为人负有一项注意义务,那么,上述三个要件的满足将导出行为人的责任。

---

[70] 有关此方面著作,可以参阅 H. 波洛克(Pollock),《侵权法》(*The Law of Torts*),伦敦,1877 年;A. 韦尔(Weir),《侵权案例书》(*Casebook on Tort*),伦敦,1983 年;R. W. M. 迪亚斯(Dias)、B. S. 马克西尼斯,《侵权法》,牛津,1984 年;P. H. 温菲尔德、J. A. 约洛威茨,《论侵权》,第 12 版,伦敦,1984 年;P. 加洛,《过失侵权中的客观要件》,米兰,1988 年。

起初,法律认可的注意义务为相当有限的一些类型。这就意味着,并不存在一项过失责任的一般原则。[71] 随着时间的推移,法律认可的注意义务的范围不断扩大,以至于法官和学者们开始讨论起了"默示的注意义务"——任何在从事行为时可能对他人造成损害之人均负有此项义务。[72]

与在法国一样,在普通法系国家也需要在一系列案件中驳回原告的赔偿请求,因为人们不希望这些情形产生责任。在各种免责事由中,最为重要的类型是"政策考量"(policy considerations)。

上述侵权行为抽象化的现象已经体现在了学理和判例之中,其主要借助的是对一个抽象的注意义务的讨论。因此,目前在普通法系国家似乎已不再像19世纪那样坚持侵权行为类型法定的原则。相反,它们已确立了一项类似"不害他人"的原则,也就是说,在"过失侵权"(tort of negligence)的基础之上确立了一条过失责任的一般原则。

然而,我们不应被上述讨论所蒙蔽。对相关判例的考察至少会使我们部分地否认前述观点。事实上,的确存在着责任类型扩张的现象,而且这一点也可以得到众多判例的支持——由于认为不存在注意义务,这些情形在过去通常都被否认给予救济(包括产

[71] 伊舍法官在勒利弗诉古尔德(Le Lievre V. Gould)案中(1893, 1 Q. B. 491, 497)指出:"如果某人并不对任何人负有义务,那么他就有权以其所欲的方式处于过失状态"。

[72] 阿特金法官在多诺霍诉史蒂文森(Donoghue v. Stevenson)案中(1932, A. C. 562, 580)指出:"'爱你的邻人'这一规则已被法律所采纳,即:不应对你的邻人造成损害。对此,法学家们提出了如下问题:谁是我的邻人?精确的答案是:如果你预期你的某项行为或疏忽很可能会对你的邻人造成损害,那么你就应当合理地注意避免实施该行为或出现此种疏忽"。

品责任、雇主责任、土地占有人和所有人责任、救人者的责任、不动 104
产侵入人的责任以及出生前的损害等)。但是,这一结论只有在特定的范围内才是正确的。

首先,当行为造成他人财产或人身的实质性损害时,应产生侵权责任。在此类情形(与《德国民法典》第 823 条相似)之外,我们还能看到许多类型的纯粹经济损失(economic loss)。在纯粹经济损失这个领域,只有在明确界定的一些情形下损害才能得到救济,如专家责任、政府官员责任以及分包商责任等。[73]

十三、评论

前文所做考察的结果可以用下表来加以表示(其中,T 代表类型法定原则,NL 代表"不害他人"原则,E 代表存在建立于免责事由基础之上的例外,1/2 则代表一种折中的和矛盾的方案):

	立法			学理			判例法
	一般规则	整体规则	具体规则	一般界定	总体界定	具体界定	
19 世纪的法国		NL?			T		T
20 世纪的法国		NL?		NL		NL-E	1/2
20 世纪的意大利		1/2			NL 或 T		1/2
20 世纪的德国	T		(T)	T		(T)	1/2
19 世纪的英国	——	——	——		T		T
20 世纪的英国和美国	——	——	——	NL		NL-E	1/2

[73] P. 加洛在前引著作中指出,普通法系学者的观点与法国学者的观点吻合,而英美法的判例则与德国的判例吻合(尤其值得注意的是,对侵害债权行为——死者亲属要求对其死亡予以赔偿的权利例外——以及对导致债务不履行之行为的免责)。

105 就这一列表，我们可以做出诸多分析评论。首先，在法国法、英国法和美国法区域标示的免责事由并不具有例外的特征——其作用在于使这些国家的判例法(以及它们的学理)在很大程度上接近不法行为类型法定的模式。

至于德国的学理，正如通常的情形那样，该表显示了其与民法典之间的吻合。而就民法典的规定而言，我们不能仅考察第823条和826条，而是应该考察对契约外责任做出规定的整个章节。这样，我们就可以清楚地发现，这一成文法构成要素被分割成了两个部分：一方面是一般规则，而另一方面则是具体的规则。这些具体规则将保护的范围从权利拓展至任何受法律保护的利益。

最后，在意大利，学者们在此问题上的见解分为了两派：一些人倾向于认为只有特定类型的损害才应获得赔偿(从而接近了德国学者的立场)；另一些人则更倾向于认定具体类型的免责事由(从而与法国学理的模式相同)。

作为结论，我们可以认为，实际有效的法律规范具有跨国性，也就是说，在所有西方国家(没有跟上制度演进节奏的意大利或许是一个例外)中存在着统一的实际规范。这一统一法存在于以法国、美国和英国的学理规范为一方以德国的学理规范为另一方的中间点上，也就是说，它处在分别建立于“不害他人”的一般规范与个别侵害的具体规范之间的中间点上。

将这里对不法行为的考察结论与以上对契约的分析相比较，我们可以清晰地发现它们之间的不同。在契约外责任领域，各构成要素间最强烈的对立似乎表现在一般界定方面。于是，我们可以看到各构成要素的一个摇摆区域：其中，最大的摆幅位置是学理的一般界定；不远之处是法国和德国的“整体”规则；随着钟摆继续向中间点摆动，我们逐渐看到了立法的具体规则、学理的具体界定；最后则是判例法上的实际规则。

因此，对不法行为的考察结论并不符合我们在前文中针对契约订立得出的那个假定，即：在相近的多个法律体系间，其同样的构成要素具有很大的相似性，而且这种相似程度要大于单一法律体系中不同构成要素之间的相似性。

就本节所考察的内容而言，不同法律体系对该问题所做的一般学理见解表现出很强的对立性，而且倾向于极端化；而实际适用的法律规范则弱化了这一倾向，并向折中方案靠近。[74] 106

那么，我们有可能调和在上一节和本节所得出的不同结论吗？当然可以。在这两种情形之下，学理的总体界定都在于总结出一个规范，而不是限定它的适用范围——契约**总是**由双方订立；损害**总是**应该得到赔偿，或者损害赔偿**总是**以一项权利的受侵害为前提。相反，实际适用的规范则要更为具体详尽。

这一点证实了在法律实务人士间相当普遍的一种感觉：法学通常都太过抽象（也就是说，滥用了归纳法）而且“远离生活”（也就是说，遗忘了具体情形下某些因素的重要性）。

另外一个考察结论是：法国学者在对不法行为加以分析界定

[74] 这一点并不意味着学理见解具有一种因国别和地域而特定化的倾向。就此，可以参阅前引 P. G. 莫纳泰里，《作为一种法源的“法学理论”》。学理见解具有一种突破政治与语言界线的国际化特性，但它却有极端化的倾向，而且也可能被相反的学理见解所改变，而后者也具有极端化的倾向并具有国际化的特性。而在司法实践中实际运用的规范则倾向于折中，因此，它不会因法律体系的不同和政治与语言的界线而具有鲜明的特色。

时，使用了两个术语（“过错”和“损害”）而不是三个（“过错”、“侵害”和“损害”）。在其他的事例中，法国学者也“简化”了相关法律范畴的分析，如将“行为”等同于“意愿”，而不是“意愿”加“意思表达”等。[75]

第四节 动产所有权的移转

十四、问题的提出[76]

现在让我们来看看以下这个问题：为在生者间移转一个特定动产的所有权，需要哪些要素？

各国法律所要求的要素可能涉及三个方面：合意（有关移转所有权的合意）；为合意提供正当性的要素；物的交付。

107 为达到移转的效果，一国的法律可能仅要求其中的一个要素（单纯的合意或物的简单交付），或要求具备多个要素（合意＋交付，或合意＋原因）。从我们最熟悉的法律体系出发，我们发现罗马法与现在的意大利法在此问题上存在着对立：前者要求交付（traditio）和移转的意愿（“原因”只是部分地起作用）；而后者要求合意和原因。

---

[75] 就此，可以参阅 P. G. 莫纳泰里在前引《提喻法》中所举的事例。

[76] 有关该问题的书目以及范围更广和更具批判性的论述，参阅 L. 瓦卡（Vacca）（主编），《历史——比较法视野里的买卖与所有权的移转》（*Vendita e trasferimenti della proprietà nella prospettiva storico-comparatistica*），2 卷本，米兰，1991 年（研讨会论文集）；R. 萨科，“通过生者间行为移转特定动产所有权——比较法上的研究”，载于《比较法杂志》，1979 年，第 1 卷，第 442 页以下以及其所引用的案例。

为理解这一演进过程，我们首先必须从共同法出发。我们认为，共同法在此问题上的规则是：有效的契约（名义，titulus）＋交付（方式，modus）。

十五、由共同法到法国法和意大利法

相对于共同法的规则，法国法在此问题上完成了一项变化。这一变化清晰地体现在了《拿破仑民法典》的第1138条的下述规定之上[77]："交付标的物之债，一经缔结契约的诸当事人同意，即告完全成立。即使尚未做出交付，债权人也成为所有权人……"

对该条文的措词需要进行一系列的界定。

首先，"合意"（consentement）这一表述的意义是模糊的。一个不太聪明的解释者可能会对该条文的措词做如下的解释：它仅要求单纯的意思合致，而对任何为此提供正当性的要素并未做出要求。事实上，在一般性的观点陈述中，法国学者通常都认为，一个独立的、自主的意愿就能构成移转标的物所有权的充分和必要条件。而更为谨慎的观点则认为，正如在第1101条中的情形一样，在这里立法者也运用了一种提喻法（以部分要素来取代整体），也就是说，尽管它只提到了"合意"，但实际上它指的是"契约"整体（"合意"＋"原因"）。[78]

让我们来看看法国立法者在民法典第1138条中所采用的这项不同寻常的立法技术：在此，立法者并未选择列出使所有权移转

[77] 法国民法典中没有专门针对所有权移转的章节规定，相关规范散见于法典的各个部分，并处于各个标题之下。第1138条位于规定债的效果的章节之下。

[78] 有关此问题的全面讨论，可以参阅前引P.G.莫纳泰里，《提喻法》。

效果发生的全部要素，而是致力于表明“交付”(traditio)不是必要的。要想体会第 1138 条做出上述规定的意义，我们必须首先了解
108 以下这个事实：在法典化之前，法国的理论认为，要发生所有权移转的效果，交付是必要的，而且此种交付还需要获得一个使其具有正当性的要素(“名义”)的支持。与此理论界定相对立的是一种自中世纪以来就相当流行的实践，即以占有改定的方式来取代物的实际交付——通过占有改定，出让人在不现实移交标的物的情况下将对物之占有移转给了受让人，自己仅保留持有人的身份。这一在意大利(由罗兰迪诺·德·帕赛杰里)设计并提出的技巧在法国得到了如此广泛的运用，以至于 18 世纪的法国学者倾向于做出如下认定：在发生一项买卖或赠与时，即便当事人未就占有改定做出约定，法律也将认为此项约定默示地存在。

我们可以再看看法国民法典的另外两个条款：第 1583 条和第 938 条。有关买卖的第 1583 条规定，“当事人一经对标的物与价金达成合意，即便标的物尚未交付且价金尚未支付，买卖在当事人间即告完成，而且买受人对出卖人也依法取得标的物所有权”。第 938 条的规定则是：“以恰当方式被接受的赠与，一经当事人形成合意即告完成，而且赠与物的所有权也立刻移转于受赠人而无需其他交付”。通过第 938 条所使用的“其他交付”(autre tradition)这一表述，我们认识到，在法典的编纂者看来，在此之前就已经有了一个交付(也就是说，当事人习惯性地实现了一个虚拟的或默示的交付)。而第 1138 条则以下列方式勾勒出了一个所有权移转过程：“当事人的合意”(应该理解为“意愿”+“原因”)创造了一个“交付的义务”，而这一义务依法被宣告已“完成”或已履行，于是债权

人也就变成了所有权人。因此，所有权移转的效果并非立刻由合意所产生，而是经由立法者的意志——它宣告债的关系在其产生的同时就发生了消灭——而产生的。

经由撒丁王国的法典（第1229条），意大利从法国法那里继承了意思主义。1865年《意大利民法典》第1125条扩大了意思主义的适用范围——它规定，物权取得的效果系由一项"合意"而非一项"移转所有权的义务"（obbligazione di dare）而产生。现行意大利民法典明确地规定，契约除产生债的效果外还能产生物权的效果（第1321条），而且"……所有权……因当事人合法表示之合意的效果而移转"（第1376条）。[79]

十六、由共同法到《德国民法典》和《奥地利民法典》

萨维尼的著作对德国法产生了极其重要的影响。以对乞讨者 109
的施舍作为移转行为的典型事例，萨维尼认为，产生所有权移转效果的要素有两个：产生所有权移转效果的意思合致；交付。

第一个要素可以被称作"契约"，尽管它指的并非是一个具有原因的契约，而是一个纯粹的合意。因此，它与共同法上的"名义"无涉。只要具有这一合意，原因的缺失并不影响所有权移转的效果，它只是对因无正当理由而做出给付之当事人提起不当得利之诉具有意义。因此，决定性的要素是交付，即共同法上的"方式"。在施舍的例子中，实施交付行为之前，什么法律意义都没有（不存

---

[79] 第1376条使用了通常的提喻法——其所说的"合意"，实际意指"契约"（也就是"合意"+"原因"）。

在移转的义务);而随着该行为的实施,所有权也就发生了移转。

萨维尼的理论统治了整个德国学理,并且被《德国民法典》所采纳(第929条之下)。该法典将动产所有权移转的效果系于双重要件(充分且必要条件)之下:指向所有权移转的合意以及交付。

如果出让人在欠缺正当原因支持的情况下完成了让渡行为(例如,在其相信契约有效的情况下,为履行一个无效契约之目的而进行了交付),那么,他可以通过提起一项对人性的返还之诉(即通过不当得利之诉)来获得保护。

因此,共同法上的规则被简化了:在法国,"方式"的必要性被清除了;而在德国,这一简化以相反的方式进行,即"名义"的必要性被清除了。

在萨维尼的理论得到传播之前,奥地利就有了自己的法典。因此,奥地利的立法者仍然忠实于共同法的规则,即要求同时具备"名义"和"方式"。《奥地利民法典》的第425条和426条清晰地体现了这一点。

于是,我们可以说,《法国民法典》符合"名义"的观念,《德国民法典》符合"方式"的观念,而《奥地利民法典》则符合双重要素("名义"+"方式")的观念。

十七、英国法

110 以上所考察的规范模式并未穷尽我们之前所分割的各要素之间的组合方式。另一种可能性是:一国法律可能允许利害关系人在运用(具有正当原因的)合意以及运用交付之间做出选择。在我看来,英国法就具有这种规范模式。

在具体讨论英国法的这种规范模式之前，需要指出的是：在普通法上，动产所有权并不像在意大利法上那样受一个一般性的原物返还之诉（rivendicazione）的保护，而是受众多对人之诉（主要是侵权之诉）的保护；在这些追索性的诉讼中，最为重要而且与原物返还之诉最为类似的是“侵占之诉”（azione di conversion）。[80]

在考察动产的流转规则时，我发现，在英国学者对所有权移转问题所做的讨论中，最为常见的一种说法是：由于各方当事人的意愿应获得尊重，因此所有权应依他们的意愿而移转。然而，我们不应被这种说法所迷惑。“在当事人之间”存在的移转所有权的意愿系以一项契约为其外在表现形式（不是一项赠与，也就是说，它需要具有对价）。

另外，单纯的契约仅“在当事人之间”具有标的物所有权的效果。这一点至少是1893年《货物买卖法》（该法被多次修改，最近的一次发生于1979年）所持的立场。买卖契约订立后，“在当事人之间”，所有权在当事人所确定的时间发生移转。法律推定，当事人希望将价金的支付或给予买受人一个信用（确定一个付款期）作为发生所有权移转效果的前提。

在订立契约并支付价款之后，要想使所有权的移转在各个方面（为各种目的）并对所有人发生效力，还需要完成标的物的交付（delivery）。[81]

---

[80] S. 费莱利（Ferreri）在其所著《比较法上的追索之诉》（*Le azioni reipersecutorie in diritto comparato*）（米兰，1988年）一书中对此问题有十分清晰的论述。

[81] “当事人之间”与“为各种目的”之间的对立目前似乎被学者们表述得很糟糕。有关此问题的意大利文著作，参阅 A. 基亚纳莱（Chianale），《移转所有权的义务与所有权的移转》（*obbligazione di dare e trasferimento della proprietà*），米兰，1900年，362页以下。

十八、由总体规则到法律适用

如果双重要素规则(《奥地利民法典》所规定的动产物权移转
111 规则)得到严格的适用,那么,对于在缺乏有效的名义情况下不当地交付了财产的当事人而言,有关不当得利的规范应总是允许其要求物的返还,另外,他也可以提起原物返还之诉(事实上,所有权不能依单纯的交付而发生移转)。但是,根据《奥地利民法典》有关不当得利的规范(第1432条),一个未对“名义”的有效性发生错误认识并已完成了动产交付的清偿人(solvens)不得要求不当得利返还。而在学者们看来,既然不当得利的诉权被排除,原物返还之诉的诉权当然也应被排除。这就意味着,在未发生错误的情况下所作出的无因支付(交付)将导致所有权的移转。

奥地利的学术界并非没有注意到这一现象,于是,萨维尼的理论一度在奥地利获得了相当广泛的支持。某些具体的法律规范(如有关返还的规范)承认,即便“名义”不存在,“方式”本身就足以导致所有权的变动,这就动摇了一般规范中所宣称的两个要素同等重要的原则。

但是,在奥地利法与《德国民法典》之间仍存在一个差异:在《德国民法典》中,抽象性是绝对的,也就是说,即便清偿人在做出履行行为时对“名义”的有效性陷入了认识错误,交付(Übergabe)仍将产生移转所有权的效果。

在注意到奥地利法与德国法的此项差异之后,奥地利学者在分析《奥地利民法典》时逐渐放弃了萨维尼的理论。在既未发生错误又无在先债务的情况下所做的交付,被认为构成了一项赠与。[82] 目前，根据在奥地利占优势地位的学术观点，交付的原因不仅指的是履行一项在先债务的目的，而且还包括任何合法的动机。因此，尽管学理上仍要求“方式”须以“原因”相伴，但后者已被解释为合法的目的。于是，我们可以将奥地利法的规范模式置于仅要求“方式”的规范模式与要求“名义”与“方式”兼备的规范模式的中间位置之上。

在从一般规则出发走向具体的法律适用规则时，需要对此一般规则做出某种调整。奥地利法具有此项特点，而奥地利也并非具有此特点的唯一国家。在法国法上，我们甚至能看到一种更为显著的偏离现象。

我们在前文中已经看到，法国的一般法律规范以单纯的意愿取代了意愿再加上正当化的原因，而其学理解释则以（当事人）的移转意愿取代了移转所有权之债的关系（法律要求据此移转所有权）。

然而，我们现在还需要对一个更为重要却很少得到研究的偏 112
离现象加以讨论。[83]

在法国，根据民法典第 1235 条的规定（与此相对的是规定主观不当得利的第 1376 条），请求不当得利返还的权利仅以不存在需要清偿的债务这一客观条件为前提：“任何清偿均以有债务为前

---

[82] 与意大利民法典的规定不同，奥地利法对于无须以公证方式进行的“随手赠与”（dono manuale）并未设置价值限制。

[83] 有关此一偏离现象的论著，参阅 R. 萨科，“法国法上的一个潜规则：抽象免除？”（Un cryptotype en droit français：La remise abstraite?），载于《罗迪埃研究》（*Études Rodière*），巴黎，1981 年，第 273 页以下。

提;不负债而为清偿者,得请求返还”。但是,法国学者们却仍然继续遵循罗马法的规则,即将清偿人的错误作为请求不当得利返还的前提。[84] 这一规则的逻辑后果再清晰不过了:由于对赋予不当得利诉权的拒绝总是伴随着对赋予原物返还之诉的拒绝(对法国人来说,这一点是不言而喻的),于是,在做出清偿之后,清偿人就丧失了对物的所有权;换句话说,通过物的交付,他转移了对物的所有权。

因此,在法国,一个明知不存在任何需要消灭之债务而又以清偿的意思(animo solvendi)交付物之人,即移转了标的物的所有权。

根据民法典第931条的规定,须以公证的方式订立,赠与才具有效力。但是,学者们总是会承认“随手赠与”的效力,而不论赠与物的价值高低。“随手赠与”的理论进一步强化了前述以错误作为请求不当得利返还条件的理论。事实上,如果一个人在明知不负债务的情况下而为清偿,那么他就会被视为赠与人。

在法国,如同在其他国家一样,因履行一项自然之债而为清偿者,不得要求给付利益的返还。

从实践的立场来看,如果未发生认识的错误,那么任何以移转所有权之意思而为交付的人,或者是被一种道义感所驱动(构成对自然之债的履行),或者是无偿地这样做(构成“随手赠与”)。无论属于何种情形,标的物所有权均因交付而发生移转。相反,清偿人

[84] 如果清偿人向受领人提出的是一个无效之诉,那么这一表述将需要做出变化。在此种情形,契约无效宣告本身即可带来返还的效果。由此,客观主义解释又重新获得了一部分人的支持。

的错误则为其开启了法律规定的救济之门，即一项要求返还的诉权。于是，我们可以说，在法国，交付具有与在奥地利同等程度的抽象性。[85] 我们同样也可以说，在法国，如果有人想出让标的物， 113
那么他可以通过以下任何一种方式来完成出让：或者是缔结一个具有原因的契约；或者是在不受错误影响的情况下依出让的意愿完成交付。

在德国，实际适用的法律规则与成文法之间同样具有分歧。

法典中的所有权移转规则根植于"方式"，但是，实践中该成文法规则却通过下列方式发生了分化：占有改定取代了交付的位置；为交付附加条件（甚至是以默示的方式附加），该条件设定，如果作为原因行为的契约无效则交付不发生所有权移转的效果。

无论是在奥地利，在德国，还是在法国，总有某些东西介入进来，从而改变了一般的成文法规则。而在英国，某些因素的介入则阻止了一般所陈述的规范的适用。然而，以下情形似乎表明，这种改变也并非是绝对必然发生的。

在荷兰、瑞士和土耳其，与在奥地利的情形一样，法律要求必须具备"名义"和"方式"双重要素。在瑞士，与在奥地利一样，非基于错误的非债清偿将被视为移转了标的物的所有权。相反，在荷兰和土耳其的法律解释中，这一观点受到了反对，因为人们认为它违反了以"名义"作为移转所有权条件的法律规则。

在意大利，立法也采纳了法国法的模式，但是学者们反对消除

[85] 如果有人认为，在错误清偿的情况下所赋予的诉权仅仅具有对人性，那么他就得出交付具有抽象性（如同在德国一样）的结论。

“名义”这一要素，仅有的例外情形是在有关“随手赠与”和自然之债中的些许让步。

在英国，学理并未承认判例法中所运用的规则。《货物买卖法》并未对以下这种情形做出规定：当事人交付了物品，但缺乏一项合同为其提供正当理由。在1913年之前，该问题一直都悬而未决。这一年的斯拉克诉威尔森(Stock V. Wilson)案判定，在具有移转标的物所有权意思的情况下，交付将导致所有权取得的效果，即便出让人系在错误地认为自己有交付义务的情况下而为交付，亦同。[86] 在该案中，出让人提起了一项“侵占之诉”(该诉针对的是无正当名义而占有物的人)；被告提出抗辩，认为交付构成了一项
114 正当的名义；原告则反驳说，交付产生了占有，但却不能为其提供正当性，于是，被告的占有缺乏“名义”(title)。法官驳回了起诉，认为交付为接受物品的一方提供了一项名义。[87]

因此，我们可以确定地说，在英国，不仅存在着以契约为基础的体系(与意大利的情形一致)，而且也存在着以具有移转所有权意思(独立于交付的动机)的交付为基础的体系(与德国的情形一致)。与受法国法约束之人一样，受英国法约束之人可以在两个体系之间加以选择。但是，英国法上的“交付”(delivery)似乎比法国法上的“交付”(remise)范围更广，因为即使是“名义”错误的情况下，交付(delivery)仍能产生所有权移转的效果。需要补充的是，

---

[86] 参阅斯拉克诉威尔森(Stock V. Wilson)，1913，2 K. B. 235，246以及G. C. 切希尔(Cheshire)、C. H. 法富特(Fifoot)，《契约法案例集》(*Cases in the law of Contract*)，1977年。

[87] 出让人当然可以提起其他类型的诉讼以要求“返还”。有关名义的绝对性问题，参阅前注。

(就像在德国一样),要想让所有权移转的效果"对抗所有人",交付总是必要的。

十九、以图形表示

对于以上所表述的内容,可以用一个图形来加以表达。

事实上,认为交付是所有权移转之充要条件的规则与同时要求"方式"与"名义"的规则之间具有一个共同的要素,而且,前者与由当事人自由选择或者通过交付或者通过契约移转所有权的规则之间也具有一个共同要素。

要求"方式"与"名义"双重要件的规则与仅要求"名义"的规则以及仅要求"方式"的规则之间都具有一个共同要素。

仅要求"名义"的规则与同时要求"名义"和"方式"的规则和选择性的规则之间都具有一个共同要素。

选择性的规则与仅要求"名义"的规则和仅要求"方式"的规则之间也具有某些共性。

相反,要求双重要素的规则与选择性的规则相对立,而仅要求"方式"的规则也与仅要求"名义"的规则相对立。

因此,我们可以用一个圆形来标示这些不同的规则体系。如果我们将抽象交付规则("名义",以 M 来表示)置于这个圆形最北的位置之上,那么,在它的最南点上我们可以发现有因的合意规则("方式",以 T 来表示),位于西边的是选择性规则(以"A"来表示),坐落于东边的则是以"名义"和"方式"为基础的双重要件规则(以"C"来表示)。

位于 M 点和 C 点中间的是"E",它代表的是这样一个规则体 115

系:它原则上要求具有"名义"和"方式"这双重要素,但也承认交付具有一定的抽象性(即明知客观上不存在原因)。位于T点和A点中间的是"I",它代表的是这样一个规则体系:它原则上要求具有"名义",但也同样承认交付具有一定的抽象性。

其他一些因素也可以被加入到我们的这张图表之中。处在与以上所有点位同距离的一个位置(即圆点)上的是V,它代表的是这样一种学术见解:当事人的意愿本身就决定了所有权移转的效果。于是,该图形就以下列方式呈现在了我们面前:

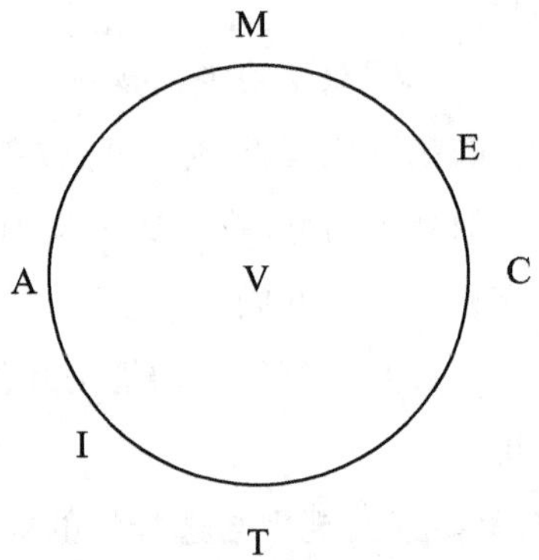

与德国法相符的规则体系坐落于M点上;与奥地利法相符的规则体系坐落于C点上;与法国法相符的规则体系坐落于T点上;而英国法体系则具有A类型的特征。有一个学理观点在各国都能看到,但却没有任何国家的法律实际遵循这一观点,这就是由V点所代表的学术观点。

但是,我们在这里展示的规则或观点与各国司法实践中实际适用的规则是相互分离的。于是,我们有必要来看看这些分歧现象。

二十、分歧(尤其是与学理观点的分歧)

历史似乎乐于不断地以一个体系来取代另一个体系。从共同法中演变出了众多不同的法律体系,例如,在苏格兰法、奥地利法和阿根廷法等法律体系中我们都能看到共同法的痕迹。 116

通常,这些演进变化是沿着我们所画出之圆形的弧线进行的:有时,这一运动沿顺时针方向进行(从共同法到《拿破仑民法典》);有时,这一运动沿逆时针方向进行(从共同法到《德国民法典》)。然而,此处我们的兴趣主要集中在当代史之上。我们这里将要讨论的分歧指的是在同一时期的同一个法律体系内由于构成此法律体系之要素的多元性所产生的分歧问题,例如,成文法与实际适用的法律之间的分歧;实际运行的规则与(该国学者)对这些实际运行规则的描述之间的分歧。

比较法学者的目的在于考察这些分歧现象是否遵循某些可预见的而且在理性上可加以解释的轨迹。

在此,令我们感兴趣的三种对立关系分别表现在:成文法与实际适用之法律的对立;法与有关法的知识之间的对立;法律认为正常的情形与社会学意义上属于正常的情形之间的对立。这三个方面的对立在法国、德国、低地国家、瑞士、匈牙利和英国都导致了分歧现象。

在法国,成文法所确立的是一种由上述图形中的 T 点所代表的规则体系,即:将承担移转所有权债务的意愿作为所有权移转效果的前提条件(唯一的例外建立在赠与的基础之上)。与此不同,法国的学理完全将契约意思与其产生的效果等同起来,它将出让和取得所有权的意思视为移转契约的唯一要素。在契约之外，司法实践中所实际适用的规则还将具有一定抽象性的交付作为所有权移转的方式。学理似乎忽视了这种分歧。

于是，分歧出现在了两个方向之上：从成文法到法律实践，运动的方向是从 T 点到 I 点（T→I）；从成文法（以及实际适用的法律）到法国学者的法律见解，运动的方向是从 I 点到 T 点（I→T）以及从 T 点到 V 点（T→V）。

历史也向我们展示了这样的事例：在其中，契约模式（即由 T 点代表的模式）的不稳定性导致其向要求双重要素的模式（即由 C 点代表的模式）方向运动。

在 1865 年民法典时代的意大利，同时存在两种学理解释上的倾向：(1)追随法国学者的做法，转向选择性规则体系；(2)回到过去的规则，将所有权移转的时间推迟至交付之时（双重要素规则）。

在《俄国法律汇编》(Svod Zakonov)时代的俄罗斯，借鉴法国法的成文法规则采用了 T 模式，但学理将其导向了双重要素模式（C 模式）。1922 年的《俄罗斯苏维埃社会主义联邦共和国民法典》(GK RSFSR)又重新回到了 T 模式，但它又被 1961 年苏联《民事诉讼纲要》(Osnovy)所取代。在学者的压力之下，后者最终又回到了双重要素模式之下。

117 在奥地利，其处于双重要素规则和抽象主义规则之间的规则体系（由上图中的 E 点代表的规则体系）导致学者们提出了或者基于模式 C 或者基于模式 M 的学理见解。与通常的情形一样，在这里，学理的运动方向也指向了较为清晰的规则体系。

在英国，一切移转所有权的规则都值得讨论。所有权或者依契约（相当于共同法上的“名义”）而移转，或者依交付（相当于共同法上的“方式”）而移转，但是，法学家们却相信，将所有权取得的效果排他地与契约相联系能更好地描述英国法。他们有时甚至会谈到纯粹的移转所有权的意愿（A→T→V）。

在罗马法系国家，抽象主义规则导致了极为显著的分歧现象。瑞士和荷兰的法学家们选择了要因主义（分别选择了模式 E 和模式 C），由于这两个国家的法典对此问题未做明确规定，因此他们的选择也不算是真正的分歧。早在《德意志民主共和国民法典》颁布之前，东德的法学家就已经用双重要素规则体系取代了《德国民法典》所确立的规则体系（M→C）。

德国继续坚守其抽象交付的立场。但是，通过承认一些法典虽可能已隐含但毕竟未作明确规范的实践情形，司法实践中出现了限制抽象主义条款适用的两种倾向：其一，通过将债权契约的有效性设置为所有权移转的条件，从而使得交付变为了要因行为（M→C）；其二，以转移标的物所有权的默示占有改定协议取代交付，从而消除了实际交付的必要性（M→V）。如果将这两种实践做法叠加和联合起来，那么德国的规则体系将会变成 T 模式的规则体系（M→V→T；M→C→T）。

在要求所有权的移转须同时具备“名义”与“方式”的法律体系中，学理对此两要素之间的相互关系做出了各种不同的界定。

奥地利学者一度曾经认为，在决定所有权移转效果这一问题上，转让契约与交付这两个要素具有同等的重要性。而如今他们更倾向于认为，所有权移转的效果是由转让契约决定的（也就是说，是由在交付之时于出让人和受让人达成的契约决定的）；而产生债之效力的契约系该转让契约的原因。

瑞士学者倾向于将所有权移转的效果归于当事人在设定债权契约时所达成的合意。至于交付,它并非一项契约而是一个事实行为。

社会主义国家学者(苏联学者、匈牙利学者和东德学者)基本
118 上也都持相同的见解。他们将契约视为导致所有权移转的真正原因,而将交付视为所有权移转的时间标志。

很难说,上述这些观念差异究竟是与不同实证法体系的特性相对应,还是仅仅取决于不同国家学者们的体系偏好(这些理论界定纵然是多样化的,也是无益的)。

即便一个交付行为在未得到一个先存的债的关系支持的情况下仍导致了所有权的移转,对于理论家而言,这一表述仍不足以构成一个充分的解释。对他们来说,这只不过是一个实践观点,要想将其纳入学理的视野还需要对其进行恰当的界定。而这一理论界定可能会产生众多的结果。

有时,抽象性观念解决了理论界定的问题——由于具有抽象性,交付本身就足以导致所有权移转。我们看到,德国法抽象规则的确立是与萨维尼等人受尊崇的理论相关联的。第二种解释方法以赠与为其基础:如果出让人在不负义务且并未就此发生错误的情况下交付了标的物,那么他一定有赠与的意思。在英国法上,可以说,这种解释是标准的解释方法。它在奥地利也获得了支持。就法国法也允许这种解释这一点而言,它在法国也未受到排斥。最后,(与其他解释方法一道),在瑞士它也为人们所用。第三种解释方法建立在行为无效以及可使之有效的基础之上:如果某人在

不负有义务的情况下交付标的物，这就意味着，实施交付行为的当事人有使行为有效的意思。这一解释理论在阿根廷占有支配地位。以上所述再次表明，针对同一个现象，存在着三种不同的学理解释。

可以说，法学理论在此丧失了一次良机。它原本可以发育出一些能够跨越各法律体系边界的概念范畴，但是它却选择了相反的做法——它将理论界定和解释上的边界附加在了实际运行规则的边界之上。

另外，它在体系上偏好某些抽象的理论界定，这些理论反映的是粗线条的规则（规则体系 M、C、T、A，甚至是由理性法中抽象出的规则 V）。

比较法的研究负有特定的使命。它应以实际运行的规则为其出发点；它应从适用范围最小的规则入手，然后逐渐上升至一般理 119
论和总体规则。

二十一、所有权的移转与所有权人的特性

以上论述似乎表明，“所有权的移转”这一概念有着十分确切的含义。尽管在前文中我们已经注意到，英国的成文规范区分“在当事人之间”的所有权移转和“在所有方面”的所有权移转，但我们并未对所有权移转具有单一的意思这一点表示质疑。实际上，只有在所有权人的一切特性都同时从出让人移转于受让人之时，这一态度才是正确的。

所有权人的特性包括：(1)从相对方处要求回复对物的占有或持有的权能；(2)从无权占有的第三人处要求回复对物的占有或持

有的权能;(3)对第三人处分标的物的权能;(4)收取孳息的权能;(5)承担标的物灭失的风险;(6)将标的物作为所有权人债务的一般担保;(7)承担由标的物给第三人造成之损害的赔偿责任等。因此,我们需要考察是否所有这些所有权人的特性都同时发生了移转。

在任何一种法律体系之下,从买卖契约缔结之时起,只要未在付款方面陷入迟延,买受人均有权利向相对方主张物之占有。如果说买卖契约本身就已实现了所有权的移转,那么,买受人之所以享有前述权利恰恰是因为他已经成为了所有权人。而在相反的情形,买受人这一权利则是由出卖人承担的债务所决定的。诉权的类型不同,但是其结果却相似。

如果买受人陷于付款的迟延,那么,即便取得了所有权,他也不能阻止相对方行使停止标的物交送的权利、留置权或提出不履行之抗辩。于是,在买受人取得所有权的那一刻,他并未取得向出卖人要求移交标的物的权利。

由于其成为了所有权人(也只有在成为了所有权人之后),买受人应该有权从第三人处取得标的物。

然而,实际上存在着众多例外情形。在英国,买受人在成为所
120 有权人之后,如果尚未取得占有的权利,那么他就不能提起“侵占之诉”(conversion)和“返还扣留物之诉”(detinue)。在匈牙利,买受人(在成为所有权人之前)似乎可以提起所有物的返还之诉(rivendica)。在德国,(尚未成为所有权人的)买受人可以根据《德国民法典》第826条所确立的特定损害赔偿规则向第三人(至少是具有恶意的第三人)提起因恶意的侵权责任之诉。

在某些国家中，人们可以利用两种诉讼来追回标的物：一是所有权之诉；一是占有之诉。前者针对无权占有的第三人，而后者针对的是由第三人实施的侵夺占有的行为。提起占有之诉的权能只有随着物的交付才能发生移转。从概念分类的角度来看，这一权能并不属于所有权的一项特性，因为它被赋予了占有人。然而，对于尚未接受标的物交付但已成为所有权人的买受人而言，他所拥有的是一项不受占有之诉保护的所有权，因此他不具备与物的归属密切相关的一项特性。在意大利，我们能看到买受人的所有权与诉权之间的这一分歧；在德国不存在这一现象，因为通常买受人会在同一时刻成为占有人和所有权人；在法国也不存在这一现象，因为法国法上不存在动产的占有之诉。另外，在意大利、德国和奥地利，不伴有任何“名义”的交付也能将占有移转于接受人，于是也就移转了提起占有之诉的权能。这样就出现了一种不被称作“所有权”但却与其相类似的归属情形（就此意义而言，在意大利也实际运行着 M 模式）。由此，在将交付设置为所有权移转之前提条件的规则体系与相反的规则体系之间存在的差异就被缩小了。

在英国和美国，我们仅仅是在涉及普通法上归属的情形才谈论所有权的移转。与此相对的是（至少是就不动产而言）一个衡平法上的利益（尤其是信托利益）。就后者而言，普通法系的法学家也认为其系一种形式的所有权归属，而且其遵循的移转规则与前者完全不同。因此，买受人从第三人处取得标的物的权利并不总是取决于其成为所有权人这一点。

在许多国家的法律体系之上，即便缺乏“名义”，交付也将导致
所有权的移转。这就与要求所有权的移转须以一个有效的原因契 121

约存在(作为交付的补充,或者不需要交付)的立法例形成了鲜明的对比。这里我们需要再次指出的是,在所有权的取得缺乏“名义”之时,将会产生一个针对取得人的债法上的返还请求权(建立在非债清偿返还或不当得利返还规则之上),而伴随有一个返还之债的所有权的结构与通常之所有权的结构有着相当的差异。事实上,对特定物之返还义务可能会构成一项针对第三人的抗辩——从负担返还义务的所有人之处无偿取得标的物所有权的第三人将根据不当得利的规则(对享有返还请求权的债权人)负有返还之责。如果该第三人恶意地从负有返还义务的所有权人处取得所有权,那么他将可能(向债权人)承担契约外责任。在德国法上,前述双重保护分别体现在民法典第 812 条和第 826 条。[88] 在此,法律的保护十分严密,因为第三人负有特定形式的损害赔偿责任(即负有向权利人移转所有权和返还标的物的责任)。另外,通过代位权诉讼,债权人有权行使债务人针对第三人的权利(《拿破仑民法典》第 1166 条;《意大利民法典》第 2900 条)。总之,由于与债法上的返还请求权相关的一些具体规则的存在,存在于所有权的取得(伴有债法上的返还义务)与未发生所有权取得效果之间的对立被大大地缩小了。

在规定所有权依买卖契约而移转的国家,出卖人应该无法再

---

[88] 这一点显示了德国法与英国法之间的一个重要联系。在英国法上,尚未成为所有权人的不动产受让人将取得一项衡平法上的利益,据此,他可以获得针对以无偿方式或以恶意取得所有权之第三人的保护。在正文中我们对此未加论述,这是因为,正如我们所见,契约与取得行为之间的这种分割在不动产领域之外呈现出了消减的趋势。在任何情况下,动产的受让人似乎都不取得物上的衡平法所有权。

将标的物移转于第三人；而在规定买卖契约订立后所有权仍保留在出卖人手中的国家，他应该能够向第三人出让标的物（当然需要向买受人承担契约责任）。但是，事实上，在我们所考察的所有国家中情形都并非如此。

即便出卖人已经丧失所有权，但只要他将标的物交付给第三人并且后者系善意，那么出卖人仍可以将标的物有效地出让给后者：由于“占有相当于名义”原则（《法国民法典》第1141条；《意大利民法典》第1155条）的作用，法国和意大利的情形正是如此；由 122
于非忠诚之出卖人被视为系依买受人之委托而行动，英国的情形正是如此；由于规定买卖仅“在当事人之间”产生效力，路易斯安那州的情形也正是如此。因此，所有这些情形与规定所有权自交付之时移转的国家并无差异。

同样，不因买卖契约的缔结而丧失所有权的出卖人也并不总是能够有效地将标的物出让给知道第一个买卖存在的第三人。例如，在匈牙利，第二个买卖将是无效的，因为它违反了善良风俗。在德国，如果第三人在行为时具有恶意，那么他将被暴露在第一买受人所享有的侵权诉权之下，并根据特定形式之损害赔偿的原则对第一买受人承担返还标的物的责任。因此，处分权并非所有权人独有的一个特性。

标的物灭失的风险可能由所有权人承担（“物的灭失损害所有权人”，res perit domino）。但是，设想一个由（管领物之）占有人或买受人（“由债权人承担意外”，casum sentit creditor）承担风险的法律体系也并非是荒谬的。事实上，的确存在由成为所有权人的买受人——尽管非物之占有人——承担风险的立法例（《拿破仑民法典》第1182条;《意大利民法典》第1465条;英国《货物买卖法》第30条以下)。同时,也存在买受人在通过接受标的物交付而成为所有权人之前不承担风险的立法例(《德国民法典》第446条;《奥地利民法典》第1048条)。然而,在荷兰和瑞士,自订立契约之时而不待所有权发生移转,标的物的风险就发生了移转。而根据《维也纳公约》(1980年《联合国国际货物销售合同公约》第69条)之规定(正如之前《关于国际货物销售的统一法公约》的规定),即使标的物所有权因合意而提前移转,其风险也于交付时发生移转。

如果我们进一步深入考察所有权合意取得对抗出卖人之债权人的问题、所有权保留对抗买受人之债权人的问题以及因债务不履行而解除对买受人之债权人的对抗性问题,我们还能遇到类似的对称现象。

那么,以上所有这些分析将促使我们得出怎样的结论呢?

我们认为,“标的物所有权于此时或彼时移转”这样概括式的和概念化的判断带有一种风险——它可能扰乱了相关法律体系中所包括的规则。它们展示的是各法律体系中与其他法律体系针锋相对的极端规则,而缺乏一定的联系点。比较法的分析能够使我
123 们看到,各国法学家对他们本国法律的认识是变形的,而且,为了将各国法律导入一种简单、极端的观念之下,他们夸大了各法律体系之间存在的差异。

一些实际运行的规则(例如,对已获得占有且善意的第二买受人的保护)在各国法律中是相同的,但是,在不同法律体系内部,学者们却通过各种差异极大的界定和“学理构造”对它们加以解释。尽管存在大量不同的理论解释,但这一现象并非是遵循无可置疑

的逻辑或科学必然的结果。相反，它旨在造成损害，因为它通过歪曲掩盖了各国规则之间的一致性，并且扰乱了用于比较的相关术语。

一般规则倾向于一种一元论的、紧凑的和极端的方案："所有权自达成合意时发生移转"或"所有权自交付时发生移转"。而具体规范则做出区分，并倾向于在这两个极端规则之间寻求折中方案。

如果不考虑法的各项构成要素，而是从行为入手，那么，这种比较研究会有什么发现呢？人们将发现，各种不同的要素会以一种可预见的方式组织在一起，尽管这一点初看起来并非清晰可见。学说反映的是法学家们对自己本国法律体系的理解，它们具有一般性、抽象性、极端性，体现了理性的思考。而实际运用的法律规 124
则则具有不规则性、实用性、妥协性，并对一些不太清晰和并不广为人知的概念做出回应，因此，它们也具有其自身的理性。

另外，学说本身有一种将事物无益地加以复杂化的倾向。一项移转动产所有权的意思表示并不产生实际效果，而只有通过以交付的手段执行该意思表示才能产生不可推翻的法律效果，在这一现象的背后隐藏着五项理论界定："随手赠与"；自然之债；无效行为之确认；给付之不可回复；处分行为的抽象性！

因此，比较法的主要使命在于：清除在分类和概念上错误的对立；寻找存在于各种实际运用之规则中的触点；最后，以此为基础，确定在不同法律制度之间实际存在的差异。

第四章　比较法的成果

第一节　比较法对法学的贡献

125 一、潜规则

至此，我即将论及的主题就已经像哥伦布的鸡蛋那样显而易见了。在我所讨论的各种法律要素中，有些生来就是以明确的方式加以表述的（例如，学理与表述是紧密相连的），而另外一些则不然。在此，我将这些隐性的法律要素称为“潜规则”，它具有极其重要的意义。

人们总是遵循那些他们并不完全了解的规则，或者他们不知该如何很好地加以表述的规则。我们说“三件黑衣服”，而不说“黑三件衣服”，但有时却说“大部头书三本”，这一语法规则又有谁知道该怎么表述呢？对于那些懂得如何骑自行车的人来说，有多少
126 人能够说出在其运动过程中究竟是哪一部分力推动了踏板呢？语言学家们目前正在对这一现象做出解释。

我们服从某些特定规则，但我们可能对它们完全没有概念。[①]

---

① 对这一现象做深入探讨的著作，可以参阅 B. L. 沃尔夫：《语言、思维与现实》（*Language, Thought and Reality*），坎布里奇，马萨诸塞，1956 年[后文所引的是 C. 卡尔姆(Carme)的法文译本，巴黎，1969 年]。尤其可以参阅该书第 75、119 和 121 页。我正是从这本著作中借用了“潜规则”一词。

我们外显的、表层的语言乃是由那些隐性的语言系统转换而来的(这一过程可以加以识别),而后者比前者更具有稳定性。索绪尔的结构主义被批评为是一种有关浅层语言的理论,而不是一个有关完整语言的理论。[②]

对隐性要素的承认和研究,这是当代科学的一个重要趋势。许多领域的学者都已经在讨论“受某些规则的控制”与“了解这些规则”之间的区分。[③] 学术上的这些努力旨在揭示出那些隐性(但实际有效)的要素。简单地说,“潜规则”是那些尚未显明但可能会在将来被揭示出来的要素。只有比较法的研究才具有揭示这些隐性要素的能力。关于这一点,我们需要给出一个简明的论证,其实前文对此已经加以了证实,这里只不过是在重申而已。

只要我们仍然孤立地研究单一国家的法律体系,那么就存在一种从静止的观点去获取其特性的需要,而这种需要就会使我们不得不(或者至少是被吸引)去将成文法、学理界定、学术建议、学院传统、法官说理、司法裁判等视为具有完全相同内容的法律要素,或者至少在它们之间是协调一致的。而且,对一国法律的考察

---

② 我从乔姆斯基的众多著作中总结出了这个观点。

③ 参阅 F. A. 冯·哈耶克:“规则、认知和可理解性”(Regole, percezione e intelleggibilità),载于《反潮流》(*Controcorrente*),1973 年,第 2 号,第 29 页(意大利译本,原文收录于《英国科学院通讯》(*Proceedings of the British Academy*),XLVIII,1962)。该文指出,在各种活动中,我们总是利用那些我们无法加以明确界定的(语言等)机理。文章举例说明了这一关系。而且,更重要的是,它强调指出,尽管我们无法对其准确地加以界定,但是,我们却能够认知这些机理并传播它们。还是这位作者,在其所著《法律、立法与自由》(*Law, Legislation and liberty*),第 1 卷“规则与秩序”(芝加哥,1973 年)中提出,法律没有必要是有意识的;我们之所以将法律想象为是合理的,是因为我们具有一种拟人化的观念——认为法律是由一个心智加以规划的结果。这里所引的哈耶克是诺贝尔经济学奖得主。

也不允许我们完全排斥这种建立在静止观点之上的幻象；在踏上比较法的道路之前，我们将无法发现以下规律：在不同国家，相同
127 的法律可能导致不同的法律适用；而相同的法律适用却可能是不同法律的产物，或者说可以与不同的学理界定兼容，又或者说可以依附于相互对立和不兼容的逻辑推理，如此等等。

在那些被明确加以表达之规则的背后发现不同的法律要素，这将引导我们认知潜规则。如果一项判决的结果与在其判决理由中明确表达的规则所应导出的结果不同，那么我们面对的就是此种情形了——其中一定涉及未被明确表达的法律要素，它在某个法律问题的展开与决定的层面上发挥着作用。

在许多传统型社会中，这些隐性的法律要素发挥着至关重要的作用。④ 而细致的分析表明，它们在成熟的法律体系中同样扮演着重要的角色。

如果一个法律体系中隐藏的概念在另一体系中明显地存在（这种情形实在是再寻常不过了！），那么在比较法中就很容易发现潜规则。在前文中，我已经举例说明了这一现象：对于立法所确立的法律规则，人们以存在于其头脑中的隐性规则对其加以重新诠释，而并不是根据其所使用的语词去解释它们。

---

④ 我们已经注意到，成熟法律体系（成文的、遵循先例或习惯法的）与原始法律体系之间一个巨大的差异表现在：前者在很大程度上是清晰而且被明确加以表达的，以至于许多人致力于精确地建构其阐释体系；而就后者而言，在人类学家从外部予以介入之前，仍表现为一个完全未经阐述的法律体系。因此，与成熟社会的法律相比较，原始的法律体系具有一种被认为是病态的典型特征。如果让一位成熟法律体系的法学家负责原始法的具体适用，那么他将面临很大的困难：如果不阐述法律，他就无法对其加以认识；而对于一个不遵循相同情形将产生相同关系之规则的体系而言，他根本不知道该如何对其加以阐述。

提喻法的使用是一个突出的事例：它仅明确指出部分要素，但却意在指向全部事物（例如，我们在使用“合意”这一表述时，绝大多数情况下我们所指的是“在一个原因支持之下的合意”，尽管我们无须明确地说明此点）。

在这里，我们可以尝试另举一例。在德国法上，可以用占有改定来替代“交付”（Übergabe），这一规则毫无疑问地可以适用于所有权的移转，而它是否可适用于质权的设定则不无疑问。在德国法内部，很难说清楚在“动产所有权移转”与“质权设定”之间为什
么会存在着差异。但是，在此问题上的相关讨论表明，德国法学家 128
感到这种差异是有可能的。而比较法的研究则表明，在法国和意大利，尽管交付对于所有权的移转并非必要，但它对于设定质权却是必要的。

潜规则可以是比较具体的，也可以是比较一般的。就存在于一个法律体系内部的潜规则而言，其所具有的一般性特征越强，也就越难对其加以识别，以至于，在少数情形下，它们甚至构成了整个法律体系的概念框架。

尽管未被明确加以表达，但是潜规则却被法学家们所认知，并一代一代地被传承下去[5]，这与下述情形并没有什么分别：在没有文字的社会中，在漫长的岁月里，法律规则得以被保存并传承下去。对于掌握它们的人而言，这些潜规则是“显而易见的”。通常情况下，属于某一法律体系的一个法学家会发现，抛开存在于其法律体系中所有的潜规则要比放弃那些其完全了解的规则更加困

⑤　前引哈耶克著：《规则、认知和可理解性》。

难。在特定国家，对潜规则的这种依赖性，构成了法学家们的“心智”。而这种“心智”上的差异，恰恰构成了来自不同地区的法学家们相互理解的最大障碍；只有通过一种系统的和制度层面的比较分析，我们才有望克服这个障碍。

二、一个新学科：法律系统学

在开始创作他那本奠定了比较法基础的著作时，勒内·达维德有着一种十分出众的直觉。在研究各种法律体系时，他抛开那些临时的要素（即，随当权者的任性而变化的要素），而指明了那些恒常的和变化较小的要素。他探求为整个法律体系或其主要组成部分共同具有的特征。

在选定了这一研究进路之后，勒内·达维德很轻易地就发现，各法律体系中最核心的要素与那些以明确方式加以表达的权威规范的内容一点也不吻合。举例来说，这些核心要素包括：规范的倾向性（在普通法系国家，规范倾向于具有较小的适用范围，与此相反，在罗马法系国家，规范倾向于具有较宽的适用范围）；理论法学家与实务法学家之间的相互关系；法学家的养成以及职业法学家在该特定社会中的存在等。

129 在勒内·达维德之后，G. 戈拉的研究也沿着同一方向进行。起初，他指出，司法先例在法国保持权威性的时间要比在意大利长得多。后来，他明确地指出了以下具有普遍性的现象：法律体系中那些并不总是显明的规则往往对该体系具有决定性影响。他将这些规则列入“准法律”的范畴，并建议在对其归类时，考虑其对以下因素的影响：法律思想方法（价值法学、体系法学、概念法学）；对非由立法所确立之法律规范的解释方法；法律的教学方法；法律职业的养成；司法职业和公共行政的实际运作；立法、判决以及学理的“风格”；法律认知的方法；立法者、法官和法学家之间的关系（孰优孰劣）以及司法先例所具有的价值等。[⑥] 无论是勒内·达维德，还是戈拉，都强调这些核心要素形成过程中历史的重要性。

我本人也尽我所能地对那些决定各法律体系特征的要素进行了研究，为这个学科做出了自己的贡献。例如，我提醒学术界注意一个法律体系中的某些要素或者整块的规则是否以明确的方式加以了表达的问题，以及当局为影响学理界定而做出政治上界定的可能性。

简而言之，比较法的研究者们指出了存在于每一个法律体系中的某些核心要素，而仅以一国体系为研究对象的各国学者则忽略了这些要素。

有迹象表明，这种情形正在发生变化。范·卡内冈（van Caenegem）这样的法史学家致力于研究塑造了欧洲各国法律的不断变化中的各种权力的分割。[⑦] 在美国出现的一种“法律进程”思潮则展开了对影响规范创制之事实条件的分析研究。

但是，这一转变正处于其开始的阶段。

我们可以来看看意大利的情形。著名的法学教科书——从

---

⑥　参阅 G. 戈拉：“意大利司法判决中的‘短期时效’和‘过失’：与法国法的比较”（“Brevi temporis praescriptio” e “neglectio” della giurisprudenza in Italia：comparazione con la Francia），载于《A. 托伦特纪念文集》（*Studi A. Torrente*），米兰，1968 年，第 1 卷，第 519 页；以及前引《比较法与外国法》，2.4。

⑦　参阅 R. C. 范·卡内冈：《法官、立法者与教授们》（*Judges, Legislators and professors*），1987 年；意大利译本，米兰，1991 年。

130 E. 德鲁杰罗(De Ruggiero)到 P. 雷希尼奥(Rescigno)、P. 施莱辛格(Schlesinger)以及 P. 特里马尔基(Trimarchi)所著的教科书——并未描述意大利的法官对其前任的态度,并未估量他们在面对不合理规则时的容忍程度;它们未表明在司法推理中"经典"的解释方法(历史的、理性的、社会学的以及体系的解释方法)的重要性如何,同时也未描述法官对于大学教育以及学理建议所产生的影响有多大。

只是到了更晚近的时候,以国内法为研究对象的学者们才开始将研究兴趣转移到那些影响某一国实证法所有要素的特征。例如,出现了大量有关司法裁判规则的价值、裁判规则与判决理由之间的区分以及裁判附论(obiter dicta)的先例价值等方面的会议和争论。

于是,在法学的领域内诞生了一个新的分支,它致力于研究法律体系及其部门的实证特征。我们不能将其与法的一般原理混为一谈,在某种意义上,它与法的一般原理恰恰相反。法的一般原理阐释某些一般规则,确立若干一般概念,并将具体规范和制度规集于这些一般概念之下。相对于某一法律体系的规范和概念化而言,法的一般理论构成了一个总论性的部分,而且它的结论对于许多法律体系都是适用的。H. 凯尔森、W. N. 霍菲尔德、M. 阿拉拉以及其他众多法学家都提出了放诸四海而皆准的一般理论,这些理论可以适用于任何一个具体的法律体系。相反,在我所指的法学分支内,学者们倾向于尝试性地描述某个国家的实证法究竟是如何运作的。

我所说的研究方法需要一个名称,我将其称为"法律系统学",

或者说是有关体系特征的学科。

以下这一事实具有重要意义：法律系统学首先是由比较法学者开创的，它几乎就是他们在对各个制度做比较研究时所产生的副产品。事情为什么会是这样呢？答案很简单：那些研究单一法律体系的学者总是会碰到同一些系统要素，以至于他们对这些要素的了解、甄别与揭示的深度不够；对他们而言，这些系统要素构成了“理所当然”之事，始终保持着隐含的状态而无需加以指明；尽管有着极其重要的作用，但是，在比较法学者由于受到不同法律环境下思维方法差异的冲击而着手对这些差异加以描述之前，这些系统要素仍只是表现为潜规则；而描述这些差异，也就描述了各个体系。

如果说，对一国法律之体系特征的研究并未及时获得正式承认的话，反之亦然，在比较法的层面上，相信必须有一个专门的学科来研究“比较法律体系”也还为时过早。

三、为社会科学服务的比较法

比较法的任务在于揭示其所考察之法律体系内部所存在的所 131
有事实要素。问题是，这种比较方法是否能够走出纯粹的法律领域，而成为一种跨学科的研究工具，从而服务于那些关注政治学和社会学问题的法学家呢？

答案是肯定的。形式主义是由教条导致的，而比较法的方法则取向于事实，并因此与其他所有取向事实的学科一样以事实说话。

那么，比较法能为与法学相近的学科以及从非形式主义角度研究的法学提供哪些帮助呢？

比较法对社会科学可能提供的第一种支持几乎可以说是不言而喻的。在检视各个法律制度时，比较法总是关注它们之间的联系、差异以及它们之间不可抑制的相互交流、借鉴。法律、语言和文化都被分解为法律元素、语言元素以及文化元素。只要其愿意，社会学完全可以研究这些文化要素的运动方式，以及决定其诞生及从一种文化向另一种文化传播的规律。由于比较法本身就以这样的方式分析这些元素，因此，可以说，比较法向社会学提供了它自己的成果，以供后者使用。如果社会学不对这些元素加以利用，那么错并不在比较法学者。

此外，社会学家(以及那些研究社会科学的法学家)可能会说，法律制度的传播规律并不是他们主要的研究兴趣所在。他们希望不仅仅是了解法律制度传播的方式，他们还想揭示导致制度传播的原因：经济上、文化上、心理上等各方面的原因。那么，比较法能够帮助他们实现这一目标吗?

答案似乎是：恰恰是在这个领域，比较法具有不可替代性——对这些问题的探讨构成了比较法的基本任务。

当在某个国家中出现一项新的立法时，如果我们仅是盲目地在该国范围内搜寻，那么要想证实究竟是何种原因导致了这项新立法将是十分困难的。在此项新立法出台之前，该国可能发生了太多的事情，以至于那些希望从中分离出导致这一新立法之原因的学者们根本不具备一种能够提供证实或证伪的方法。

132 相反，比较法却提供了某种探讨的可能性。它会列出一个进行了此种新立法的国家的名单，并确认所有这些国家在进行此立法之前所发生的事件，然后，在此基础上，借助原因与结果之间的一一对应关系来得出结论。这一原理其实很简单,它与科学研究的基本方法相符。但是,它却几乎总是受到人们的忽略。

那么,实际的情况究竟如何呢?

在反对形式主义的方法论倾向中,最具代表性的方法是探讨法律现象与其所处的社会经济现实之间的关系。但是,要探讨社会经济现实与法律问题解决方案之间的关系,就必须首先了解与某一社会经济形势相伴随的所有法律方案,以及与特定法律方案相关联的所有社会经济形势。然而,令人难以置信的是,这一规则从未获得人们的尊重。

另外,需要补充的是,在这种取向社会与经济分析的法律研究方法中,有相当突出的一部分将其全部的注意力集中于相关范畴的使用之上,而这只不过是语词的使用罢了,而且,它也并不想知道在社会、经济的进步与其选定的语词之间是否真的存在关联。如果采用比较法的方法,我们或许也可以得出这样的结论,即上述这种关联其实并不存在。

因此,比较法不仅是认识国内法的工具,而且它也是我们审视(证实或证伪)与法律的社会学分析有关之理论的工具。同时,它也在法学与历史、法学与法的一般理论之间发挥着仲裁者的作用。

第二节　法律制度的变迁

四、法律的变迁

法律不是静止的,它不停地处在变动之中。人们总是幻想着能够发现(甚至是已经发现了)一种法律的真理:一个在各种法律模式中做出选择的标准,一种确定无疑、无所不包且永不改变(同时又放诸四海而皆准)的决策理由。尽管试图发现外在之一般规律的高尚愿望构成了——通过清除不合理规则,并使其逐步臻于完善——改善实证法的一个重要动因,但是,迄今为止的现实仍然否定了这一幻想。

133 法律制度不断地处在变动之中,正如语言不断地发生着变化一样。语言的变化,或者是表现为缓慢的演变(例如,从拉丁语过渡到都灵语),或者是表现为广泛的叠加(从凯尔特语发展到一种包括凯尔特语和拉丁语在内的语言体系,并由此发展为拉丁语;由拉丁语到都灵语;由都灵语发展为一种包括都灵语、托斯卡纳语、拉丁语及法语在内的语言体系;并由此发展为一种在发音和语法上与托斯卡纳语基本相符的体系)。

既然法律规范处于变动之中,那么,我们就有理由提出以下问题(尽管法学家们从未这样做):规范的这些变动是否遵循了某种可以为我们所理解的法则(这里指的是自然规律,而非指法律规则)? 接下来要搞清楚的就是导致这些变动的原因了。[⑧]

---

⑧ 学术界只是在最近才开始关注法律制度变迁的一般问题。在开始时,学者们研究了外国法的全面继受问题。国际比较法协会将这个问题列入了其第 8 届大会(佩斯卡拉,1970 年)的议题之中。各国学者发表了三篇论文:I. 佐伊陶伊:载于《当代法研究》,新人系列,巴黎,1970(《巴黎比较法学会的工作与研究》第 33 卷),第 33 页以下;D. 厄克诺米迪斯:载于《希腊国际法杂志》(*Rev. hellénique de droit international*),1970 年,第 333 页;F. 斯通:载于哈泽德、瓦格纳(主编),《当代压力下美国的法律思想》(*Legal thought in the U. S. A. under contemporary pressure*),布鲁塞尔,1970 年,第 127 页。自 20 世纪 70 年代以来,有关法律制度传播的问题成为了一个经典的论题。

首先,特别值得一提的是 A. 沃森。近二十年来,沃森将其全部时间花在了对这个

我们需要做出的一个基本区分是：原生性的或革新性的变动 134
与模仿借鉴。法律制度的革新每时每刻都在发生。原创性的判决、学生在考试中所给出的不严谨的答案等都包含着革新的要素。但是，真正重要的是那些源自“权威机构”或恰恰就是由“权威机构”所做出的革新，或者是那些被许多国家所效仿并因此传播甚广的制度革新。

静态地看，并非来自权威机构的革新是一项项“错误”：法官的错误；律师的错误；学生的错误。而从历史发展的角度看，革新的

问题的研究之上。其在这个主题方面的著作包括：《法律移植：比较法的一种方法》，爱丁堡，1974 年（意大利文译本，卡梅里诺）；“法律移植与法律变革”，载于《法律评论季刊》（*L. Q. R.*）1976 年，第 92 期，第 79 页；《社会与法律变迁》，爱丁堡，1977 年；“比较法与法律变迁”，载于《剑桥法律杂志》（*Camb. L. J.*）1978 年，第 38 期，第 313 页；《民法的形成》，1981 年；“社会选择与法律变迁”，载于《霍夫斯特拉法律评论》（*Hofstra L. Rev.*）1981 年，第 9 期，第 1473 页；“法律变迁：法源与法律文化”，载于《宾夕法尼亚大学法律评论》（*Pennsylvania L. Rev.*）第 131 期，1983 年，第 1121 页；《法律渊源、法律变迁与歧义》，费城，1984 年；《法律的演进》，巴尔的摩，1985 年。S. 费莱利（Ferreri）也做出了一项与沃森相类似的研究，其观点见于：“导论：大西洋的此处与彼处”，载于《私法杂志》（*Quad.*）1992 年。E. M. 怀斯继承和发展了沃森的观点，见“法律模式的移植”，载于《美国比较法杂志》，第 38 期增刊，1990 年，第 1 页。

在法国，关注此主题的著作有：前引 M. 安塞尔：《比较法学的功能与方法》，第 56—82 页；R. 罗迪埃：“一种现象的剖析：法律的移植”，载于《G. 马蒂纪念文集》，图卢兹，1978 年，第 947 页；J. 戈德梅：“法律的变迁”，载于《社会学年刊》，1976 年，第 29 页；J. 里韦罗：“行政法领域对外国法借鉴现象探析”，载于论文集《法理问题集》，巴黎，1980 年，第 2 卷，第 458 页；E. 阿戈斯蒂尼的论题则更为广泛，参见其所著《比较法》（*Droit Comparé*）（“法律体系的演进：法律体系的移植”一章），巴黎，1988；同一作者，“法律体系的传播”，载于《国际比较法杂志》，1990 年，第 461 页。

意大利的情形，可参见前引 G. 隆巴尔迪：《比较公法学导论》，第 5 章。近来，对传统法系之变迁这一主题做出广泛论述的著作有：N. 鲁兰：《法律人类学》，1988 年，第 337—394 页；M. 阿利奥：“法律的文化融合”，载于普瓦里耶主编《人种学总论》，巴黎，1968 年；H. 莱维一布吕尔：“论法律制度间的接触”，载于《拉斐尔·陶本斯拉格纪念文集》第 1 卷，弗罗茨瓦夫、华沙，1956 年。

性质就变得更加模糊:如果有人对其加以效仿,那么它就会成为一项创造、一个发现;如果没人理会,那么它就仅是一个孤立的观点、一项错误。下文所说的革新,仅指那些有能力参与构建法律体系的革新而言。

在20世纪,申诉专员(ombudsman)的设立具有原创性,该观念孕育于斯堪的纳维亚国家。在20世纪同样具有原创性的是,(由韦涅季克托夫)将社会主义企业对生产资料的权利界定为经营权。在若干个世纪以前,英格兰王国的大法官承认信托的效力,为其提供衡平法上的救济,这同样具有原创性。相反,在意大利的刑事诉讼程序中引进控辩交易却是一种法律借鉴,因为该制度先前存在于(英国和)美国法之中。德国对罗马法的继受也是法律借鉴的一个事例。

一项原创性制度的诞生,这是一个比模仿借鉴更为不常见的现象。[⑨] 尤其是,没有任何一部民法典是完全原创性的。政治当局或者一个特别委员会可以临时起意,制定一些全新的规范,但是,很难想象它们能够制定包含成千个条文且统一、完整的全新法典。一部法典,无论如何均须依赖其本国的学理,此外,它往往也需要依赖其他国家的法典。在1804年以来所颁布的数百个民法典中,相对于其他法典而言比较具有原创性(但相对于学理则未必具有原创性)的法典包括《拿破仑民法典》、《奥地利民法典》、1888年的《黑山民法典》、《德国民法典》,而在今日遭遇危机的另两个法

⑨ 参阅前引A.沃森,《法律规范的移植》,意大利译本,第83页;及前引该作者,《社会与法律变迁》,第79页;前引E.M.怀斯,《法律模式的移植》。

典(1961 年《苏俄民法典》与 1964 年《捷克斯洛伐克民法典》)也具
有部分原创性。至于其他法典,则都仿效了另一法典,或将经由实 135
践或解释所创造且范围有限的附加制度予以了法典化。在宪法、
程序法以及行政法方面我们也可以做出类似的描述。

因此,需指出的是,在成千个旨在站稳脚跟的法律变革中,或许只有一个是具有原创性的。而且,真正具有原创性的东西未必会引起很大的反响。对一个懒惰的研究者而言,当他对每一个借鉴或模仿的法律制度加以考察时,很可能会将其中那些光怪陆离的东西视为具有高度原创性的东西或者创新的东西。[10]

法学家们倾向于将法律变迁视为瞬间就结束的事件。相反,在史学家看来,引导英国人从君主制走向民主制的过程长达数世纪之久;德国人对《民法大全》继受也同样长达数世纪。

研究制度变迁的学者应将在历史上先后出现的、并以革命性的方式使一项制度得以变形的一系列事件与单一的事件相区别;并应进而将原创性的革新与模仿借鉴区别开来。在坚持上述区分的前提下,研究者可以(而且也应该)推测法律变迁可预期的速度如何。[11] 在观察具有同源性的两种语言之间的实际差异时,语言学家们提出了有关造成这些差异所需时间的论题。遗传学家们在

---

[10] M. 安塞尔讨论了法学家们在面对来自外国的规范时所怀有的恐惧感和不信任感,参阅安塞尔著《比较法的功能与方法》,第 71 页。

[11] A. 沃森在"法律变迁:法源与法律文化"一文中(载于《宾夕法尼亚大学法律评论》,131,1983,第 1124 页)认为,比较法并不测量法律变迁的速度。在 1990 年于蒙特利尔召开的国际比较法学会第 13 届大会的讨论中,R. 德拉戈则持肯定的观点;他提出这一观点也是基于以下理由:某些制度的传播(如申诉专员制度)速度的确要比另一些制度的传播速度快。

解释各个人类群体之间的差异时引入了时间要素。[12] 法学家也应为此项工作做好准备。

这一观点显然是正确的，因为法系的区分恰恰就是通过从特定体系中分离出那些更不易发生变化的特征来完成的（将取得时效的期间由30年缩减为10年，这项变革瞬间就能完成；这要比改变理论教学对法官的影响力要容易得多）。通过此种方式也可识别出某一国法律的体系特征。

136 需要补充的是，遗传变异总是相当于法律的创新（而从来不会类似法律继受）。（与创新所不同的）法律继受令人想起的并不是变化着的语言，而是一个直接使用外国语的共同体。

学理讨论更多的乃是法律的传播，而非制度的原始创造。实际上，恰恰由于存在众多的法律传播现象，我们得以进行更为广泛和更为多样化的观察。在各种语言中我们也能找到多个“传播”(circolazione)的同义词：在法文中，有“diffusion”、“emprunt”、“imitation”、“migration”、“propagation”、“réception”、“transfert”、“transposition”等；在英文中则有“borrowing”、“spread”、“transmission”、“transplant”等。

五、变动中法律制度的特点

如果说，在一个法律体系内部每一个问题都仅受一条规则的规范，那么，在发生变化时，本应导致所有各项（立法的、司法的和学理的）制度要素的变化；而实际情况却是，即便是在规范

---

[12] 在非正式的场合，著名的遗传学家L.卡瓦利·斯福尔扎曾向我询问是否存在有关法律变迁所需时间的研究。

变化的阶段，我们仍发现，各项制度要素之间的变化是相互脱节的。[13]

如果某人对法律行为这一概念一无所知，那么绝不能说他了解意大利法。但是，在意大利《民法典》中并不存在法律行为这一概念，相反，它仅规定了合同、遗嘱、代理等：1942 年民法典的立法者之所以使用这些概念，这是因为它们为 1865 年民法典、意大利统一之前的各法典以及《拿破仑民法典》最新的评注所使用。相反，有关法律行为的理论却来自 19 世纪的德国学理。因此，在意大利，同时并存着具有法国渊源的立法模式以及具有德国渊源的学理模式。两种法律制度的传播按照各自独立的轨道运行。

在前苏联国家和波兰有着共同的源自德国的法律行为理论，但是，如果我们通过各个法律构成要素去研究法律行为规则的继受，那么，我们将发现，在俄罗斯和波兰有关法律行为的规则并不完全相同。在俄罗斯，法律行为理论由俄罗斯科学院引入，然后传入各大学，接下来则相继被纳入 1908 年俄罗斯帝国民法典草案、
1922 年的苏俄民法典、1961 年的苏联民事立法纲要以及 1964 年 137
的苏俄民法典之中。因此，法律借鉴首先表现为学理的借鉴，而后学理的借鉴催生了该理论的法典化。在波兰，继受的过程则完全不同：1946 年，该国希望向法律的统一迈出关键的一步，并决定采用《德国民法典》总则的模式对法律行为做统一的规定；有关

[13] A. 沃森支持这一观点，在他看来，一项外国法律传统可以相互独立地影响各项系统要素（前引《法律移植》，第 30 页；同时参阅前引 E. M. 怀斯，《法律模式的移植》，第 8 页）。

法律行为的规定从1946年的法令又走进了1964年的《波兰民法典》。

因此，存在着立法上的模仿借鉴。例如，《拿破仑民法典》有着众多的仿效者，其中包括意大利统一前的皮埃蒙特(阿尔贝托法典)、那不勒斯(波旁法典)、瑞士的许多州、荷兰、巴登、华沙大公国时期的波兰、法律汇编时期(1832年)的俄罗斯，然后又掀起了第二波的仿效浪潮：罗马尼亚、保加利亚、土耳其(1869年法典)、埃及以及经由1949年埃及民法典所进行的二度仿效，后者包括索马里(1973年)、阿尔及利亚(1975年)以及其他许多国家。

同样也存在着学理上的模仿借鉴。19世纪的德国学理广泛地向斯堪的纳维亚国家、俄罗斯、罗马尼亚、保加利亚、斯洛文尼亚和克罗地亚、意大利、西班牙和西语美洲国家以及荷兰传播。

在各个不同的时期，在相当一部分罗马法系国家，法国式的立法模式与德国式的学理模式不期而遇，包括从俄罗斯到意大利、从西班牙到罗马尼亚等国家。

司法领域的模仿借鉴较少地受到研究者的关注。相对于理论家与立法者而言，法官们更少对其他国家的司法情况表示兴趣。但是，在该领域，存在三组值得探讨的有意思现象：

1. 在法官之间进行的直接借鉴[14](尤其是当法官们在一个非基于立法的体系中判案时)。一直到不久之前，人们普遍都还认为，英国的司法判决完全是在其本土制度上形成的。而戈拉则证

⑭ 有关德国的情况，可以参阅E.雅伊梅，“侵权行为在德国法上的先例与法律续造：比较法的影响”，载于《意大利论坛》，1988年，第5期，第366页。

明，这种对英国司法判决的看法是有缺陷的：[15]在大约两个世纪中（从17世纪中期到19世纪前半叶），英国的法官们阅读欧洲大陆法院与议会的判决汇编，并且在制度兼容的情形下将这些判决适用于英国法（在英国只是到了1602年普通法才承认了合同，因此，138
在此之前的英国不可能有关于合同的理论，很自然地，在此之后，法官们会尝试从某些法源处得到启发）。

从有关此问题的最新研究成果看，情形似乎是：

1. 在法国大革命之前，正如存在全欧洲性的大学一样，当时也存在着全欧洲性的法官；这些法官不仅从学者那里得到启发，而且也参考本国和外国的司法判例。

2. 通过中介进行的借鉴。今天，超国家的司法活动为跨国的司法借鉴打开了方便之门。[16] 例如，在德国，行政法学家们相当熟悉所谓比例性原则；[17]而当一个超国家的司法机构援引比例性原

---

[15] 在有关司法继受方面，G.戈拉的研究具有奠基性，参阅前引《比较法与欧洲共同法》，第20章（第543页以下）和第22章（第651页以下）；戈拉著《全世界的共同观点与法律的司法继受》，载于卡佩莱蒂（主编），《欧洲共同法的新视角》，佛罗伦萨，1978年。在该著作中列出了相应的参考书目。另外，各国的宪法法院也会相互效仿。有关此方面，可以参阅E.麦克温尼（Mc Whinney），"作为民主政治之工具的联邦宪法法院及其法官们"（Federal Constitutional Courts and their Judges, as Instrument of a Democratic Polity），载于《现代民主及其法律：F. G.莱布霍尔茨纪念文集》（*Die moderne Demokratie und ihr Recht. Festschrift F. G. Leibholz*），第2卷，图林根，1966年，第518页。

[16] V.格雷蒙提埃里（Grementieri）："欧洲法律体系内规范模式的传播：欧洲法院的贡献"（La circolazione dei modelli normativi nel sistema giuridico europeo: il contributo delle Corti europee），载于《比较法杂志》，1990年，第2卷，第547页。

[17] 所谓比例性原则，指的是行政行为必须与案件的具体情况相适应。我本人将违反这一原则的情形界定为"权力的滥用"。第五届比较法大会（1978年，布达佩斯）探讨了此问题，因此，通过出版该次大会的论文集，我们拥有了有关此问题的一个参考书目（有关信息见《比较法杂志》，1978年，第1卷，637页）。

则时，原本并不太愿意遵循德国制度的法国行政法院也不得不（至少是暂时性地）采纳了此原则。

3. 另外一种通过中介进行借鉴的情形是：某一国家的司法判决受到了本国学理的影响，而后者则受制于另一国家的学理，从而导致了进一步的法律继受。

与学理上的借鉴一样，司法上的借鉴在一定程度上也是与对相关国家的立法借鉴相分离的。土耳其的民法是这一现象的典型代表：立法者希望通过立法上的现代化实现土耳其法律的西方化，因此，土耳其制定了一部瑞士式的民法典；但是，在相当长的一段时间里，其司法活动仍然部分地追随了法国的模式。⑱

139 立法系统与法律解释系统相分离的另一个例子出现在索马里：1973年索马里民法典系仿效自埃及民法；但是，索马里人认为他们的民法具有本土性（并因此不想研究埃及的司法判决），而且，由于熟悉意大利语，他们对一部更多地体现法国法而非意大利法的法典给出了一种意大利式的解释。

因此，此种类型的法律传播具有跨体系的特点，即从一个法律体系的法律要素到另一法律系统的相应要素传播。

一种不同类型的传播，即从一个法律系统到另外一个不同的法律系统的传播，显然会出现在每一个法律体系的内部。学理为

⑱ 语言的因素在这一情形（以及其他类似情形）中发挥了影响。在革命时期的土耳其人熟悉德语（将其作为国际语言）。后来他们不再学习德语，并逐渐开始熟悉法语，于是他们发现很难再了解瑞士的司法判决，并转向法国的司法判决。今天，英语比法语更为人所熟知，但是，法官需要运用瑞士和土耳其式的概念范畴进行法律推理，于是英国的法律报告看起来并起不了什么作用。

法典和司法判决奠定基础，或者司法判决决定法典或学理等，这些情形完全都是正常的。

上述两种传播模式可以用以下的树型加以表示：

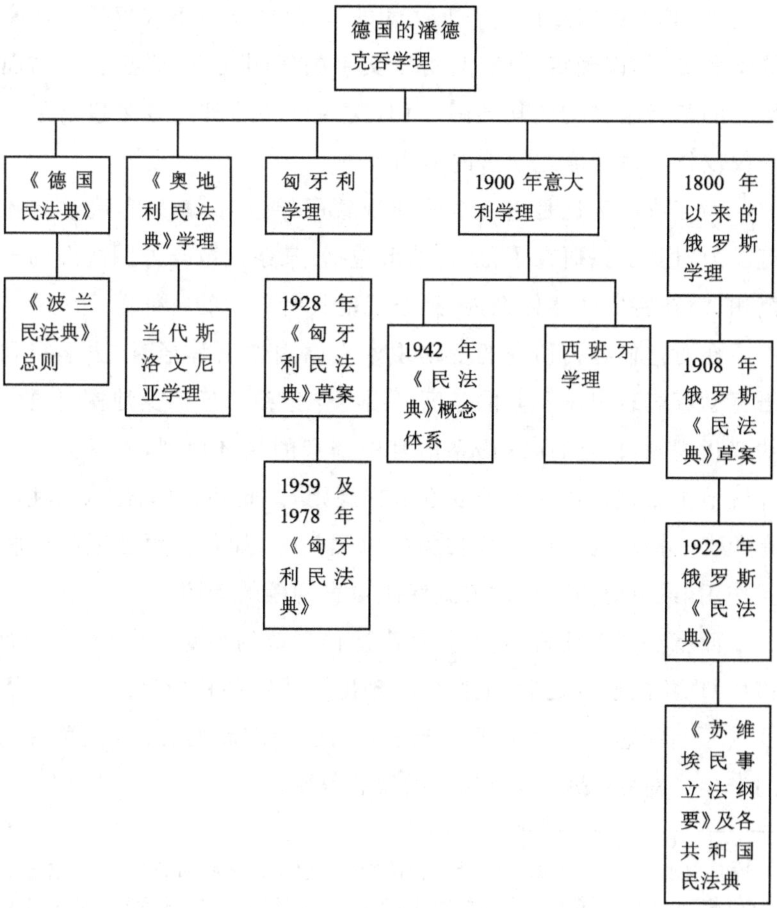

六、法律变迁的原因

法学家们显然有兴趣了解法律变迁的原因。[19] 原因包括近因
140 与远因，其中远因或许应由非法学的学者（或至少不仅仅是法学家的学者）来加以确定。例如，对于文字的发明而言，那些引入书面形式的革新事件构成其远因，而对这些事件的研究显然超出了一个仅仅作为法学家之学者的能力范围。

而当法律变迁是由一个法律现象所导致时，就只有法学家才有能力对其加以研究了，这种情形包括：某条规范与外国法上的规范相似；在特定法律体系内，某条规范具有异常的特征等。

在对他们各自研究的变动现象之原因做出解释时，法学家和语言学家表现出了不同的态度。语言学家致力于广泛地探讨语言的变化规则（例如，印欧语系语言中辅音的循环规则，或意大利语开音节中某些重读元音的双音节化规则）。此外，他们也认为他们有职责去探讨与这些变化相关的原因问题，如各种语言之间的相互作用，或以更为经济的方式解决语言问题的动因等。

而就法学家而言，自开始从事法律规范的继受（或者说是全面移植）现象的研究之后，他们就表现出了研究各种规范体系的传播及其原因的愿望。对法律变迁之原因这一问题的关注，在学者之间产生了对立的观点，引起了激烈的争论。

---

[19] 可以参阅第 1 章第 1 节注释 6。P. 维亚克尔在其所著《近代私法史》（意大利译本，米兰，1980 年，第 1 卷，206 页）指出，在法史学方法中，人们与其探讨原因，不如去描述事件。但是，如果人们探讨的是大的变动，那么他们就会用社会学的而非历史学的眼光看待问题。A. 沃森在其所著《法律的进化》一书的第 3 章中探讨了此问题，重申了其先前的研究成果。

在1974年之前，无论是比较法学者，还是研究各国法律的法学家和理论家，基本都持以下观点：法律是各国在各特定时期的社会经济形势与文化的产物。各种社会变动因素不断地促成必要且充足的规范变化，从而满足社会的需要。

就法律变迁具有社会经济的基础这一观点而言，最全面、最具体的论点是由马克思和恩格斯所做出的对社会与历史的分析，后继的解释者们则进一步对他们的观点做出了澄清。这种观点认为，法律是由统治阶级以暴力（通过国家机器）施加的强制性规范，其目的在于确保生产关系与交换关系符合其经济利益。除了这些直接规律经济关系的法律规范外，还存在其他反映伦理与文化价值的规范，而它们明显地不属于经济的范畴；但是，伦理与文化的意识形态却也属于经济的上层建筑，而且由它们所造就的法律规范也构成了对维护社会经济规律的补充。法律的革命性大变革，总是与经济结构的大变革相伴随。对法律的任何一处小的修改，都反映了该社会经济基础的部分变动。

一个国家的经济基础从来不会处于完全静止的状态。在存在 141
阶级斗争的社会里，剥削阶级与被剥削阶级所采取的对立行动势必会导致该国法律的不断变化。在消灭了剥削的社会里，社会主义的建设（以及所期待中的共产主义）分阶段进行，每一个阶段都在为下一个阶段做着准备。[20]

---

[20] 国际上的马克思主义只是将上述理论适用于实践规则。相反，在意大利的马克思主义法学家中间却存在一种相当普遍的倾向，即将上述解释框架扩大适用于学理以及关于法的一般认识：如果在各国存在着不同的阶级与权力状况，那么有关的认知工具就会有所差异（例如，“法律行为”这一范畴就是成熟资本主义的产物）。

如果对马克思主义的这一理论做不带偏见的考察，我们将会得出以下结论：在阶级状况与特定法律问题的解决方案之间并不存在着对应关系。

让我们来看看机动车应靠右或靠左行驶的规则。没有任何事例表明，阶级斗争的消减将会改变机动车靠哪一侧行驶的规则。让我们再来看看动产所有权移转的方式。在要求“名义”加“方式”的体系与仅要求“名义”的体系之间加以区分的线与区分自由经济国家与社会主义国家的线发生了交叉。[21]

142 那么，从阶级的观点出发，是不是存在“中性”的规范呢？[22] 答案是肯定的。许多规范并未因革命而消亡，其原因恰恰在于它们并不体现任何价值，不符合任何意识形态，处在任何伦理体系之外，并满足了社会组织的一种基本需求。没有任何社会允许机动

---

[21] 对于A.沃森而言，调整所有权移转的规则在社会学层面上也是中性的，可参见沃森著《法律移植》，第83页；《社会与法律变迁》，第100页。唯一看起来具有一定武断性的选择似乎是：所有社会主义国家的法律体系都拒绝抽象主义。但是，这一缺陷是不可改变的吗？或许并不是这样，因为在所有权取得上的抽象主义受到一项（不当得利）返还性诉权的救济，从而与采取要因主义的立法一样，充分满足了保护物品流通的需要。

[22] 即便是在社会主义法学家的阵营中，也存在一种少数派的观点认为，在特定社会中，并不是所有法律规范都会随着经济基础的颠覆而发生变化。例如，从资本主义到社会主义的更替并不会改变禁止杀人的规范，因为这一规范所保护的是两种社会结构（资本主义与社会主义）都认同的价值。在罗马尼亚，T.约纳斯库、A.约纳斯库以及A.M.纳斯基茨明确提出了上述观点（有关纳斯基茨的观点，可以参阅纳斯基茨著《权利创设进程的理论与技术》（*Teorie si tehnica in procesul de creare a dreptului*），布加勒斯特，1969年，以及其他著作。罗马尼亚的这一学理或许受到了以下需要的影响，即（向苏联人）解释社会主义的罗马尼亚为什么仍维持了1864年《民法典》的效力。因此，的确存在着（由于其所反映的价值而）跨越多个历史阶段的法律制度，而前述学术观点的确也揭示了一个真实的现象。而在我看来，这一现象的原因正是我在文中所揭示的。

车驾驶人依其所愿地靠左或靠右行驶，但是，任何社会却都可以自由地选择机动车靠左或靠右行驶。[23] 阶级、意识形态与价值的选择并不能使人类社会摆脱其所立足的组织上的需要，而且也不会导致对某一解决方案的偏好。

而当我们思考另一个更为一般的事实时，前述观点就显得更加清晰了。如果我们将各种社会事实区分为经济（结构上）的和上层建筑的事实，那么，法律将会属于第二个类别，同属该类别的还包括语言、时尚等。语言向我们展示了一个处在不断演变之中的文化现象的典型事例，但是，语言的演变与对阶级、价值论或伦理的选择并无关联。对所使用之语言或从他处借用之语言的选择，常常会受到政治、意识形态以及经济利益的影响（它们明显地会滥用其影响）。然而，一种语言内部的变化以及每一种语言的内容，它们在任何意义上都不会是阶级利益的产物。当日耳曼人将印欧语中发声的辅音变为不发声，并将不发声的辅音变为送气音时（于是，foot 就成为拉丁语 pedem 的对应词），在这种变化的背后并不存在任何阶级、意识形态与价值论的选择。文化形式的多样性并不总是阶级斗争的产物；相反，它来自尚未出现阶级冲突的上古时代。[24] 那么，在这一框架之下，法律元素的位置何在呢？

---

[23] 我在《比较法的目标与方法》（见《意大利在第 9 届比较法国际大会上的国家报告》，米兰，1974 年，113 页以下）一文中已经指出了这一点。类似的观点见于 A. 沃森，前引《法律变迁：法源与法律文化》，第 1121 页以下。

[24] 在 20 世纪 50 年代之前，此种观点似乎与马克思和恩格斯的理论完全不相容。在 50 年代，斯大林有关语言的 4 篇著名文章为马克思主义注入了如下观念：语言的内容独立于各个社会的经济结构。斯大林的论证具有如此的决定性，以至于后来没有人再对这一问题做出讨论。这 4 篇文章收录于斯大林著，《马克思主义与语言学》，梅里吉译，米兰，1968 年。

143 的确存在一些直接反映阶级利益的法律元素，或者，在一般意义上，存在以利益或价值选择为基础的政治决定。工业生产资料的国有化就是这样的一个事例。然而，也存在其他一些在利益与价值选择上处于中立的法律元素，而且几乎所有的法律制度都可归入这个类型。这就解释了为什么罗马法在封建法、资本主义法及社会主义法中都得以存续（例如：债；所有物返还之诉；买卖等），以及英美法系与罗马法系中某些制度绝对的不相容性。尤其值得一提的是，法律（特别是民法）有着自己的生命，它将赋予社会辩证法以使命，使后者在不改变对法律关系之内容的前提下，改变法律关系的主体（例如，将所有权归属国家或政党，而不是私人；公共资本的公司取代私人资本的公司等）或法律关系的客体（将奴隶从所有权客体的范围中排除出去）。

在寻找法律变动的原因时，为社会中的某些现实因素（经济、各种性质的社会力量等）赋予重要的意义，这一思想并非马恩主义所独有；事实上，将法律变迁归因于意识形态及各种价值之传播的思想相当普遍。

1974 年，法律通常与一定社会结构相配套的思想开始受到了反对。[25] 英格兰、苏格兰和低地国家拥有相差不大的文明；语言属于日耳曼语系，有着一套与德语相对立的辅音系统；宗教属于西方

---

[25] 首先应提到的是 A. 沃森前引的全部作品，例如，《法律移植与法律变革》，第 1124 页，在此，他对克恩·弗罗因德尔（O. Kahn Freund）的观点（“作为一门课程的比较法学”（Comparative Law as an Academic Subject），载于《法律评论季刊》，第 82 期，1966 年，第 40 页）提出了质疑；书评：“法律移植”，载于《法律评论季刊》，第 91 期，1975 年，第 292 页，另可以参阅前引 E. M. 怀斯，《法律模式的移植》，第 7 页。

的基督教；工业革命蓬勃发展；在经济发展中，海洋航线与海外殖民具有重要的意义；数世纪以来，在这几个国家之间没有任何导致军事冲突的对立，相反，它们通常都并肩作战；对民主与公共自由的追求造就了意识形态的力量以及4个世纪以来的历史。尽管如此，英格兰是诞生普通法并使之繁荣的国家，低地国家属于罗马法系，而苏格兰尽管在政治上与英格兰实现了统一，但却有着一个折中的法律体系。反之，尽管在社会与经济条件方面存在重大的差异，但低地国家与秘鲁和哥伦比亚却都属于罗马法系的国家。

法学家的文化，以及此种文化扎根后所生成的传统，决定了各 144
个国家的法律。

社会学的解释方法似乎并不恰当。为了获取一些更为具体确定的事实，一些法学家着手研究那些充满各种重大事件的政治史。英格兰和德意志的历史差异为以下现象提供了解释：在英格兰，日耳曼习惯法得到了强化，这是因为，强大的王权使得中央集权的法院对于一切被裁判的对象适用同一的法律；而在德意志，习惯法却发生了消亡，这是因为，它在政治和领土上的分散化使得人们希望出现一个统一的规范（而在罗马法中就存在这种统一的规范）。

此种简单的历史解释方法受到了学界的排斥。[26] 事实上，不同国家之间如果有不同的法律，那么它们的政治史往往也不同。但是，即便是同属于一种法律体系的国家，其历史也可能是不同的。哥伦比亚和巴伐利亚的历史并没有多少共性。

---

[26] 有力的驳斥来自于C. A. 坎纳塔（Cannata）、A. 甘巴罗，《欧洲法学史》，第3版，1984年，第2卷，第129页以下。

另外还有一种更为一般的观点，它认为法律文化和传统是造就现今法律状况的真正原因。[27] 这一观点并不恰当。由于惯性作用，如果没有什么变化，昨天的法律会成为今天的法律。但是，大规模的法律继受和持续的模仿借鉴也以“反历史”的方式扰乱了法律的总体面貌及分界线。法律文化与在法律领域占统治地位的分类方法密切相关，但是，对于在各个法律体系中正在出现或已经出现的新制度，法律文化并不能在“事先”(ex ante)做出预测，并且也无法在“事后”(ex post)做出解释。

为了给某一法律体系中的某一特征提供解释，从某个时期开始，学者们倾向于考察各种可能影响法律发展的组织体所发挥的作用，尤其是议会、国王、宗教人士、教授和法官的作用。[28] 在这个方向上，或许“法律进程”(Legal Process)运动[29]将提供成熟的看法。

145 在我看来，对社会、经济因素的考察从来都不能使我们得出以下结论：存在唯一的原因，它以直接的而且是不停顿的方式导致了法律的变迁。

经济方面的压力如果的确能够影响法律的话，那么，应该可以预计，它将以同样的方式对立法者、法官和学理上的解释者产生影响。如果法律实证主义很好地发挥其过滤功能，那么，当经济方面

---

[27] 参阅 A. 沃森前引《法律的演进》，尤其是该书第 32 页。

[28] 前引 R. C. 范·卡内冈所著《法官、立法者与教授们》是这方面的典型代表。

[29] 在 A. 阿马尔(Amar)的“法律故事”(Law Story)(载于《哈佛法律评论》，第 102 卷，1989 年，第 688 页)这篇文章中，人们能够首次感受这个得到哈佛大学一个著名学派支持的运动。

的压力强于立法者的抵制时，就会发生法律的变动（这种立法上的变化早于学理上“应然法”的出现）；而从此刻开始，法官们也将根据社会情况的要求采取相应的案件处理方法。如果法律实证主义不能发挥其功能，那么，学理上的解释者和法官们就可能首先感受到社会压力，其后立法才会采取相应的解决方案。

实践并未表明，在社会现实与法律规范的变迁之间存在着一一对应关系。司法实践经常或多或少下意识地抵制新的立法，而这似乎意味着，新的立法并不是由明确的社会现实所产生的；在这种情况下，司法实践的“创造”其实只是为了保留先前存在的规范。

这方面的第一个事例是：尽管《拿破仑民法典》做出了不同的规定，但是，法国的司法实践仍然实质性地保留了交付作为所有权移转之方式的规则（就此可参见本书第 3 章注释 18）。

另外，《拿破仑民法典》排除了表见继承人所实施之转让行为的效力（而且，当今比利时的学者们也因此排除了此类行为的效力），但是，在法国，从民法典否认其效力的那一天起，司法实践却一直承认其效力。这一点并不令我们感到惊奇，因为在法国具有一项与罗马法相吻合的潜规则。

在社会主义国家，法律中的一般条款可能因为违反合法性的原则而被排除，或者是因为有利于使社会主义自发地演进到更为高级的阶段而被大加赞赏，而这样做是无须诉诸正式的立法程序的。事实上，除值得一提的禁止权利滥用等条款外，此类条款通常既不被排斥，同时也不被加以利用。一项对禁止权利滥用条款在南斯拉夫的应用情况的分析表明，此项关于禁止滥用权利的规则实际上一直都是获得承认的：它与斯洛文尼亚的（即奥地利的）立

法相吻合,因为后者有助于填补简陋的塞尔维亚民法典的漏洞;它
146 与尤士丁尼罗马法的规则相吻合,因为后者有助于填补斯洛文尼亚(即奥地利)民法典中的缺陷——与《法国民法典》不同,斯洛文尼亚民法典未继受裁判官法的规定,并因此在相邻关系领域存在法律漏洞。[30]

关于法律变迁的方式,我们需要运用恰当的方法予以分析验证,而不是妄加猜测。

七、创新的原因

有时,创造性革新是有意识政治选择的结果,这种政治选择是由价值观或意识形态转变促成的,或者,它也可能是持有新的价值观或意识形态的阶层上台掌权所产生的结果。有时,革新则是该法律体系本身的结构特征所产生的结果。

法经济学的一项观点认为,应以单一的规范来取代针对类似情形而存在的两条不同规范。就此而言,罗马法系国家在用益权人和承租人的保护方面存在两个不同的程序规则,而一些社会主义国家则将所有物返还请求权赋予一切对物事实上享有控制权的人。与此相类似,在欧洲共同法时期,"阿奎利亚法之诉"吸收了其他所有契约外责任方面的诉权,以至于"侵辱之诉"和其他众多救济手段均归于消灭,并最终造就了《拿破仑民法典》第1382条的一

[30] G. 克雷斯皮·雷吉茨(Crespi Reghizzi)、R. 萨科:"南斯拉夫民法中的权利滥用"(L'abuso del dritto nel sistena civilistico iugoslavo),载于《东西方》(*Est-Ovest*),1977年,第55页以下,尤其是标题14;G. M. 阿贾尼(Ajani),《社会主义国家法律中的不成文法源》(*Le fonti non scritte nel diritto dei paesi socialisti*),米兰,1985年。

般规定。在这些情形下，革新是（通过类比、同化等方式）加以概括之愿望所产生的结果。[31]

此种同化的趋势通常通过忽略类别中的一个特定要素加以实现；如果涉及的是一系列法律要素，那么它就干脆取消一个要素（从而加以简化）。我们可以看看以下事例：（“具有过失的一项不法行为”＋“对权利的侵害”＋“损害”）→（“具有过失的一项不法行为”＋“损害”）；（“由双方意思构成的契约”＋“两个意思表示”）→（“由双方意思构成的契约”）。

上述将法律范畴予以简化的情形主要出现在对法的学理表述上（如关于“合意即意思”、“人民主权”的概念等），这一点尤其体现 147
在学理观点并不声称自己具有不可取代之价值的国家之中。正是由于这个原因（以及其他相关原因），法国法较多地运用此类简化（提喻法）定义，而德国法却不使用或很少使用这一方法。

在罗马法系国家，由于存在一个能够独立地且以潜在方式影响法律实践的法学，它们更倾向于法律的一般规则，而与罗马法系之间存在着不可消除之差异的普通法系国家则不存在这一现象。

与此同时，每个社会的成员都希望通过各种不同的法律技术来满足自身的需求，为此，它们不断地采用各种专门的法律规则，并不断地以复杂且精湛的技术将各种基本的法律制度结合起来。每一部新的民法典都对数量更多的典型契约做出规范（在此领域，只有法律实践对独立的契约类型做出应对后，民法典才会对其加

[31] A. 沃森将不法行为的类型法定规则视为规范在社会层面处于中性的典型例证。参阅前引沃森著《法律的演进》，第 33 页。

以规范)。

因此,法律制度的合理化乃是通过同化(即,因为存在一个相似因素而做相同的对待)和异化(即,因为存在一个不同的因素而做区别的对待)的方式进行的。

此外,在对一个既有学术观点的解释中也会逐渐产生出新的规则。某甲提出了一个观点;某乙赞同这一个观点,但希望更好地解释它,于是就以不同的语言对该观点加以了表达;在某丙看来,某乙所表达的观点与某甲的观点不相同,并对此加以了表述。于是,在类似情形下,在与某甲的观点进行比较之前,"新"观点似乎就从某乙和某丙的观点中涌现了出来。

对于人们如何阐释某个法律规则,我们实际上知之甚少,以至于我们无法了解非职业人士——尤其是儿童——的法律观点。就此而言,如果我们系统地收集一年级学生在考试中所犯的错误,将会是一件很有意思的事情。

八、法律借鉴的原因

那么,法律借鉴的原因又是什么呢?很自然,文化、环境、社会
148 与经济条件等方面的相近性对于确定一项借鉴或使之成为可能或许具有决定性作用。但是,在学术上并不存在衡量二者之间关系的手段。

在法学家们看来,法律借鉴的近因大体有二:"强加"与"声望"。

任何对自己具有足够信心的文化都倾向于传播自己的制度;任何有条件的当权者都会将自己的制度强加于人。纯粹借助强力

而发生的继受具有可回复性，在强力关系发生变化时，这种继受就会停止。在历史上，纯粹依靠强力实现法律继受的情形相对比较少见。人们很自然地就会想到欧洲法律制度在殖民地的传播，但是，正是在这个领域中我们看到，宗主国引进欧洲的法律只是为了规范欧洲各国人之间的关系，或者是为了规范那些非由当地法律规范的关系（汇票、支票、股份公司等）；与此同时，在总体上适用欧洲的法律制度却是在去殖民化之后已独立的当地政权的选择。

当他人的东西具有一种我们只能用“声望”这一词来描述的品质时，希望获得他人的东西，这就成为了发生继受的更为一般的原因。[32]目前，以“声望”为基础所做的解释只是同义反复而已，而且比较法也未对“声望”这一词提出一个定义（如果有的话，这种定义与其他学科的定义也没有什么不同）。尽管如此，在解释众多文化制度的传播方面，“声望”的解释方法具有一种不可替代的作用：如果皮埃蒙特西部山谷（valli occitane）的居民选择说意大利语，那么，这一点可以解释为学校、报纸以及广播电视的影响；但是，如果这些居民选择说皮埃蒙特语，那么上述关于意大利语的解释就站不住脚了，这就必须以“声望”来加以解释了；在服装的流行以及其他众多现象的背后都存在着“声望”。而语言的每一种不易被察觉的变化一旦发生，导致其传播的仍然是“声望”。

在共同法征服欧洲的过程中，“声望”发挥了作用；“声望”推动着《拿破仑民法典》以及德国的学术理论越过了罗马法系国家的边界；“声望”使得法国法或英国法不可逆转地被植入非洲国家；伊斯

[32] A. 沃森在前引《比较法与法律变迁》一书中也持相同看法。

兰法(saria)的“声望”也是导致非洲众多习惯受到侵蚀的原因。

在许多情况下,法律借鉴是为人为地寻求合理化之目的而进行的。配偶之间财产取得的共同制在中世纪日耳曼化的乡村习俗
149 中,以及俄罗斯的乡村习俗中都具有坚实的基础,而这一制度不断抵制着自由主义、启蒙主义、理性主义以及社会主义思想对其加以现代化的企图。[33] 对于1975年意大利的立法者而言,中世纪乡村的这一制度呈现出双重的光环:它不仅存在于法国和美国这样的自由社会和成熟资本主义社会中,而且也存在于苏联的社会主义法中。当然,促使意大利的立法者们继受这一法律制度的直接原因在于,这是根据继受之时所持有的价值观而对法律加以合理化的结果(至于该制度是否真正体现这些价值观以及其在逻辑上是否成立的问题,则无人加以审查)。

法律借鉴的动向遵循着某些可以被我们所认知的规则,我们可以将这些规则视为发展趋势。当然,所存在的各种障碍可能会在各个阶段上影响着这种趋势的发展。这些规则包括:

1. 声望可能存在于某一制度之上,也可能存在于某国的整个法律(或数国的法律体系)之上。在后者这种更常见的情形之下,法律的传播一律表现为从有声望的法律体系向其他法律体系推进。就今天的情形来看,一个欧洲国家不太可能去借鉴非洲国家

---

[33] 早在《法律汇编》时期(1832年),俄罗斯就在法律上引入了一种在丈夫与妻子间严格区分财产的制度。这一选择得到了1918年俄罗斯家庭法典以及1919年乌克兰家庭法典的确认。然而,传统的力量是如此地强大,从而使得乌克兰最高法院在某个时刻开始转而支持先前的传统规则;随后,尊重习惯制度的俄罗斯司法实践又促使立法者于1926年放弃了俄罗斯法律的现代化。1944年之后,苏维埃法律制度或快或慢地在人民民主国家传播,并克服了各种抵制力量。

的法律，美国不太可能去借鉴委内瑞拉的法律，同样，斯堪的纳维亚国家也不太可能借鉴意大利的法律。相反方向的法律借鉴却是完全可能的。

2. 不能想当然地认为，某一制度在创造它的地方会比其他地方有更深的根基。如果制度A是由A国所创造，则这恰恰意味着A国具有一种创新的能力，而这种能力在将来的表现可能恰恰是通过创新B制度来取代A制度。如果A制度已在B、C、D、E等国传播开来，则这些国家保留A制度的时间很可能要比A国更长。荷兰人殖民的南非给我们提供了一个例证：由于在地理上与罗马法系国家相隔绝，它较少受到新近法律发展的影响，从而保留了一个相当具有保守性的法律体系。圣马力诺也由于其近乎被隔绝的边缘化地位而对各种制度创新予以了抵制。

3. 相对于差异很大的法律体系而言，在两个相似的法律体系 150
之间更容易发生（单向或相互的）影响和借鉴。[34] 事实上，如果法律体系A着重法律体系B中的某项制度，那么它就必须将其与法律体系A的其他所有制度整合在一起；在此过程中，需要克服相当大的困难，其难度并不比克服法律体系A与法律体系B之间的属性差异为小。举例而言，如果一国的学理对他国立法所表达的规则一无所知，那么它就很难继受这一立法。反之，如果两个法律体系具有相同的（成文法或法官法）法源，则这两个国家的学术界

[34] 参阅前引E. M. 怀斯著作。但是，需要强调的是，极大的社会差异并不会阻碍法律移植的发生，正如A. 沃森所指出的那样，“……从社会的角度看，法律规范的移植是很容易做到的……即使规范系来自于一个差异很大的体系时，情形仍然如此”（参阅前引沃森著《法律移植》，第83页）。

也就更容易交流它们的研究成果，而且一国的法官也就更容易借鉴另一国法官的判决。大多数的法律借鉴都是按不同的法律要素来进行的，这一事实清晰地验证了上述观点。在完全不同的法律体系之间，全盘继受要比一一借鉴各项要素要容易得多。

4. 存在漏洞的法律体系更倾向于借鉴他国的法律，以弥补其缺陷。

当然，各种内在的(各项制度的素质)与外在的因素都可能会积极地促成、制约或阻碍法律的借鉴。如果有人指出，一个没有人识字的社会不太容易继受他人的成文法，那么他只不过是在说一个众人皆知的浅显道理。这里可以指出以下几种这样的要素。

规范的形式方面。法学家们倾向于相信，他们的学科控制着所有的法律规范。相反，实践表明，在每一个法律体系中都存在着明确的规范以及潜规则，它们在规范的解释适用中将表现出其特有的地位。如果说借鉴一项明确的规则还算容易的话，借鉴一项潜规则几乎是不可能的。

法学家的思维方法及习惯是对法律传播会起到特别阻碍作用的潜规则。法官对于其前辈的忠诚程度以及法官遵从学理创造的程度如何能够加以复制借鉴呢？有时，只有在某些前提条件成熟之时，法律的某种变化才有可能实现。关于这些前提条件，举例来说，包括改革法官的录用方式或法学家的教育方式，或使法官在判决中承担说理的义务等。

151 法、政治与分类学之间的关系。我多次强调了以下区分：基于明确的政治选择(如取消贵族特权)所制定的法律规范；在政治上保持中立的法律规范；概念系统、分类等法学家的体系成果。

如果规范与一个能够激发民众热情的政治选择有关，那么毫无疑问它可以传播。但是，这恰恰导致了对法律借鉴的一项约束——只有在能够传播政治理念时，这种规范才能得以传播。

在政治上保持中立的规范能够更为自由地传播：它受制于该特定规范在借鉴国所享有的声望或者该规范的使用国所享有的声望。

法学家们所使用的概念体系能够自由传播的程度更甚（至少乍看起来如此）；它既不受制于相关国家的社会状况，同时也不受先前既有规范之内容的影响。但是，恰恰是此种概念体系所具有的附着度造成了民法法系与普通法系之间一直持续到今天的对立。

认知、可认知性、制度易被认知从而被借鉴。某些规则更容易被观察及领会。[35] 相对于习惯法规则而言，有关成文法规则的知识更容易被获取；进而言之，如果精心编纂的文字作品能够很好地解释习惯规则，则上述差异也就不复存在了。

对于被模仿借鉴之规则的认知——尤其是有深度的认知——能够加速法律的借鉴。但是，从现实的情况来看，对于规则的借鉴往往是先于对其的认知，而非相反。[36] 索马里人借鉴了埃及民法典，但他们却错误地认为埃及民法典是一部具有原创性的法典，而且无论如何都不是受欧洲法律启发而制定的。

---

[35] 参阅前引 E. M. 怀斯著作。

[36] A. 沃森极其明确地指出，“……即便完全被错误地解读，外国法同样能够发挥其影响”，在此，他提到了“拟制交付”的例子，参阅前引《法律移植》，第 86 页；《比较法与法律变迁》，第 313 页；《法律的演进》，第 118 页。

被借鉴的规则与语言。如果想了解需要加以借鉴的法律制度，就必须对该法律制度借以表达的语言有所了解。[37] 但是，每一个社会都拥有一些用以解决语言理解障碍的手段。《拿破仑民法典》和温德沙伊德的《潘德克吞教科书》都克服了各种语言难题。在世界的各个地方都有翻译人员。事实上，在1920—1950年代的
152 意大利，如果一个法律人不懂德语，那么他根本不可能被允许获得大学的教职。

但是，如果希望借鉴他国判例的法官不懂其所欲借鉴之国家的语言，那么语言上的障碍确实会阻碍司法层面的借鉴——相对于学理而言，对外国判例的翻译要少得多。[38] 革命时期的土耳其将德语视为国际语言并通晓这种语言。后来，德语逐渐被人们淡忘，而自某一时期开始土耳其的法律解释者开始转向借鉴法国法。今天，在土耳其以及其他国家，英语成为国际语言。但是，土耳其法官在论理时采用的是一套瑞士法的概念体系，因此，英国的法律报告看起来对他们并没有太大的帮助。让我们再来看看秘鲁的情况：这个国家通过了一部瑞士式的刑法典，但是，由于语言方面的原因，秘鲁人并未能够深入了解法律在瑞士的解释适用情形。[39]

---

[37] E. 怀斯在前引著作中指出，在有利于继受的诸条件中就包括了不存在语言障碍这一点。他的观点不仅限于此。

[38] 当今的情形仍然如此吗？今天，为营造一种有利于判例移植的气氛，意大利的一些杂志（例如《意大利论坛》）翻译了许多外国判例。欧洲法院的大量判决都被翻译成了意大利文。进行翻译的目的是为了提供统一法适用方面的例证。

[39] 乌尔塔多—波佐（Hurtado-Pozo），瑞士提交给第13届国际比较法大会（1990年，蒙特利尔）有关“法律制度的传播”这一主题的国家报告。

九、法律借鉴的类型及突出事例

在上文中实际上我已讨论了法律借鉴的丰富类型：我谈到了全面借鉴与部分借鉴；法律继受可以是被强加的，也可以是自愿进行的；它可以在相近的法律体系之间进行，也可以在完全相异的法律体系之间发生；它可以是文化移入[40]的结果（如果进行借鉴的社会由于过于脆弱而丧失了其自己的文化），也可以是同化的结果。法律移植的原因在于人口迁徙到一个新的地区，强行植入是征服的结果，而继受则是非强制的接受。

今天，即便是在那些最为自给自足的国家中，也存在着一些小的法律借鉴，而且人们也并不掩饰这一点。在法国，M. 安塞尔早在 1971 年就指出，"在公众中往往普遍存在一种排外情绪，而对于法学家而言，源自外国的或具有国际意义的规范实在是再自然不过了"。1990 年，E. 阿戈斯蒂尼在一次国际会议上强调了在法律改革中明确进行比较法上参照的重要性（这些法律改革涉及亲子 153
关系、所有权保留、隐名合伙以及民权保护专员等制度）。[41]

---

[40] 关于文化移入，参阅 M. 阿利奥（Alliot），"法律的文化移入"（L'acculturation juridique），载于 J. 普瓦里耶（Poirier）主编，《人类学总论》（*Ethnologie générale*），巴黎，1968 年；前引 N. 鲁兰（Rouland），《人类学》（*Anthropologie*），第 337—392 页。

[41] 前引 M. 安塞尔，《比较法学的功能与方法》，第 71 页；E. 阿戈斯蒂尼（Agostini），"法律制度的传播"（Circulation），载于《国际比较法杂志》，1990 年。阿戈斯蒂尼谈到的是：1971 年 1 月 3 日有关亲子关系的第 72—73 号法律，该项法律在其立法理由中援引了英国、德国和荷兰的法律；1980 年 5 月 12 日的第 80.335 号法律，该项法律在援引德国法的情况下确立了所有权保留条款；以及有关有业务执行人之合伙的法律。在此，阿戈斯蒂尼还重申了其对 A. 通奇（Tunc）观点的支持，后者主张从比较法的角度提出法律改革。

由于可能存在误解和错误的翻译，法律借鉴可能会导致与被模仿制度之间的差异。有时，这种差异也能(刻意地或出于本能地)达致某种不容轻视的调整功能。但是，有时它也能催生一项极为糟糕的规则。通常，误解不仅发生于被仿效的规则本身，而且更多地发生于在其法律体系中该规则与对其适用加以平衡或界定的其他规则之间的关系方面。[42]

在前文中我已多次谈到某些大规模的法律继受，即全面的继受。以下都属于全面继受的情形。

《市民法大全》几乎就是"继受"的代名词，许多优秀的作品都对这一突出的现象进行了探讨。在此，我仅想指出，此次法律传播的主角——如果愿意，也可以称其为客体——是"大全"(Corpus，即立法作品以及概念分类和论证性的作品集合)，而不是罗马法的全部。

英国宪法的基础及其相关制度在其美洲前殖民地得到了应用。来自英格兰的这些制度为欧洲大陆国家提供了借鉴：在大革新时代(1789－1815年)以及后来的秩序恢复期，在它们不断地走向自由与民主的进程中，英国的宪政制度对这些国家产生了影响。这些制度由大英帝国和欧洲向中国和日本传播，而在去殖民地化之后，它们又影响了拉丁美洲、整个亚洲以及非洲和大洋洲。尽管存在反复，但这些制度最终也影响了欧洲的前社会主义国家。这或许是一个独一无二的、几乎是全球性的继受现象(例外的是，伊

[42] G.隆巴尔迪的论文与例示大多都集中于讨论拙劣的法律借鉴，参阅前引隆巴迪尔著《比较公法学导论》。他创造了"方言式"(dialettali)法律借鉴这一范畴。

斯兰国家拒绝了这些制度)。

对《拿破仑法典》存在着三个阶段的继受。首先,它的制度革新被那些熟悉法国大革命以及法兰西帝国的欧洲国家所借鉴,如 154
意大利、瑞士(部分地区)、德意志(部分地区)、比利时、荷兰以及波兰。随后,逐渐取得独立地位的一些小的欧洲国家(如罗马尼亚、保加利亚)以及土耳其(该国只是部分地)继受了该法典。最后,该法典也传播至亚洲和非洲国家,后者将其视为欧洲法律制度的基础。

德国潘德克吞法学所阐述的学理框架也被其他国家所效仿,本章第五个标题之下对此已有所论及。在此,我想补充的一点是,借鉴此学理的包括斯堪的纳维亚国家[43]以及其他一些国家。

某些国家在继受外国的法律时,可能分门别类地借鉴各国的制度,尽管其每一个继受在内容上相对有限。举例来说,革命时期的土耳其废止了该国原有的所有立法,但却为不同的法典选择了不同的继受对象(民法典借鉴了瑞士民法;刑法典则借鉴了意大利刑法等)。在一些巴尔干国家也存在类似现象。

在以上所介绍的各种继受类型中,其中的三种类型具有一个共同特征——被模仿借鉴的都是罗马法系的制度。其实,英美法制度在被模仿借鉴方面并不比其他法律制度更为逊色。如果说,在比较久远的过去,只有英国的宪法制度为欧洲大陆的革命提供

---

[43] 关于丹麦的法律,可以参阅塔姆(Tamm),丹麦提交给第13届国际比较法大会(1990年,蒙特利尔)有关"法律制度的传播"这一主题的国家报告。丹麦的法律用语也因为继受的原因做出了调整。除潘德克吞学派外,法律继受的对象也包括了巴伐利亚和奥地利的某些个别立法。

了一般框架的话，那么，在宪法之外对普通法的借鉴就是比较晚近的现象了。自 20 世纪 50 年代起，欧洲大陆国家开始广泛地运用美国的法学方法（法的经济分析、法律现实主义）以及普通法国家所采用的实证规范。[44]

第三节 比较法与法律统一

十、法律统一的进展及其理论

超国家的组织正在努力统一各国的私法。由多个国家参加的公约使各国私法趋于统一，并确保这种统一状态。法律制度的传
155 播也使各国私法趋向统一。国际商会通过制定合同示范文本以及（表面上指向各国法但实际上）超国家的仲裁程序规则，创立了一个被权威人士认为预示着未来之法的统一商法。私法在多个领域已经实现了统一化。[45]

---

[44] 1989 年意大利的刑诉法典就是一个典型事例。事实上，所有的欧洲国家（以及欧洲共同体）都在借鉴英美法，尤其是美国法。

[45] 有关法律一体化的文献可谓是汗牛充栋。国际统一私法协会（Unidroit）出版《统一法评论》。对相关各问题的讨论，可以参阅 H. 科因（H. Coing）、C. 施米托夫（C. Schmitthoff）、J. 赫尔纳（J. Hellner）、L. 格莱希曼（L. Gieichmann）:《法律融合的方法》（*Methoden der rechtsverheitlung*），法兰克福，1974；M. 卡佩莱蒂（主编）（M. Cappelletti dir.）:《欧洲普通法的新视角》（*Nouvelles perspectives d'un droit commun de l'Europe*），佛罗伦萨，1978 年（共有 15 位作者）；同前作者:《法律前言与法律统一问题》（*le nuove frontiere del diritto e il problema dell'unificazione*），2 卷本，米兰，1979；M. 安塞尔（M. Ancel）:“法律的融合、统一抑或是相互协调”（Rapprochement, unification ou harmonisation des droit?），载于《G. 马蒂纪念文集》（*mélanges dédieés* a G. Marty），图卢兹，1978 年；H. 科茨（H. kötz）:“法律融合：收益、成本、方法与目标”（Rechtsverein-

私法的统一多数情况下是依由周边到中心的方式进行的。有关缔结动产商事买卖契约当事人之责任的规则得到了统一；有关非权利人持有汇票之流通效力的规则以及被盗艺术品之买卖的规则得到了统一。但是，有关所有权移转时间的规则尚未被统一，而且并未就动产权利相关的问题制定统一规范，以至于无法确立一套有关所有权的统一规范。另外，有关由非所有权人处取得财产之效力的一般规则也未获得统一。

在一些极其特殊的领域（尤其是有关自由和人格权的领域），相关原则得到了高度的统一，同时，人们也容忍了在细节规定上的各种差异。

那么，法律的统一又会将我们引领到何方呢？

法律统一毫无疑问地具有益处，因为它可以避免由于地域间的规范差异所产生之危险的矛盾。假定，在甲国，合同于承诺人寄出其承诺意思时即告成立，而在乙国，合同只有在要约人收到承诺时才成立，那么，如果在承诺发出之后、收到之前对要约予以撤销，则依乙国的法律，此撤销将影响合同的成立；依甲国的法律，合同的效力则不受影响。而究竟是应由甲国的法官还是乙国的法官来

---

heitlichung. Nutzen Kosten Methoden Ziele)，载于《拉贝尔杂志》(*rabels Z.*)，1986年，第1页；R. 达维德(R. David)："统一或协调"(Unification ou harmonisation)，载于《比较法》(*Droit comparé*)，巴黎，1982年。有关比较法的一般作品通常都有专章论述法律统一的问题。关于商法，可以参阅R. 达维德(R. David)："国际商法：各国立法者的新任务抑或是一个新商法?"(il diritto del commercio internazionale: un nuovo compito per I legislatori nazionali o una nuova lex Mercatoria?)，载于《比较法杂志》1976年第1卷，第577页。关于此问题系统的阐述，可参见S. 费莱利(S. ferreri)：《非国家的法律创制》(*le fonti normative di produzione non nazione*)，都灵，1984年；伊德(Ead.)：同一题目，载于《雷西尼奥文集》(*trattato Rescigno*)，第1卷，1982年。

判定合同的效力是不可预知的，于是，合同是否成立也就不可预知
156 了。为此，国际私法努力统一各国的法律适用规范，规定应适用合同缔结地的法律。但是，根据甲国的法律，合同于承诺人的住所地成立，而根据乙国的法律，合同于要约人的住所地成立。因此，规范的不可预见性仍将继续存在。

如果国际私法无能为力，而当事人的自治又不能发挥作用，那么，人们很自然就会对规范的一体化抱有期望。此外，统一的法律还可避免因人、物或事实的不同分布状况而出现不平等对待的问题。

在理性的限度内，此种不平等应尽量予以避免。为避免市场的扭曲，欧洲共同体为其成员国制定了各种统一规范。如果希望消费者能够获得更好的产品，那么就应该鼓励商业对手之间的自由竞争。而相互对立的多种规范的存在，将会严重扭曲竞争关系。

一个理性的人对于在空间上统一的需要会相当敏感，相反，只有很少的人会对时间上一致的需要敏感。我们不希望看到，同一个行为在比利时和法国会受到不同的裁判。相反，如果立法者在十年时间里针对某一种行为制定了十项不同的规范，那么，我们会感到这一行为受到十种不同方式的规范是很自然的。对于空间上的差异，我们会抱怨不公平；而对于时间上的差异，我们却不会感到不公平。无论如何，至少在与规范的空间价值相关的方面，各国的立法正在走向统一。在许多人看来，这实在是一件幸事。

有人认为，比较法正是实现法律统一的手段。在他们看来，在比较法和法律统一之间存在着一种无可置疑的对应关系。在某些特定情形下，比较法与统一法律制度的创制之间的此种联系是人

们所无法否认，尽管这些情形与有关法律援引的通常理论之间存在着对立。这些特殊的情形体现在：在某一特定区域内，因地域的不同而各自拥有不同的法律；而后在该区域内出现了统一的法律规范，但对此统一规范的内容却缺乏准确的界定。此类情形下，法官们——如果他们了解在法律统一之前的各项制度——将会从该规范中发掘出一个共同的核心内容，并对其加以适用。在欧洲共同体我们就能观察到上述这种现象。有关欧洲共同体与企业及其 157
雇员之间关系的法律不可谓不统一，但是规范企业义务的相关条约既未界定何为企业，同时也未对诸如私人向共同体不当缴付之金钱的返还等做出调整。于是，欧洲法院通过比较法找出了各国法律中的共同核心要素，并以此为基础创制了一项判例法。[46] 在类似的情形下，比较法为法律的统一做好了准备工作，而这种准备工作乃是后来的政治决定所不可或缺的。

在过去，乃至今日，人们往往总是将比较法与法律统一之间的关联视为普遍的现象。正如前文所指出的那样，比较法研究的某段时期恰恰具有如下特点：比较法学被人们视为有关追求法律统一的论述。[47] 对比较法与法律统一之间的这种认同至今仍具有影响力——在《国际比较法百科全书》第 2 卷（R. 戴维德任总主编）的卷名即为："世界法律体系：它们的比较与统一"。

---

[46] 有关此问题，可参见：P. 佩斯卡托雷（Pescatore）："欧共体法院判决对经由将成员国法律加以比较而得出之规范的援引"（le recours, dans la jurisprudence de la Cour de justice des Communauées européennes, *à* des norms déduites de la comparaison des droits des Ètats members），载于《国际比较法杂志》1980 年，第 337 页。

[47] 参阅第 1 章注释 4。

这种普遍性的观点值得尊重。当法学家们认识到，由于国家间（立法）壁垒的存在他们的视野受到了一定的限制，这种观点就应运而生了。而且，在人们认识到法律统一可能因比较法对各种规则做出优劣评价——其中，在文化上更为令人满意而且在社会发展方面更为进步的规则往往会胜出——而实现时，这一观点又获得了极大的发展。但是，这一点并不意味着，我们就可以完全无须去检视有关法律一体化的理念以及许多人所认为的比较法与法律统一之间的关联是否成立的问题。

十一、反对法律统一的几项理由

对前述普遍观点的反对意见指向了法律统一的观念以及有关比较法与法律统一之间密不可分的观点。

在对 D. 科基尼·亚特里都（Kokkini Iatridou）的教科书《比较法学导论》发表评论时，J. 范德林登（Vanderlinden）争论道："第一个令人惊奇之处在于，D. 科基尼·亚特里都用了大约 30 页的篇
158 幅（即占了第一部分三分之一的篇幅，不算参考书目）讨论了构成对比较法本身之否定的问题，即法律统一的问题。这些讨论本身相当有力，它援引了 J. G. 绍韦普兰（Sauveplanne）以及 R. H. 劳瓦尔斯（Lauwaars）的观点，然而，作者为什么要坚持讨论一个毫无疑问相当有趣但却会使比较法变得无益并且不可能的现象呢？"。[48] 在

---

[48] 被评论的作品是 D. 科基尼·亚特里都（主编），《比较法学导论》，代芬特尔，1988 年。J. 范德林登的评论"比较法存在吗？——对近期两部作品的评论"（Qu'est-ce que le droit comparé? A propos de deux ouvrages récents），载于《国际比较法杂志》，1989 年，第 1057 页。

此，作者并未将比较法仅仅视为未来法律统一的预备阶段，而是将比较法作为认知各种法律规则的特性、其差异以及多样性的工具。

殖民化首先是在殖民地开启了传播欧洲法律制度的进程，而后的去殖民化则开始使人们反思这种文化移植现象。在进行此种文化移植的欧洲国家看来，它们向传统型社会提供了一种发育程度更高的文化、司法和理性。

一些人持续关注着技术先进国家的法律制度与传统社会之规则之间的关系，对他们而言，法律统一已经成为了文化清除的同义语，即消除劣势文化的个性；[49]无论如何，在他们看来，法律统一都意味着摧毁原先存在而且具有其自身价值的某些东西。[50]

反对法律制度统一的一项理由表现在对法律演进的各种可能性的计算方面。法律规则越是多样化，在它们的基础上，因应变化的需要，而对各种新的制度加以设计、尝试、推广和效仿的可能性也就越大。相反，将规则加以统一则仅仅意味着一种发展模式。

通过立法或条约这样的民主方式实现的法律统一，意味着（法律被统一地区或加入条约的各个地区）大多数人的合意。但是，事实上这种法律统一却并不符合合意原则的最佳适用。

特别是在以条约实现法律统一之时，加入条约的国家通过合意的方式受到约束，但这一约束并无时间的限制；如果说条约预定

---

[49] 有关法律多元化的所有问题，可以参阅前引 N. 鲁兰，《法律人类学》，第 94－121 页（此处列出了相关参考书目）。

[50] 关于支持和反对统一的斗争，也在法律之外的领域展开，例如，在语言的各个层次上（如在英语、国际语言和地区性语言之间；在书面语与地方传统的非书面语之间；在官方书面语的标准发音与各种方言和不同群体的发音之间等）。在这些领域内的斗争，其意义部分地与特定法律制度的斗争相同。

了未来所有的最佳规则的话，实际上其他缔约方（出于利益或仅仅
159 是由于不够勤勉）并未就此形成合意。就在我写作的此时，欧洲经济共同体正在以全体一致同意的方式做出决议和统一法律。我想说的是，为了改善其自身的决定，需要再来一次全体一致的决议，也就是说，各成员国有必要以更缓慢且更犹疑的态度形成合意。

其次，统一的选择即便是通过民主的方式做出的，它也太过宽泛地牺牲了持不同意见者的利益。如果因为有60％的公民赞同而在所有要实现法律统一的地区选定A方案，这实际上意味着牺牲了那些赞同B方案之人的利益，而就某一个小的区域而言，可能会有60％或80％的公民其实是赞同B方案的。总之，（即便是通过民主的方式做出决议），法律统一在某些情况下也仍然意味着以牺牲少数人利益的方式而进行的文化剥夺。

让我们由量的问题转到质的问题。通过条约或立法的方式实现法律统一的进程与人们以一种更为自由的精神对规范加以细致审查的期望完全相背离。当人们根据自己的个人选择而服从于某个规范之时，他们会进行这种细致的审查。只有在规范是自动生成的情况下（通过所谓“习惯”），这一审查才是可能的。即便是自动生成的规范也会通过模仿借鉴或其他方式而传播开来，（例如，调整国际贸易的商人法虽然是自动生成的法律，不过它也具有实现很大程度上统一的能力），但它却不会预先确定其要加以统一的各种法律实践和各种法律规范的地域。

政治家们现在应该正视一个更为重要的事实。在全球的视野内，国际社会应维护各种不同制度的繁盛，并使它们相互竞争，从

而使人们可以根据其自身的情况选择其一。[51] 要回到那个执矛骑兵方阵中新入伍者相互挑战的时代，这或许是一个过于乌托邦的想法。但是，教育、预见与救济将有利于各国既有制度之间的竞争。一个更为有力的理由是，各地区任意性规范所提供的规则数量越多且越多样化，公民们能够进行选择的余地也就越大。

今天，存在一种过度一体化的危险倾向。我们应该对欧洲经济共同体在这方面的事态发展保持警惕：早在多年前，在欧洲经济共同体就有人提出应将有关出版合同的法律加以统一。

在合同领域，统一立法者仅应以一种方式介入：对于那些至少 160
在其中一个成员国内被承认有效的所有处分行为、负担行为、协议及条款，其他成员国均应承认其效力。国际化意味着，在至少一个成员国内获得承认的所有法律行为在其他国家均可自由地获得承认。各国只能通过公共秩序和强行性规范对那些有悖善良风俗的规范设置障碍。超国家的法律视角正在将地方性的公共秩序偶像扔进火堆。

十二、法律统一与政治对立

在必要的限度内（这一限度并不狭窄），法律的一体化是必要、有益的，或者也是人们所希望的。于是，就产生了这样的问题：究竟是什么抵制因素延缓了法律一体化的进程？为什么在英国和在

[51] 关于这个主题的深入分析，参见 P. 伯恩霍尔茨（Bernholz）："欧洲一体化的制度层面"（Aspetti istituzionali dell'integrazione Europea），载于 E. 迪罗比兰特、G. 拉德尼茨基（E. Di Robllant e G.. Radnitzky）主编：《欧洲的自由社会》（*una società libera per l'Europa*），米兰，1992 年，第 211 页。

比利时、荷兰及卢森堡三国经济联盟有关所有权的法律从未实现过一体化?

一个缺乏经验的人或许会说,正是政治观点上的分歧阻碍了法律的一体化。在政治上,人们在价值观方面存在分歧,而这也是正常的现象。当政党这种在公民与立法者之间充任中间人的组织支持不同的价值观时,这种政治对立就显得更为明显,而且表达的也更加清晰。

此外,一个谨慎的观察者或许会主张,至少就欧洲内部而言,私法是一个受政治对立影响较多的法律部门(尤其是家庭法领域),但恰恰是在私法方面,各项制度的传播以及在较小范围内由条约实现的法律一体化为法律的统一奠定了坚实的基础。在此,一个巧合的事实是,无论是在普通法系国家,还是在罗马法系国家,私法这一领域都有着教会法的历史基础;但是,无论如何,欧洲法律一体化的方案并不总是与教会法相吻合。

各国法律在婚姻的可解除性上趋于统一,"离婚—救济"模式已成为其发展趋势。各国法律均宣称配偶之间的权利平等,而且也都承认配偶之间收入一定程度上的共享;在各国,亲权均应以有利于子女的方式行使;在各国,在亲子关系的三种形式(法定亲子关系、自然亲子关系及选择性亲子关系)中,第二种形式往往超越第一种形式,而第三种形式则更是要排除前两者,收养是这方面重要的一个例证。各政党纲领之间尽管存在巨大的分歧,但却并未影响上述规则的统一。

161 反之亦然。在以下法律差异方面,并不对应政治上的分歧:(1)所有权既可以是排他的和不可分的(罗马法),也可以是可分割的支配(英国法);(2)所有权的转移,既可以由原因行为上的合意发生(法国法),也可以由外在的、要式的行为而引发(德国法,也部分地体现英国法);(3)所有权的保护,既可以由一种绝对的、对物的救济来完成(罗马法),也可以通过一种相对的、对人的救济来实现(英国法);(4)合同的性质,在法国,等同于"契约必须严守",而在英国,则必须满足特别的对价要求。

那么,让我们来看看,在不同国家法律中存在之差异的性质究竟是什么。

十三、差异的测定

假定一个经营者交给(但未授予代理权)其合作伙伴一项任务,让后者为其购买一处不动产;交易完成后,他去问他的律师,到底是经营者自己还是其合作伙伴应被视为所有权人。

要回答这个问题,这位律师需要一个很长的助跑。如果我们是在英国,我们需要区分普通法与衡平法。在衡平法上,为他人之利益而取得不动产者将会成为该他人的受托人;于是,物之归属被分解为两部分:普通法上的所有权属于买受人;衡平法上的利益则属于受益人。前者享有为物的一般保护而对第三人提起诉讼的权利,而后者则可以有效地对抗受托人以及恶意或不当得利的第三人。这就是律师应向其客户所做的解释。如果是欧洲大陆国家的客户,律师还应补充说明,在英国,所有权是可分解的,正如其法律可以分解为普通法与衡平法两大部分一样。

但是,英国律师的这一回答实际上在德国或在意大利也是有效的。取得不动产的受托人成为所有权人,享有物上的返还请求权，不过他同时也须受所有为保障委托人利益而设的救济手段的约束。早在罗马法中，规则就是如此，不过这一规则似乎被一个罗马法系国家（法国）抛弃了。

简而言之，就向律师提出的上述问题而言，英国与德国的解决
162 方案是相同的。不过，在英国，如果不借助信托以及所有权分离的观念，就无法表达这一规则；相反，在德国，这一解决方案却是以下事实的逻辑结果：受托人并未以委托人的名义行为，而在受托人未以委托人名义行为时，事务的管理不可能构成代理。

在实际运行规则的意义上而言，这两个国家的法律大致是相同的。但是，用以解释这一相同法律的相关概念却是完全不同的。"权利"的概念将受保护的利益与获得保护的权利二者紧密地联系起来，而这一点在今天仍影响着德国和意大利的法学家（也包括更早期的罗马法学者）理解以下观念：法律上的保护也可以有利于第三人的方式进行。尽管在欧洲大陆也存在信托制度，但是，要使信托存在，并不需要区分普通法与衡平法。

在英国，对物暂时地享有实际控制权之人被称为所有权人（owner），对物享有永久性权利之人亦同。在法国，所有权的不可分性使得临时所有权的建构难以成立。有期限的权利的确也存在，但它们被称为用益权、使用权或居住权（在意大利，还包括有期限的永佃权）。英国和法国的规则实际上是相同的，但是，分类学却创造了相对立的类型。最后，还需要指出的是，在欧洲大陆上的罗马法系国家，至今仍得到承认的委托遗赠的受遗赠人被视为了所有权人，尽管其权利只是暂时的。

在前文中，我已经探讨了所有权移转的现象。我们需要知道

的是，权利的转移是否为买卖的效果，或是另一个履行行为（交付、公示等）的效果，抑或是由买受人的付款所引起的效果。

在德国学生看来，所有权的转移，动产应归因于交付（Übergabe），而不动产则应归因于所有权转移合意（Auflassung）和登记；他也知道，即使买卖无效或根本不存在，这些移转行为（交付以及物权合意加登记）仍将发生效力。

在法国学生看来，所有权移转的效果是由买卖引起的。

在英国学生看来，就动产而言，买卖在当事人间转移了所有权，而要在所有方面实现所有权的转移则必须完成交付（delivery）。相反，就不动产而言，所有权的转移则要通过让渡行为（conveyance，即出让人单方面的要式行为）以及向受让人交付文件来完成。

如此，这些学生就会向他们的老师提出一个同样的问题：在买 163
卖和动产的交付或不动产的登记之间，如果出卖人又将作为动产的标的物卖给了第三人并为交付，或将作为不动产的标的物出让给第三人且立即完成了登记，那么，将会发生什么？

老师们将会回答说，如果该第三人是善意的，那么他将取得所有权。

初看起来，以下这个问题似乎难以理解：在法国，既然第一个买卖已经使买受人取得了所有权，那么出卖人在丧失所有权后怎么又能够有效地将其转让呢？尽管如此，老师们仍会肯定地给出这个答案。在德国以及（就不动产而言）在英国，出卖人之所以还能够有效地转让，是因为此时他仍然是物的所有权人。在法国，第三人之取得所有权，是由于其善意再加上交付或登记的效果；最后，在英国，动产的出卖人还被拟制为第一买受人的受托人。

由此可见，各国的制度之间的确存在差异。但是，在第三人存在善意的情形，各国实际运行的规则却是相同的。

现在学生们又向老师提出了另一个问题。他们想知道，如果出卖人在动产被交付之前或不动产在完成登记或被让渡(conveyance)之前又将标的物出卖给了恶意的第三人，并向其交付了动产或完成了登记或让渡，那么，将会发生什么？

老师回答说，如果第三人存在恶意，则不能取得所有权。法律规范不能保护恶意。

学生们不明白，在德国以及(就不动产而言)在英国，为什么在出卖人仍是所有权人的情况下，其转让行为却不能发生效力。

对此，老师回答说，在法国，恶意的第三人之所以不能取得所有权，其根本原因在于其出卖人已非所有权人。相反，在英国，第三人本应有效地取得所有权，因为他是从真正的权利人那里取得权利。但是，情形并非如此，因为，在英国不仅应适用普通法，而且也应适用衡平法；衡平法承认买受人对买卖标的物享有一项衡平利益，据此，无偿或明知已有买卖存在而取得普通法上所有权的第三人将成为第一买受人的受托人，从而在被请求时应转移所有权
164 于第一买受人。在德国，衡平法尚未被发展出来，因此，英国的解决方案(或者说是解释)并不能适用。但是，在德国，故意以悖于善良风俗的方式实施的加害行为均将产生侵权责任(《德国民法典》第 826 条)，而其救济手段就包括了回复原状。第三人的恶意取得就属于前引条文规定的情形，因此其应承受向第一买受人移转标的物所有权的债务。而且，如果第二受让人系无偿取得所有权，那

么他将构成民法典第812条意义上的不当得利，并因此须将标的物返还给第一买受人。

在第三人恶意的情形，各国制度之间的差异与相同之处都得到了验证。

至此，学生可能还会向老师们提出一些问题。在买卖合同订立后，交付或登记（或让渡）之前，已经支付价款的买受人能否要求标的物的交付？在各国，答案都应该是肯定的。在法国，这一肯定答案的依据在于，买受人已经成为了所有权人。相反，在其他国家，买受人享有一项契约诉权。

如果在买卖不存在的情况下动产被交付，那么其效果是什么呢？在此情形，所有权会发生转移吗？在各国，答案也都是肯定的。在德国，这一回答取决于交付是一个抽象行为的事实。相反，在英国，受领交付本身被视为一项权源，在必要时受领人可向任何无权占有人提起返还之诉（conversion）。在法国，问题很快会被引导到一项对人性的返还之诉上。不过，我们也应考察德国法和英国法在这方面的立场。在法国，任何一项清偿都以债务的存在为前提，因此，非债清偿将产生返还请求权。在德国，缺乏法律原因的清偿行为构成不当得利，从而产生返还利得的债务。相反，在英国，尚不存在一项一般的规则。不过，在法国，如当事人是在明知不负债的情况下做出清偿，则不能主张返还诉权，因为判例倾向于将“陷于错误”作为提供该救济的前提。在德国，明知不负债而为清偿的行为并不构成不当得利。同样，在英国，基于错误而做出的偿付将导致基于此项错误的一项返还性救济的产生。

因此，各国（意大利除外）的实际解决方案是相同的，即，基于错误而偿付并不存在之债务的当事人得请求返还其交付之标的物或支付的款项;如其系在明知的情况下偿付,则将丧失标的物或金钱。[52]

165 让我们回到学生们的问题上。现在,他们面对的是这样一个问题:不动产的所有权人要求无权占有该物的第三人停止占有。学生们知道,在此种情形,所有权人应该主张一项回复原状性质的诉权;他们希望了解,法律是如何规范这一诉权的。[53]

英国教授将会向学生们给出一个相当清晰的回答。如果原告能够证明,在被告(或其前手)占有标的物之前,自己(或自己的前手)已经占有了该物,并且被告无法证明原告(或其前手)曾合法地向其(或其前手)转让了权利,则原告将获得胜诉。也就是说,原告虽然今天获得了胜诉,但是,一旦有人证明其对物的占有时间更早,则原告又会败诉。甲今天对乙胜诉,而明天可能对丙败诉,此类局面的存在要求英国法上的所有权具有相对权的性质。

法国教授则完全从另外一个层面来回答这一问题。在此,法国法坚持一个完美的逻辑:所有权只可能是一个绝对权,所有权人能够对抗一切人,而非所有权人则不能对抗任何人。谁能够证明自己享有此项绝对所有权,谁就可以主张原物的返还。由于买卖的原因本身并不能证明系由所有权人处购买,因此,原因本身并不能表明绝对所有权的存在。于是,主张原物返还的原告应证明取

---

[52] 如果某人是为了履行一项无效的合同(或其他行为)而偿付,则规则会有所不同。

[53] 关于这一主题的详尽阐述及评论分析,参阅 S. 费莱利:《比较法上的损害赔偿之诉》(*le azioni reipersecutorie in diritto compareato*),米兰,1988 年。

得时效已完成，或者他系由一个已经完成取得时效的前手处取得所有权（为完成取得时效，可以合并计算占有期间）。如果我们不追问如何证明占有持续了足以完成取得时效之时间这一问题的话，这一分析似乎就已经可以结束了。但正是在这里，我们将看到一个令人惊奇的规则。法国的法学家们会告诉我们，实际上很难证明占有已经持续了 30 年，因此，只要原告证明，他自己或其前手曾占有过该物或拥有一项权源，而且在时间上早于被告或其前手的占有或权源，那么，即便取得时效尚未完成，法律也将视其已完成。

因此，就实际运行的规则而言，英国法与法国法是一致的，而且对其的描述也是相同的。但是，它在英国表现为一项实体法规则，而在法国则表现为一种程序性的设计。于是，在实体法的层面上，英国法上的所有权被归入相对权的类型，而法国法上的所有权
则被归入绝对权。而这就可能使人们大为强调两国法律之间实际 166
存在的巨大差异。

对熟悉 R. 达维德有关英国法上合同理论之作品[54]的学生而言，他们知道，在法国，一切协议都具有拘束力，因为法国法将契约的遵守神圣化了；而在英国，协议本身并不约束当事人，只有在有对价存在时，合意才产生效力。[55]

学生们向英国教授提出了另一个问题：由于赠与和对价理论

[54] 参阅 R. 达维德、D. 帕格斯利：《英国法上的契约》（*les contrats en droit anglais*），巴黎，1985 年。

[55] 同上，第 101 页、第 102 页。

相悖，在英国是否真的不可能进行赠与？答案是，即使是在英国，法律也承认赠与；赠与不需要对价，是因为它根本不是契约。赠与所借助的是契据(deed)，它是一个要式行为。此时，学生们又向法国教授提出了类似问题：在巴黎，是否真的能够进行赠与？这样，他们将会知道，在法国，赠与需要通过公证行为来完成，公证行为与契据行为一样都属于要式行为。在这两个国家，如果赠与的是动产，则只要交付标的物即可。

因此，两国法律之间的差异表现在：在英国，要式的赠与之所以有效，是因为它并非一个契约(从而无须满足对价的要求)；而在法国，要式的赠与之所以有效，是因为它是一个契约(从而应产生拘束力)；此外，非要式的赠与在这两个国家都不具有效力，同时，以赠与为目的的动产交付可以导致所有权的转移。

在英国，无偿保管和使用借贷之合意不产生拘束力，因为在这两种情形都缺乏对价。但是，即使是在意大利和德国，这些合意也不产生拘束力，因为它们都属于要物契约，只有在标的物交付之时才能得以成立。一旦交付了标的物，“契约必须严守”的观念就会重新发挥作用。在英国，交付使保管人承担保管的义务，它也使使用借贷人对物的使用合法化，这并非由于保管和使用借贷是契约，而是因为物的交付构成一项寄托(bailment)。

至此，学生们可能已经得出了以下结论：学校和教科书都欺骗了他们；在前述国家中，实际运行的规则是相似的；不过，在不同的国家中，人们却用完全不同的方法、概念、学理架构来解释这些现象。

167 一人正在驾车行进，他人驾驶不当撞上了他的车辆，并造成了

1000 马克的损失。加害人并不否认其责任。[56]

在法国学者看来，此种情形一定会导致损害赔偿责任，因为任何导致他人损害的人为事实均将使加害人承担损害赔偿之债。

德国学者的观点则有所不同。在他们看来，让行为人对每一个过失行为都承担赔偿责任是不可能的：只有因过失不法侵害受害人的绝对权才会导致债的发生。在该案中，由于对受害车辆的所有权受到了侵害，故此损害将导致债的发生。

英国人无法理解这种绝对权的理论。对他们而言，当有人实施了法律所规定的具体侵权类型之一时，即有责任的发生。在该案中，行为人通过物理碰撞的方法损害了他人的动产，因此它属于对动产的侵害(trespass to a chattel)。

通过司法决疑法对上述三个国家的规则加以考察，法律实务者会发现，各国的实际方案大致都是相同的。在法国，法官在判决责任承担时，利用的是法典中有关“实施的任何行为”的表述，而在判决免于承担责任时，他会利用免责事由的理论。在德国，法官如要判决责任承担，他总是会从法典中找到一条允许判罚的条文；而在判决免于责任承担时，他会指出相关行为系未为法律禁止的合法行为。在英国，尽管在侵权责任诉权方面存在类型化的问题，但是，“过失侵权”这一类型的适用范围很宽，从而弥补了前述缺陷。

十四、统一的法学

法律实践需要系统的概念范畴。但是，这些系统的概念范畴

---

[56] 关于这一问题的讨论，也请参阅本章第一节之七。

在各个国家之间是不同的，而且，各国的法学家往往也都无法从这些概念差异中解脱出来。

我们能够看到，这些差异存在于概念界定、用语、描述、解释以及概念等方面。但是，在实际运行的规则方面，差异却要小得多。

因此，面对这些荒谬的概念上的差异，法学的任务就是要将它们相对化，并进一步将它们予以排除；如果能够娴熟地运用比较法的方法，这一目标就能实现。

如果方法得当，法学仅需要统一其认知法律的方式即可。一
168 旦这一目标得以实现，法律的统一就会变得容易，甚至法律统一本身也会变得不再必要。[57]

如果不在法学上采用类比的方法，统一立法的工作将会很难进行，一切工作都会受到语言表述上严重不和谐问题的困扰。

如果具备了适宜的前提条件，而且民众也希望法律得以统一，那么立法者们就可以从事统一立法的工作了。在这方面，我们能够提供怎样的帮助呢？学者们能够给出以下三方面的建议。

首先，绝对应该避免按各个孤立的领域推进立法，并使体现各项不同制度的基本框架保持不变；相反，应该将最基本的框架予以统一，至于那些特定剩余领域的统一则可以是随机可选的。

其次，立法就意味着引进新的规范，而这势必需要一种不受欢

---

[57] 1978 年我在菲耶索莱(Fiesole)欧洲大学研究所举办的一次会议上发表了这一观点；论文题目为“欧洲共同法及法律的要素”，收录于前引 M. 卡佩莱蒂(M. Cappelletti)主编的《研究评述》(*Perspectives*)。我的这一观点得到了 F. 韦罗(F. Werro)的赞同，参阅“民法法系国家与普通法系国家私法的调和”，国际比较法学会第 13 届大会(蒙特利尔，1990 年)瑞士代表团的报告。

迎之权力的介入，从而可能遭遇抵制，因此，立法应减少此类规范的数目，最大限度地扩大契约以及法律行为自治以及私人选择的范围。

最后，还应最大限度地减少弹性条款，因为这些条款容易在不同的国家间引发适用上的分歧。

第五章　法学人才培养的比较

第一节　意大利的情况

169 **一、1938 年课程设置及其衰败**

当法学院关注对尽快提高教育质量的实施规则加以讨论时，大规模的法学教育就会繁荣发展起来。

自然法学家们是这样做的。从事罗马法和潘德克吞习惯法教学的中世纪大学从一开始也是这样做的。那些拒绝讲授具体国家的法律而是讲授覆盖整个德国的颇具理想化的罗马法模式的 19 世纪德国大学更是这样做的。在当今，那些精于对成本与利益进行经济分析的美国大学法学院也是这样做的。

任何时候，科学的进步和实践的发展总是惠顾那些懂得以适宜的模式进行科学教育的大学。

如果把讲授的法律总看作是地方性法律时，则法律的国家化将降低法学教学的水平。

170 意大利的雷纽大学通过以学科研究和教学为中心的教义式的系统方法论摆脱了危机。

近来，教义式的教学模式在德国丧失了它的核心地位。该模式在意大利也处于衰败状态,对此也没有什么值得惋惜的。与此同时,作为这一现象的结果,该模式的学说传播也被社会实践所放弃。1986年出版社出版了委托教授们完成的案例分析,实际上是1920年的出版社已经出版过的大学教材。大学教育的问题涉及对引导学生的方法论的认识问题,为了不退回到为应付考试而死记规则与判例的状态,人们期待着旧的规则与判例被新的规则和新的判例所替代,换句话说,那些旧的规则与判例应当被收归于数据库中。

为此,需要提防的第一个危险是视野十分狭窄的极具实用性和极具地域性的教学危机。对付这些危机的补救方法不能依赖于哲理上的纯理论思维的重大发展(哲理上的纯理论思维在准科学中有其巨大益处,但是并不适合法律人才的培养模式);那些具有历史传统的教学具有其合理性也固然受到欢迎,但是,仅仅如此并不能满足教学基本内容现代化的要求。

从比较法的视角冲破地域性法律的优越感,以便揭示出符合职业需要的新的政治与经济制度的客观事实与问题,这是改变病态的法律教育的有效补救方法。

在这个前提下,我们的大学将如何打算?

回答这个问题需要一些历史知识。

在1938年,即法西斯时代的第16年,在纳粹德国将奥地利吞并进第三帝国(Terzo Reich)之后与苏台德地区危机(Sudeti)的突然爆发之前的时间里,意大利国家教育部改进了法学院的基础课程(也就是必修课)的课程表。

倾向性的原则是国家的处境可以令其放弃设想。那个时代的政策选择了经济上的自给自足(并因此而拒绝了跨越国家的学生交换)、国际上的孤立(意大利曾经响亮地宣布退出国际联盟*)和文化上的隔离。国家教育部编制的"课程表"就是在这样的时代条件下孕育而生。

这个课程表接受了(它并不需要对此进行炫耀)法国激进派与德国教条派的国家集权化和民粹化的遗产。显而易见,这个课程表因对国际私法的冷漠而否定不同国家之间交流的可能性,并对
171 任何不具有狭隘的地区性的前景均给予拒绝。与此同时,作为唯一的对实证主义的文化矫正,这个课程表坚持将学习罗马法的大门处于打开状态。

时代的流逝使得历史翻过去了许多页。战争使意大利处于动荡状态并推翻了那时的政治体制。

劳动法因此而占据了法学院基本课程中原有的行会法的位置。

此外,1938年的课程表证明了意大利法学教育是真正的"北极熊"(Orsa Polare)。

意大利的经济依靠着国际交往。意大利热情地参与了跨国法律与经济生活,这些法律与经济生活在联合国和许多其他地方被制度化。欧洲经济共同体通过其持续性伸展的法律而产生,并显然在意大利具有可适用性。欧洲经济共同体中劳动者自由流转的典型体现就是——意大利的律师变成了欧洲律师。

令欧洲律师在大学里受到训练应当归功于1938年的课程表。

---

* 该联盟产生于1920年,终止于1946年。——译者

改革的建议是不可缺少的，其中有一些建议是意义深远的。

有人会认为，通过大量比较方法来进行法律教学的建议可能仅仅来自那些专业学者，这些专业学者在对年轻人的文化训练表示担心的同时，却忘记了对年轻人的学习而言至为重要的职业目的和技巧。

为了对有如此想法的人做出回应，我们需要回忆一下 1981 年 9 月 16 日在意大利布雷恰(Brescia)市召开的第 16 届全国司法会议期间通过的议案。这次会议研究了 1977 年 3 月 22 日相关团体对提供律师服务的反响并提出了如下要求：

“在意大利，对此有兴趣的大学法学院应当通过下列方式将对团体法、欧洲比较法和欧洲经济共同体成员国法律的研究以及相关的外语学习放在突出的位置上：

(1)制定一个具有欧洲特点的备用的最终学习计划；

(2)设立用于欧洲的奖学金；

(3)发展与欧洲经济共同体其他成员国大学的文化交流；

律师公会和所有的司法组织应当推动和支持欧洲律师教育的 172
任何创举性的活动，特别是：

(4)鼓励、提供便利和发展欧洲经济共同体国家的律师和需要实践的年轻人进行交互式的实习和职业培训活动，把在欧洲经济共同体国家实习的时间纳入完成规定的实习期间内；

(5)推动欧洲经济共同体各成员国律师之间的职业经验交流；

(6)组织对欧洲经济共同体法和欧洲比较法的实务问题进行研究的讲座。

不仅是那些不断呼吁着的教授们，更首先是那些有能力的法律实务界的代表者们都在要求法律的学习应当变为比较性的、共同体性的、跨越国家性的学习。

最近，政客们和官僚们也对此已经表示同意和赞成了。

在一级和二级教授职位的竞争计划中，为比较法设立了诸个专门的学科团队。

在博士生中也同样设立了比较法专业。

各法学院也纷纷从他们的角度推进这个事情，他们在自己的大学章程中加入了比较法的学科目录并且启动比较法学科的设立。

在此期间，设立比较法专业的做法既没有带来旧规则的消失，也未带来新规则的产生，亦未带来国家政治和经济的新生活，但是它带来了1968年的变化。此外，处于构思中的学习计划所体现出的自由化，尽管它是作为一种临时性的措施，但是，如果法学院对此给予附和，则将使学生能够不受1938年*指令所规定的方式的限制，自由地选择26个课程科目。事实上，由于这个临时措施的实施，比较法学科得以不再被任意作为国内法的规则而存在着。

有些事情在政治场合中也被推动着。在80年代，公共教育部长第一次过问法学院院长会议，该会议提出了改革法律院系课程设置的建议。1985年7月29日该建议被公开提交给公共教育部长。一个由部长任命的委员会据此准备了第二个方案（该方案不如法学院院长会议的方案成功）①并随即提交给部里。程序至此，

* 指法西斯执政第16年。——译者

① 可以参阅1981年的资料和《评论》第336册和1986年第245册。

却没有了下文。

90 年代初，法学院院长会议又被重新授权编纂课程表。 173

如果这项改革得到实现，可以认为它将结束基于 1969 年的法律而自由创设课程的状态，也就是说，它事实上是把我们后面要谈的适应于发展中的法学院的比较性教学实验的前提给终结掉了。

二、法学院②

在这种情况下，法学院处于怎样的位置上？

这些法学院在应对新情况时优先考虑的是政客们和官僚们。

许多法学院在将比较私法增加进第二学科目录（经济贸易下的宪法的或共同体法的科目）中的同时，启动了比较私法的教学。一般而言，至少两个科目之一是由专家（专职的或者至少是该学科中的正式教授）来进行讲授。

一些法学院则走得更远，在常设比较私法课的同时，还设立了正式教席，以及由二或三名其他学科如欧洲经济共同体法学者、公法学者、偶尔还有劳动法学者或者刑法学者进行授课。在一些情况下，这些法学院的师资配置隐隐约约地表现出一些不合规则的情况（这些情况既与临时性措施无关，亦不取决于各法学院，它们涉及对副教授们地位的确定问题），例如，在一所法学院中，开设了两门欧洲经济共同体法的课程，但是没有任何人能够开设比较私法—比较公法的课程；与此同时，在另外一个法学院中，可以开设

② 如果要了解其概况，可以参阅 R. 萨科 1986 年所著“比较法的教学——法律状态与事实状态”（L'insegnamento del diritto comparato. Situazione di diritto e situazione di fatto），载于《记事》（*Quad.*），1987 年第 138 页。

比较公法、意大利宪法和比较宪法，却不不能开设欧洲经济共同体法的课程。

在一些地区，在法学院和政治学院可以联合给予学分的情况下，对比较法有兴趣的学生可以获得不错的学分。

米兰的情况是这样的。直到1984年，米兰大学法学院开设了
174 比较公法、比较刑法和比较诉讼法。在政治学院则开设了比较私法、英美法、社会主义国家法和欧洲经济共同体法，并开设了亚非国家历史与制度两门课程。但是，自1984年开始，该情形被矫正了过来，在法学院也开设了比较私法课程（为此设置了两个教席编制）。

巴里的情况与米兰有些相似。当巴里大学政治学院在开设比较公司法、意大利宪法与比较宪法、意大利教会法与比较教会法、意大利工会法与比较工会法、比较税法的时候，法学院则仅开设了比较私法。

人们注意到一个新的和重要的现象。各法学院把作为每一门其他部门法课程基础的比较法课程都理解为比较法律体系，目前在几乎所有的法学院里都在以这样或那样的名称讲授着比较法律体系。

我们最终放弃了佛罗伦萨、都灵和多伦托的大学法学院有关比较法教学是有“许多经验”的说明。

这些特别经验总体表现在三个方面：为其他全部的比较性的讲授预先设置了比较法律体系课程；为一些领域的学科提供了可以扩展的空间，其中既有比较私法，也有内容丰富的公法课程（公法或宪法）；在欧洲经济共同体法和国际私法课程中增加了比较法

的教学内容。

对此我逐一做出说明。

在佛罗伦萨，法律体系的讲授不限于成文法（在佛罗伦萨由毛罗·卡佩莱蒂（Mauro Cappelletti）讲授这门课）。该课程讲授的是法律的功能、法律的运作、法律的各种规范。此外，该课程还从法律体系又过渡到英美法和四个部门法课程（宪法课、私法课、诉讼法课和农业法课）。国际私法和欧洲经济共同体法则作为专门法进行讲授。

在都灵，法律体系的讲授中规中矩（在都灵由R.萨科和G.隆巴尔迪讲授这门课）。比较私法、比较公法和比较诉讼法和国际私法由担任正式教职的教师讲授。社会主义国家法、非洲法、欧洲经济共同体法、国际经济法和欧洲经济共同体私法则是通过委托授课方式进行讲授。

都灵不同于佛罗伦萨，法学院安排并分别设计了多种不同的学习计划。在司法的、企业的和公法课程安排之外，都灵大学法学院于1981年1月批准了《法律方向的跨国交换计划》，其明确指出（如同设置课程的决定所述的那样）："他们渴望成为欧洲经济共同 175
体的外交官和官员、熟悉跨国问题的专家型律师或仲裁员，或者经过训练的跨国贸易问题的法学专家，或者他们考虑通过比较方法来深入研究法学知识的评判"。[③]

这个计划显然与在巴勒莫、特里埃斯特和萨莱勒诺形成的《国际化学习方案》有着和谐的声音。但是，"跨国的"表述显然要更为

③　参阅1981年《意大利论坛》报告，第77卷。

宽泛。"国际的"表述负载着许多学者对多国之间关系的理想；跨国的则负载着将来要跨越边境的理想，而不考虑其是否属于国际的、统一的、或者高于国家或者地区之上。

借助比较法研究的路径不断向前推进的法学院，毫无疑问地是特伦托大学的法学院。

在特伦托，《法律体系》的课程开设在第一学年且在学习计划中不得被替代。在《法律体系》课程之后开设的是英美法、社会主义国家法和亚非国家法。与此同时，学生要应付部门比较法课程：比较私法、比较民事诉讼法、比较劳动法、比较刑法和比较刑事诉讼法、比较宪法、比较行政法。欧洲经济法学位方向的课程则还需要讲授国际私法、欧洲经济共同体公法和私法。

在特伦托，还与跨国学习计划并列设置了一个司法课程，该课程是为企业和公权力机构的法务人才设置的。

在其他国家④，比较法课程主要被安排在大学的后期教学活动中。例如在法国，以比较法为基础的 D. E. A 和 D. E. S 学位课程内容是很丰富的，这使得原本因共同基础课程而无法展示其特点的学位课程，得以体现出该课程不同于其他学位课程。在意大利，也是为了创设特色教学而开始了比较法的教学。在特伦托和都灵，大学对此已经做出决定，但是在设置课程方面并未走的更远。

三、国际机构

至于那些披着民族主义外衣的政客官僚和教授、披着超民族

④　1988 年 4 月 22 日 7 位报告人就 7 个国家的比较法教学活动提交了一份报告，请阅读 1988 年《国际比较法杂志》上的这些报告。

主义外衣的教授和政客，他们刚一在舞台上露头，人们就听到了与 176
正在进行的实践完全不同的讨论。

1954 年在联合国教科文组织主办的一个公开刊物上有一篇《高等教育中的社会科学》(*Le scienze sociali nell' insegnamento superiore*)的文章，Ch. 艾森曼(Eisenmann)抨击了法学院的国家民族主义的思想："人们不能想象，植物学或者生物学的教学会将其证明局限在一个孤零零的植物或者生物的类别上"，"从国家层面所规范的法律关系和法学学科的全部含义而言，如果法律的学习不是仅针对某个国家的法律时，则民法、商法的学习并不存在限定地域，它以一种十分特别的方式表现出我们感受到的学科所需要的对比性"[⑤]。

在 1976 年，欧洲议会感觉到有必要举办一个会议，这个会议的名称是欧洲法学院第四届会议(法学院的代表和政府的代表都出席了)，以便讨论在关注法学人才培养的时机并未到来的情况下，稍微减少对国内法的讲授并稍微放开对欧洲法的讲授。

根据三天期间(10 月 26 日、27 日和 28 日)的成果，这个有着一百多位代表参加的重要会议提出并一致通过了一项决定，时隔许多年，这个决定没有被增减一个字。

该决定强调：

"比较法的知识是独立于一般文化和学生法律训练的一种方法，它使学生得以准确地了解其国内法……

⑤　这一步体现在 H. A. 施瓦茨－雷伯曼・冯・瓦伦多夫(H. A. Schwarzz-Liebermann v. Wahlendorf)，《比较法》(*Droit comparé*)，第 177 页。

比较法的学习可以使学生独立地理解在公法机构或者私法机构进行的职业活动训练……

会议委员会还提出了如下措施并获得一致通过：

……

设立一个强制性承担比较法概论课程的师资团队，该团队应当了解主要法律体系并理解比较法的特色所在……

177 有一种观点认为，在讲授比较法的一般原理之后，每个法学院应当根据自己的情况可以考虑将比较法推向深入。比较法的教学可以在特定教学模式下设置不同的课程（根据不同的地理来划分不同的讲授体系，或者根据公法或私法的区分来讲授不同的部门法），通过比较法来填补各学科的一般化教学的不足（包括历史学科的不足）。

比较法的提升涉及它的师资网的扩大。据此，会议委员会首先提到了扩大教师团队……从这个国家到其他国家……流动的必要性”。

欧洲议会没有能力推动此事。

因此，会议的呼吁——即由那些极内行的人们草拟的决定——并未真正付诸实施。

一段时期之后，欧洲经济共同体启动了艾拉思慕斯（Erasmus）计划，该计划建立在不同成员国大学之间的教师们和学生们进行交换的基础上。这个计划以对全部学科均同等对待的方式被构思出来。经济学、医学和数学由其他国家的教师们进行讲授，其旨在使学生们更加博学和出众，弥补本土教学的不足和对不同的自主教学方式或成果进行比较。但是，他们不是追求成为那些以一个外国经济学、一个外国病理学、一个外国外科医学和一个外国数学为对象的特定学科。

法律是有差异的。一个学生在接近外国教师时既是为了看到教师所采用的不同方法论，也是为了知道地域法律的研究受到条件限制的客观状态。也就是说，学生们应当学习外国法律。但是，他们在没有接受对外国法律知识进行比较分析训练的情况下，无法通过比较分析来获得他们所要获取的全部信息。在这样的条件下，对年轻的法学人才特别是每个其他国家的学生而言，求助于艾拉思慕斯计划就成为不可或缺的手段，因为该计划可以弥补这一时期内的法学院所存在的典型的缺失国外信息的不足。但是，最终它给予学生的要远比它希望保证给学生的要少的多。如果学生们在本土教学中能够接受到可靠的比较方法的训练，则客观结果将会矫正我们所惋惜的上述不足。

第二节　前景与展望

四、比较法讲授的各种概念⑥

在意大利，作为培养法律人才的措施，比较法在上世纪 50 年 178

⑥　关于比较法的讲授及其目的，可以参阅 J. N. 哈扎德(J. N. Harzard)，"法学教育中的比较法"(Comparative Law in Legal Education)，载于《芝加哥法律评论》(*Chicago L. R.*)，1938 年，第 615 页；M. 卡贝莱蒂(M. Cappelletti)，"为满足现代社会需要的比较法教学"(Il diritto comparator ed il suo insegnamento in rapporto ai bisogni della società moderna)，载于《比较法杂志》，1968 年第 1 期，第 162 页；R. 施莱辛格(R. Schlesinger)，

代开始受到重视。意大利通过国际学院引入比较法的教学；在都灵，欧洲研究所以极大的热情进行了比较法的教学；戈拉撰写了“合同”一书。

在当时的法学家看来，比较法所能提供的帮助，要么是作为纯粹理论研究的一种替代研究方法，要么是被用作确认某一具体教义（具体概念）的方式。因此，比较法和历史一样，被当作确认制度因素的工具。凡讨论法律方法论者，应当及时观察比较法如何揭示了法律体系内部存在的自相矛盾之处；观察比较法如何列举了各法律体系的内在的、固定的因素，并因此得以构建一个“系谱学”，即关于不同法律体系特点的科学。

比较法学者通过明确且单纯的事实来开展其研究工作，即避免将其单一前提、区分性的或解释性的框架插入到他们所研究的法律体系之中。历史学家也采用这种研究态度。戈拉以及其后的

《外国法和比较法教学中“基础课程”的作用》(The role of the Basic Corse in the Teaching of Forgein and Comparative Law)，载《美国比较法杂志》(*Am Journ. of Comp. Law*)第19期，1971年，第616页；K.茨威格特(K. Zweigert)和H. J.普特法肯(H. J. Puttfarken)，《德国法学教育的重要性》(*Dei Bedeutung der Rechtsvergleichung in der Juristenausbidung der Bundesrepublic Deutchland*)，1974年，第125页；G.普莱斯(G. Pugliese)，“比较法在意大利法学教育中的重要性”(L'importance du droit comparé dans l'enseignement juridique en Italie)，载于《第九届比较法大会意大利国家报告》(*Rapports nationaux italiens au IX congrès int. de droit comparé*)，米兰，1974年；D.塔隆(D. Tallon)，《关于法国大学比较法教育的一些观点》(*Les perspectives de l'enseignement universitaire de droit comparé*)，图宾根，1982年，第479页；R.达维德(R. David)，《比较法》(*Le droit comparé*)，巴黎，1982年；A.甘巴罗，“比较法教学与法学研究改革”(L'insegnamento del diritto comparato e la riforma degli studi giuridici)，载于《记事》，1987年，第87页。

其他法学家均关注比较法中的实质性的和历史性的特征。

因此,比较法的研究出现在那些宣称愿意呈现其真实的历史演进、揭示其认识论功能的法学院中。

到了70年代,情况又发生了变化[⑦]。政治学院对比较法课程 179
敞开了大门,宪法学者将比较法视为一种研究较佳法律模式的方法。在这十年中,法学研究对政治层面的强调,与目前所揭示的其他因素融合在一起,赋予了比较法以第二种功能和外观。现在,对自由记者、牧师和劳动者而言,比较法是一门为价值服务的学科。对法律人而言,这一结论实为一项至理名言。比较的概念令法律渗透于政治学院变得合法化。

在上世纪最后十几年中,一种新的现象非常流行。掌握着不同语言、学习过比较法课程的法学毕业生成为了诸跨国组织(联合国、欧盟委员会尤其是欧洲经济共同体)的官员、从事跨国业务的律师、或者作为重要的国际经济组织的法务人才。这就产生了学习比较法的一个新的理由:作为了解外国法——严格讲是国际私法和欧洲共同体(私)法——的基础,比较法要求法科学生以专业方式理解在其本土教学中无法得到解释的问题。当然,这种了解非意大利的(统一的、跨国的、外国的)法律的要求主要涉及法律体系的特定几个方面——工业和商业方面。据此,产生了《国际化学习计划》,此即为诸先进的法学院所做的事情。

新的概念是否已经超越了目前已有的那些概念?答案是肯定的。各法学院会先后意识到其任务是创设一种思维模式,而非随

⑦ 参阅上引M.卡贝莱蒂书。

时通报立法和司法的进展状况。在这一阶段中，大学的法学教育可以分为两个阶段：第一个阶段（如三年），法律问题将会通过理论的、问题式的和比较的方法进行解决；第二个阶段，法律问题将会
180 通过经验的、实证的方式在本国背景下进行解决。第二个阶段可能借助于法院和警察局得以实施。对于这些机构所处理的日常事务而言，那些大学层面上的真正的科学基本上用不到且也成本极昂贵。

这通常不会涉及从国内法向比较法的转化，而会涉及从一般法律到对其本国背景下适用的理解。

对于那些仅仅相信已经发生的情况的人而言，可以回忆一下11世纪的德国大学是如何结合其本国法律教学讲授的，该讲授在任何地方都已不再适用（罗马）法律。学生通过在法院的两年实习来进行实务学习。目前，瑞士大学的法学院依然只讲授抽象的民事诉讼法，在其后学生才参加关于各州程序法的实务课程。

当然，截止到目前我们已经讨论的、传播比较法的不同教学法上的价值并不相互排斥。相反，即使人们并不能准确界定它们各自的价值，但是它们彼此相互融合、相互联系。

从经验层面上讲，比较法的方法论和教育价值揭示了给学生引入最低限度的比较法教育并可以熟练运用它的必要性。从专业价值层面上讲，则能够向参加跨国课程的优秀学生提供可供灵活选择的课程，也就是说，通过对超国家的法律和国际私法进行比较，可以在本土法律知识之外增添对尽可能广泛的超国家法律概念的认识。

五、若干展望

在意大利，除了一所历史悠久但却保守的著名法学院之外，其他所有的法学院均讲授比较私法。这至少在表面上彰示出引入比较法课程的双重特质并首先展示出法学院对比较法的兴趣。比较法的许多其他课程也陆续地顺利开课。走在前面的法学院还制定了海外学习计划。

在法律教育的蓝图中，比较法到底占据着怎样的位置？

从直觉上来讲，人们认为，把形容词"比较的"一词用于辅助被人们所关注的法律领域之前(如比较商法)，其已经做出了一个进一步的特别注解，并指出了该学科的特征且划分了学科方向。 181

目前对比较法已有的态度都忽略了一个重要因素。当我们在说"民法"时，我们事实上是想强调在"民"字之后的限定词"意大利的"。如果我们把"私法"理解为"意大利私法"，则比较私法不是一般意义上的"民法"的组成部分。何况，该相反的情况将是真实的，即：私法学家同时也是民法学家，也就是说私法学家不是一个纯粹的外国经验的研究者，他是国内民法的研究者。我们经常看到罗马法教授转而讲授民法：比较民法中包含着很多意大利民法的内容，而罗马法并未包含着这些内容。

此外，比较法是一个特殊的学科，甚至应当说是一个很特殊的学科，也就是说，没有进行由外国法到比较方法的研究而形成的广博见识，国内部门法的研究者不能成为该领域内的比较法学家。对法律教育类似的认识不断地扩展到更多国家，即在法律教育中涉及一些国家的实证法只是进入比较法的准备阶段而非比较法本身。

现在我们来讨论一个很核心问题，即比较法研究与外国法研究的关系。

可以观察到的事物是不能被质疑的。R.达维德或者G.克里斯科利(Criscuoli)关于英国合同法的著作是比较法学者所写的作品，其与一般的英国合同法著作不同，后者是对以学习英国法为目的的人进行教育的工具。但是，一旦澄清比较法和对外国法律的学习是可区分的，人们就会追问学生们是否应当学习比较法或外国法。瑞士和英国在大学教育计划中对学习外国法的学生给予学分，而对于较成熟的比较法学习则不给予学分。由欧洲经济共同体发起的伊拉斯谟项目更重视学习外国法的经历，而对比较法研究则持中立态度。

针对不同的教育方案，来自不同领域的人们都会对比较法学者的能力提出问题。一些教师在世界主要法律体系的基础上讲授比较私法，但是却忽略了令他们感到不那么自由自在的非洲和亚洲的规则体系。相应的，对并无地域边界的法律比较内容提出质疑的人，会引发其去思考比较法是否已经成为一门无所不包的、丧失了明确的界限并在内容上失去了相应的确定性的学问。

182 这些问题都有其道理。但是，这些问题不应当被过分渲染。

法学家不是第一个进入比较这一领域的。在法学家之前，语言学家已经成为有经验的比较学者。语言学在其发展过程中从未忽视对不同学科之间同一性的相关问题的关注。懂得多种外国语的人是通晓多种语言的人，而具有比较各国语言结构的能力的人则是语言学家。语言学能够胜任对所有现存的或曾存在的语言进行研究活动,没有任何一个通晓多国语言的人会企图欺骗语言学家说自己无所不知。关键是,语言学为具体语言的研究和探索提供了必不可少的工具。大学既讲授外国语言又讲授语言学。如果一位意大利语学者向语言学院建议将外国语言和语言学的学习缩减到如同法学院对外国法律和比较法学习的程度,那么人们会认为他丧失了理智。

因此,在法学院中,设置了比较法和学习外国法的教席。在一些并无相同规律主题的情况下,比较法可以对其进行深入研究,而且为研究者提供一条更加实用和有效的认识外国法的路径。

对外国法的研究,以往的阅历是非常重要的。文学院成功地采纳了那些以其母语给意大利学生授课的较低职称的教师*的修辞方法。在我们看来,这是非常有用的法律教师职位的经历。法语、英语或德语教师可能会向已具有语言比较背景的意大利学生讲授法国、英国或德国的某一部门法。

这就是对“讲授比较法还是外国法律哪一项更值得”这一问题的答案:每个法律人都应当接受作为认识论意义上的方法且作为能够跨越不同法系的钥匙的比较法训练。其后,一定数量的学生应当被安排在可以获得外国法的广泛信息的学习条件中。比较法的研习对那些正在学习的学生而言是必要的。希望学习比较法的学生应当能够进行跨国性的学习,即培养方案应当对外国法给予大幅度的开放,这些学生在学习之后可以在其职业生涯中利用其所学的比较法知识。

---

* 即被政府派往国外讲授本国语言的教师。——译者

长此以往，通过对具体制度或具体规范进行比较，彰示出特定法律体系的规范倾向于具有相对同一的特征。每个法律体系的内涵所强调的比较科学正是建立在这一观察的基础之上。

183 这一特殊的子学科现在被意大利人构架成了系谱学，并在一些法学院以比较法律体系的名称被讲授着。这是一个非常广泛的比较研究题材，因为它主要研究那些作为整体的法律体系的各种特征，并且其涉及所有现存的法律体系。

没有人可以不进行系谱学研究而讲授比较法学。

走在前面的法学院——都灵、佛罗伦萨、特伦多——就是在这个意义上进行明确规定的。其他法学院也因同样的需要而做出了同样的规定，只是并没有明确指明而已。事实上，所有开设比较法教学的法学院或者经济学院，均开设了比较私法课程，以及——除个别情形外——比较私法课程均涉及不同法律体系的特征。因此，正如私法制度作为整个的法律体系的必备入门一样，比较私法——并不专门讲授法律体系的比较——是整个比较法的入门。

法学院应当进行改革的官僚机制依然存在。

如果改革与教学和文化的真正主题相适应，则正如我们下面所说的那样，改革将会是完全有益的。

人们需要选择，是以提出问题的和全球化的方式并结合本国情形进行法律教学，还是选择主要根据本国情况并结合本国之外的情况来讲授法律。

人们需要选择，如何教育意大利的法律人，因为鉴于欧洲经济共同体规则的原因，讲授法律的人不仅包括意大利的律师，还包括英国、德国和法国的律师。是否应当给所有的法律人讲授一些比较法以及国际法；是否应当对一些法律人讲授非常多的国际法，尤其是比较法。

另外，还有一个问题需要注意。

并非是说欧洲经济共同体对法学院体系会不加区分地长期适用。当欧洲经济共同体思考法学院教育欧洲律师的方式时，它应当既从整个欧盟法的层面，也从欧洲经济共同体不同成员国的法律层面，思考一下这些法学院是否具有理解欧洲法是如何被制定的恰当方式。

第二编　法律体系研究导论

第六章　法律体系及其种类

第一节　对不同法律体系的归类

一、法律体系的多样性

法律的体系多种多样，对其进行比较的可能性就建立在这一 187
经验观察的基础之上。同一体系，或至少是某些规范的总和，可存在于多个国家（特别是当人们通过条约或特定机构创立“统一法”时，这一点体现得最为明显）。

同样，在一个国家内也可能存在不同的法律体系（例如在意大利，各大区制定的法律就彼此不同；更典型的例子是英格兰法与苏格兰法、加拿大普通法与魁北克法等）。

法律体系差异的重要性有大有小。法国民法体系与比利时民法体系之间的差别在比利时独立后不久就大为减少。两国的民法典相同，民法典之后颁布的特别法数量也不多，并且解释者对法律的发展在当时也并不明显，同时两国的解释者所面临的文化制约因素也是相同的。与此相反，中国法与比利时法就不存在很多共同点。法学家们能够本能地觉察到这些相似法律体系之间的差 188
异，并且能够把它们有序地划分为不同的种类。比较法学家们为法学研究提供了衡量不同法律体系之间距离的方法。

正如我们已经看到的那样，当这种衡量显示出法律体系之间存在的巨大差异时，人们往往就会对不同法律体系的可比较性产生疑问。其中首先提出的是否定社会主义法系与其他法律体系之间可比较性的问题，随后又提出了否定传统社会中法律可比较性的问题。但这些问题所建立的基础是模糊不清的。

通过微观和宏观上的比较人们可以把所有具有较小差异的法律体系划分为一大类，与那些与其差异更大的法律体系相对。较小的差异和更为深刻的差异之间的对立体现在比较法学家的研究活动中，他们将其划分为宏观比较（对较远法系之间的比较）和微观比较（对较近法律体系的比较）。在宏观比较中需要将被比较的法律体系中的术语翻译成研究者所使用的语言，而在微观比较中则使用其原有的术语。对于相近法律体系的比较，研究者会运用一些由其所在的法律体系之外的法学家所创立的概念。

通过比较人们会发现不同法律体系中的根本性和持久性特征并根据这些特征来判断两种法律体系的距离是较远还是较近。这样，当人们通过具体的方式对几种最为重要的法律体系（即法国法、英国法、德国法和美国法）进行比较时就会发现法国法与德国法以及英国法与美国法之间的差别远没有欧洲大陆法系与英美法系之间的差别深刻和持久。将不同法律体系首先划分为两大类的基础就是如此的显而易见。

社会主义革命改变了欧洲许多国家的法律制度。在社会主义国家中法律比较是建立在“统治阶级的利益是所有法秩序中的核心和根本问题”这一观念的基础之上的，并且最基本的宏观划分是

以资本主义法系和社会主义法系的对立为基础。这些与共产主义
政党的任务紧密相连的特殊法律体系的存在使得社会主义法不仅 189
与英美法大异其趣，而且也与欧洲大陆法有显著差别。

抛弃欧洲中心主义的眼光我们就能看到存在于中国、印度、伊斯兰国家以及非洲南部地区的法律体系的显著特征。对欧洲法律渊源的吸收(以法国模式的民法典为代表)并不意味着这些国家接受了欧洲的法律。因此人们开始承认一些欧洲以外的、特殊的法律体系种类，这些法律体系具有自身的显著特征。

二、法律的种类

对不同法律体系的归类应以何种方式进行？这种归类又能得出怎样的结果？

对法律最广泛的划分被称为“(法律体系的)种类”，在每一种类之中又可进行进一步的划分。

从科学认识的角度出发，学者们依据其研究的法律种类的范围不同而被划分为苏维埃法学者(即社会主义法专家)、伊斯兰法学者、非洲法学者等。比较法学者这一最广泛的称谓包含了微观比较法学者(他们的研究仅限于同一法律种类)，研究英美法的大陆法学者和研究大陆法的英美法学者，同时它还包括了对法律体系进行研究的学者、以勒内・达维德为代表的致力于研究所有法律种类特征的学者以及对单个法律体系进行研究的学者。

从教学的角度来讲，有必要对不同法律种类的研究进行区分。国际比较法专业的教学分为三部分，第一部分主要介绍世界上不同种类的法律。意大利已经开设了比较法课程的法学院和政治学

院都将其内容进行了进一步划分，其中有些已经开始介绍英美法、社会主义法（即现在的东欧法）和伊斯兰法。

如果对法律体系的分类仅关注存在于不同法秩序中的相似之处和不同之处，那么就应当建立一种“体系树”，学生们可以在其中的一个枝杈上找到相近的法律体系。与北非柏柏尔人和格陵兰爱
190 斯基摩人的法律差异相比德国法和美国法的差别是微不足道的。

出于研究目的被建立的“体系树”应当包含许多传统法律体系的枝杈，然后将所有拒绝神明裁判、承认主权者的立法权、规定有权机关通过审判实施法律、使用由通晓法律之人创立并传播的法律专业语言的法律体系标记于“体系树”的同一分支上。

事实上，出于现实原因在划分法律种类的过程中学者经常接触的法律体系得到了特别强调。

这样，人们就将法律划分为罗马法系、普通法系、东欧（前社会主义）法系、拉美法系和伊斯兰法系。随后人们又将中亚和东亚的法律划分为同一种类，将其他传统社会的法律划分为另一种类（这些法律是在该民族还没有文字时被制定的）。

这种状况被人们作为实际情况而接受，它有助于对不同法律内容的阐释。

三、法律体系特征的形成

现在我们就来具体看一下对法律体系进行分类如何能够彰显其特征。

根据被普遍认同的观点，人们应当将体系中不易改变或转换以及决定法秩序整体及其所有组成部分的特征置于突出地位。现

在我们就来看这一标准将把我们引向何方。

研究者首先会震惊于规范内容的广泛性。突尼斯的婚姻实行一夫一妻制，但在其邻国一名男性却可以娶四个妻子。美国的一些州仍然适用死刑，而死刑在意大利已被废除。规范的内容很容易转换。如果我们读到关于突尼斯有关机关恢复多妻制或美国某一州废除死刑的新闻，我们也许会感兴趣，但不会很惊讶。

宪法中关于法律渊源的规定具有很重要的特征。但即使这些
规定也可轻易地被改变。在法国每一代人都会数次修改宪法，但 191
法律的根本特征却没有变化，在法国不存在路易吉·菲利波(Luigi Filippo)或第二帝国的法律文化，这与长沙发、衣柜、扶手椅设计式样中的情形正好相反。不存在一种与第四共和国不同的第三共和国法学。

从君主制到共和国的转变对法国现存法律的影响非常有限。

一种独特的功能主要与将创制法律的权力被分配给不同主体这一方式有关，其中主要包括：立法机关(议会或其他更为专门的机关)、法院(创设判例)、学理(其主要作用在于教育学生，即未来的法学家，以及为法官提供可资参考的学说)。毫无疑问，议会、法官、学者、政党之间的关系是可变的，但这种变化是缓慢的，同时为了人为地引起这种变化，需要仔细斟酌、谨慎行事。人们可以通过削弱学者的权力来阻止未来法官与学院的接触(人们也可以阻止普通法的未来法官到教授罗马法的学院中学习)。如果人们不希望法官在判决中说理，那么就可以削弱其创造先例的权力。政党不仅注重对法律的编纂，而且也注重法学院使用的教科书的编辑；它可以选择哪些判决可发表于法学杂志，也可以事先确定有关司

法事务职位的候选人。这些手段与机制存在于整个法律体系并同时决定了其全部内容。它们的系统性作用要比单个的法律规范或法律规范群重要得多。

此外它们还有另一重要功能——法官所运用的分类和未被记录的规则。概念体系以及用以表达这些概念的语言系统被法官们一代一代地流传下来。法律的概念体系可以存续数千年，尽管每一种分类都在不断变化并且受到来自于其他体系的影响。普通法系与罗马法系的对立首先建立在这两大法系的法学家所运用的分类的基础之上，即使立法机关也很难动摇这些概念体系的根基。

192 在每一个法律体系中最根本的规则都是隐而不显的，亦即没有被记录的。正是因为这些规则经常被研究者所忽视，所以立法者既不能破坏也不能限制其适用。这些规则导致法学家建议的作用范围在英国法官那里比在欧洲大陆法官那里要有限得多。很显然，决定如何在纯粹思辨(学理)和实用思辨(司法)之间分配权力的规则就属于此种类型。

第二节　不同法律体系的显著特征

四、对差异的衡量

欧洲的法学家很容易理解普通法系与罗马法系之间的差异(这两大法系通过普通法和法典法的双重经验得以发展)。将这两大法系与伊斯兰法相区分的差异要比上述差异更为明显，在伊斯兰法律体系中位于中心地位的是学理，它是一种援引宗教典籍的具有法律效力的学理渊源。然而，将这三种法律种类与非洲传统法律体系相区分的差异则比以上这些差异都更加显著，这些传统法律体系的运行并不以存在着承担制定规则和解决纠纷职能的高于个人的主权者为前提。

对于对广义历史（包括史前史）和人类学尚缺乏了解的法学家来说，属于不同法律种类的法律体系之间的差异要比他们想象的还要大。如果我们能考虑不同法律体系的基本特征，而不是仅仅简单地将其归入罗马法系或普通法系，则我们就能更容易理解前文中所提到的内容。

五、权力分散社会中的法律体系[①]

我们习惯于认为存在于法律和对其进行保障的最高权力之间 193
的关系是不可消除的，这种权力可以以民主代议的金字塔模式为基础，但在任何情况下它都是一种相对扩张的权力，具有广泛而多样的可能性，同时它也是一种集中的权力，这样对于法律的运行就可以不必求助于单个公民的权力。对于已发生纠纷的解决要借助于法官的审判，在这一过程中争讼双方都应按照法律的要求服从法官，同时法官也会运用各种必要手段迫使不服的当事人服从其判决。

总而言之，当我们想到法律时就会同时想到国家，或某种中央

① 权力分散的社会都是没有文字的传统社会，人种学的文献曾广泛探讨过这一问题。关于权力分散社会的类型，参阅 M. 福特斯（M. Fortes）和 E. E. 埃文斯—普里查德（E. E. Evans-Pritchard），《非洲政治制度》（*African Political System*），伦敦，1940 年。

集权。

同时，根据我们的经验在有些社会中现在或在不久以前还缺乏一种能够保障对法律的遵守的集中权力。实际上，国际社会也没有，或至少在近几十年前还没有一种集中权力。[2]

在1919和1945年之前，即在国际联盟和联合国成立之前，国际社会的运行依靠的是一些在法律上可被阐释的行动和程序，当时并不存在一种能够保障法律的权力，而法学家们也在毫不迟疑和毫无疑问地谈论国际法。

现在我们得到了第一个结论：在1919年之前国际社会就如同社会一样存在，这一社会由法律规则所调整；同时也存在着国际法，它被全世界的法学院所研究和讲授。创建一种支配整个国际社会的法律的观念并不是一种新兴观念，而是可以追溯到很久以前：几个世纪以来已经形成国家的人类社会通过法律调整国家之间的关系，这与保障法律实施的国家集权并不相冲突。

那么，当时的冲突是如何解决的？受到侵害的国家要么选择沉默，要么选择自我保护。有冲突的地方往往就有战争。而战争则是以协议来终结。只要没有新的冲突产生协议就一直有效。因此，冲突就是一扇门，这扇门的开启就是为了让以下两种事实通过，即谈判与战争。

194 小国往往会受到大国的侵犯和不公正对待，因此小国会采取

② 即使是现在，如果我们将联合国当作是某种集中权力的掌握者，我们就是确定了它并非一种重要的权力主体，也并不完全拥有解决冲突所需的手段。联合国的调解或强制形成了一些冲突，而这些冲突的解决在很大程度上依靠的是与其性质不同的传统标准。

一些措施来进行自我保障，例如将自己置于大国的保护之下。这样就产生了保护关系、联盟关系以及在受到侵犯时彼此援助的相互许诺；也产生了联邦、同盟和联盟。鉴于并没有一个超国家的权力保障国际法在各国的实施，人们因而创立了一些手段，其目的在于创建一个全球化的权力组织以保障将其意志贯彻于每个国家。

小国还可以通过一种特殊的反应得到保护：因为没有人喜欢侵略者，所有可能受到侵略的国家面对侵略者时都能感觉到团结的必要，这样当侵略发生时它们就能一致行动以反抗侵略者。

当国际法向我们证明了可能存在一种其法律运行不需要某种集中权力的社会以后，我们就会问这种不具有集中权力的社会在国际关系背景之外是否也存在。答案是肯定的。

直到六千年以前，特别是一万两千年前，人类社会的运行都倾向于不依靠集中权力。各种小的组织能够自我防卫。这些组织也并不总是仅仅依靠自己，因为还存在着联盟，人们知道面对侵略者时应当联合起来。这种社会组织的出发点在于：不存在国家权力；不存在立法权；特别是不存在审判权。

权力分散的社会应当具有的制度都包括哪些？

权力分散的社会不具有与大陆法系的法律相类似的法律规则：它们没有最高机关，没有立法者，没有国家元首，也没有公共管理。它们有的是其他规则。在这些社会中，任何法律关系的中心都不是个人，而是小的团体。如果某人杀了人，问题并不在于找到这个人并将其绳之以法。这类问题是团体首领的问题。一个团体实施了侵害行为，另一个团体就受到了损害。受到损害的团体希望得到赔偿，这种赔偿一般意味着杀死另一团体中的一个成员。

195 受到的损害通过实施侵害的团体所承受的同态复仇或交纳的罚金得到弥补。[3]

因此复仇就是一种规定制裁的形式，不能说它是一种民事手段还是刑事手段。事实上权力分散的社会也并不知道这种划分。只有当国家主权者开始对扰乱一般社会秩序的违法行为和只侵害被害人的违法行为加以区分时，刑事和民事的区别才得以体现。但在一个权力分散的社会中这种区分是无法实现的。[4]

当然，当某人被家庭内部成员杀害时这种团体间的报复是无能为力的，因为此时缺乏一个为其复仇的团体。杀害了儿子的父亲或杀害了父亲的儿子能够逍遥法外，这种现象会让欧洲人大受震动。[5]

---

③ 这种司法机制对意大利人来讲是很容易理解的。在我们的语言中还存在"复仇"这一词汇。在意大利以外，一般意义上的"报仇"，即对加害人实施报复，被用其他词语来表达，并且这些词语在不同的语言中也有所不同。但由一个团体向另一团体实施的仪式化的报仇在全世界都被称为"复仇"。这一词语源于意大利语，因为在高度文明的语言中，只有意大利语具有表示仪式化报复的专门用语；实际上在意大利的一些地区如果一个家庭中有成员被杀害，那么该家庭中的成年男性血亲就应为其复仇。女性以及因女性而成为家庭亲属的人没有复仇义务；该仪式明确规定了在什么年龄免除实施复仇的义务以及在什么年纪只有相对义务。这类规则得到了非常准确和全面的传播，尽管这些内容从未在大学中被教授，也从未得到最高法院的肯定。

④ 在殖民时代，对非洲国家进行殖民统治的欧洲国家通常会遇到一种心理上的困难。它们将欧洲式的刑法引入了这些国家：当两个团体已经通过支付赔偿金（根据伊斯兰法或当地习惯法）或进行同态复仇的方式实现了对犯罪的矫正之后，（殖民）国家还会对犯罪者进行制裁。非洲的人民反对这种在实行了传统制裁之后还要由国家再次施行制裁的观念。

⑤ 关于柏柏尔人和索马里人传统法律的实施，参阅 R. 萨科，"柏柏尔人与索马里人原始法律的一些相似之处"（Di alcune sigolari convergenze fra il diritto ancestrale dei Berberi e quello dei Somali），载于《法尔茨亚论文集》（*Scritti Falzea*）第四卷，米兰，1991 年，第 418 页。

欧洲人很难理解杀害父亲的儿子可以逍遥法外这一事实。然
而，根据以团体的自我保护为基础的逻辑，这种结果却是不可避免
的。首先，在这种情况下谁能进行复仇？应当是弑父者的兄弟，但
劝说其兄弟杀害弑父者却是不太合适的。其次，团体在战斗中需 196
要有强大的战斗力，一个成员被害已削弱了团体的战斗力，如果因
为复仇再杀死另一个成员，则团体的战斗力必将受到进一步的
削弱。

在这些权力分散的社会中并不缺乏一些防止复仇链条无限扩展的措施。在所有社会中都存在着道德力量。在文明社会中，人们求助于伦理和宗教；在更为传统的社会中则求助于巫术或其他手段。在这种背景下，被认为具有超自然能力之人（巫师、萨满教徒、神的使者）会参与仪式化的复仇，而他们的介入可以使复仇得到终止。

现在我们有必要了解一下“仪式化”这一术语的含义。首先我们假设在一个权力分散的社会中出现了一项谋杀，这可能是一项可出现于世界任何地方的犯罪行为，但也可能是一项复仇。这两种事实具有本质差别，因为有权力分散的社会非常清楚要区分制裁（根据损害的程度，但以仪式化的方式实施）和纯粹的犯罪行为。

为了能更好地理解这一点，我们再回到国际法。首先以战争为例，战争会导致大规模的杀戮，但只有那些身着制服的人可以开枪。不穿制服的人可以制造武器，可以指挥运输武器的火车，但却不能开枪射击。在 1870 年普法战争中的一个特定时期有一些不穿制服的法国公民开枪，普鲁士即行使了国际法上的权利：这些法国人不是参战者，但却被作为杀人犯受到镇压。

国际法使冲突得到了仪式化。它要求国家只有在一方向另一方正式宣战之后才能进行战斗。当然这一规则可能会被违反，但规则并不会因为被违反而丧失其性质。

即使在权力集中的社会中规则也可能被违反。很明显，这种情况也可能发生在权力分散的社会中。在这两种社会中我们都能找到因违反规则而导致的冲突。在这两种社会中也都存在着制裁，在权力集中的社会中制裁由中央权力实施，而在权力分散的社会中则由进行自我保障的主体实施。在这两种社会中都存在着实施法律的措施失效的可能。然而，即使在更为进步、更加关注公民
197 需要的社会中，正义也可能因为证据不足、法官失误或其他原因而无法实现。

现在我们回到由小团体组成的权力分散社会。这种社会中的所有权对于来自由中央集权统治的社会的人来说是很难理解的。很明显存在着团体对财产的权力，因为团体不希望财产脱离其控制。然而在团体内部也不排除单个成员的所有权。这样在同一个物上就存在着两种相互重叠的权利：团体权利和个人权利。团体内部的财产转让是被允许的，但除非团体一致同意，否则不能对团体之外的人转让财产。

继承权的形成也与这种观念有关。在一个父权制的团体中只有团体成员的儿子才能成为团体成员，女性不能因死亡而继承。因为女性可能与团体以外的成员结婚，如果她继承了团体的财产，那么当她死亡时，这些财产就会被其属于其他团体的子女取得。

亲属观念、所有权、契约（尽管其内容很少）、对违法行为的制裁，这些制度都存在于权力分散社会的独特性质之中。

六、权力集中社会的法律体系

为了介绍权力集中的过程，人们也许会说：即使不了解史前史和人类学的人也会认为在石器时代人们生活在以权力分散为特征的社会中，但到了青铜时代人们却不得不开始寻找一种不同的社会模式，这样就开始了权力集中的过程。

当然这一等式是有保留的。事实上在权力分散社会和像巴比伦或埃及这样的神权帝国社会之间有一些非常重要的中间类型，包括从君主制、寡头制或民众大会制到城邦国家、等级部落及非洲南部帝国等各种形式。此外，青铜时代的一些社会与我们将要描述的以神权为基础的集中帝国模式并不相符（例如苏美尔人的社会），而在殖民时代以前的美洲，有些社会还不知道青铜（美洲缺乏铜和锡），但他们却建立起了权力高度集中的帝国。因此青铜时代 198
与权力集中社会之间并不存在一一对应的关系。

然而，即使一般人也知道权力集中社会的产生与青铜时代的一些需求密不可分。这些社会面临一些集体性的重大问题，这些问题的解决有赖于将不同任务在社会机体内部进行有效分配，同时要求具备保证这种任务分配的必要手段。

在权力分散社会中一旦产生冲突人们倾向于求助军事首领。战争能够导致的后果之一就是形成一些军事阶层，这就必将进一步导致特权阶层的产生。首领、军事阶层、巫师、加工石器的手工艺人以及晚近时期的陶瓷工匠，他们拥有能够导致各种不同变革的力量。漫长和渐进的变革逐渐为一种与权力分散社会不同的社会打开了大门，这种社会更适合解决一些复杂问题。

关于复杂问题的一个很好例证即产生于青铜的制作。如果一个社会有能力制造青铜，那么它肯定能在与任何石器社会的冲突中获胜，因为青铜武器优于石制武器。因此从长远来看制造青铜的社会必将取代只能制造石器的社会。这种青铜与石器的对立只有在数千年以后人们懂得造铁时才最终消失。[6]

我们记得青铜社会于公元前四千年左右在是全世界四个地方(并且只在这四个地方)几乎同时产生，这四个地方分别是美索不达米亚、埃及、印度河流域和黄河流域。

制造青铜要克服一系列困难。其问题不仅仅是如何达到高温，事实上对铜和锡的熔化和混合并不需要太高的温度(而熔化铁则要求很高的温度)。困难在于找到铜和锡，因为铜矿与锡矿往往
199 相距甚远。因此青铜社会应当具备以下技能：找到铜和锡的位置、从地下开采出铜和锡、将铜和锡经过整个欧洲或海洋(取决于技术条件和气候条件的海运并不便利)运送到生产地点。

这一系列复杂过程本可以通过交换或制定规划而得以完成。但与之相反，几个世纪以来，通过集中化和有计划的决定来解决问题的方式却逐渐得到了确立。因此这些问题及其解决方案就具有了一致性。

这些社会需要培养找矿、挖矿、制造青铜并将金属从欧洲或亚洲的一端运到另一端的人才。这些人如何获得报酬？为了实现粮

---

⑥ 在那个时代出现了一些会造铁但不会造青铜的社会(当欧洲人开始与其接触时，几乎整个非洲都懂得造铁但不懂得造青铜)。但一般而言只有在青铜产生很长一段时间以后人们才学会造铁，因此青铜与石器，但不与铁器，相抗争的历史持续了数千年。

食自给，有必要让粮食生产者从其产品中提取出一部分放于粮仓，这一部分用于供养其他社会成员（这就需要假设社会中从事农业和畜牧业的人必须生产出远多于供养其自身所需的产品）。

如果对金属的获得需要以交换为基础（首先需要为制造金属的人提供粮食，或者为其提供源于粮食生产者所交赋税的金钱，这也相当于为其提供粮食），对基本生活生产资料的生产就必须以计划为前提。

这一过程包含四项内容。首先要确定纳税者，但如果不事先确定有纳税义务的土地所有权人并保护其所有权，这一目的就很难实现。然后再把土地所有权状况记入地籍册，负责这项工作的是一些不从事生产活动的专门人士。除此以外，还需要将已交纳赋税和未缴纳赋税的人都记录在案，这项工作需要通过书写完成。这就要求发展出文字并培养出文书阶层，这些人也要由纳税人供养。因此青铜社会需要有税收体制、地籍册制度和文字。

此外还要平息或压制粮食生产者的不满，他们不愿承担如此
繁重的任务并将自己的产品分给他人。事实上他们并不认为只有 200
青铜才能确保其安全。这就需要一位能够迫使农民交出部分产品的人物，即需要一支职业军队。这样军人也加入到了不事生产但却消费的长长的名单中了。

但有必要说服军人不要自己掌握权力。一般说来，当时的社会组织还很脆弱，它害怕人民中的不同阶层，例如农民、畜牧业者、金属运输者、警察和军队出于各自的利益扰乱社会秩序。

在所有可能发生的震动以后，一种能够保证权力持续运行的社会模式就形成了，在这一社会中唯一可能的保障就是民众的确

信，它需要有一种所有人都相信并服从的理论，并且这种理论本身也要得到保障。

这样，巫师、占卜者、萨满教徒等就需要履行新的职责。他们不仅需要解决一些特定的个人问题或有关自然的问题（例如为何冬季过后白昼更长以及有关降雨和牲畜、土地产量的问题），而且还要促进人们对新型社会组织的接受，这种接受是以创造一种能够解释现实并使其正当化的理论和学说为前提的。在一段或长或短的时间里，这种理论可能不存在，但当时的社会也是不稳定的。在几种社会模式的冲突中只有那些具有保障的模式才能最终获胜。当具有“超自然”能力的人决定与权力合作时，变革便不可避免，并且这种新的社会具有坚实的基础。[7]

201 这种类型的社会有必要确保其成员接受能够使必要的赋税和负担得以合法化的根本信念，为了提供社会必需的服务，这些赋税和负担是必不可少的。同时也有必要将服从的必要性渗入到民众的精神之中。权力应该能够提供、阐释并保障真理。很难区分由权力所保障的真理以及每个人可以自由信奉的真理之间的界限。

---

⑦ 在《创世记》中我们可以找到一个青铜社会与新石器社会对立的典型例证，即约瑟兄弟到埃及的故事。亚伯拉罕是他拉的后代，来自一个青铜占主导地位的社会“巴比伦尼亚·卡尔德雅”（Babilonia Caldea），但他的后代却过着石器时代的游牧生活，不会制造青铜器也不会书写文字。当他们来到埃及时面对的是一个强大的帝国，但当时埃及正遭受饥荒。他们推翻了法老的统治并联合所有被埃及欺压的民族以保存其依靠武力获得的权力。约瑟就在这一背景下迅速成为了埃及的宰相。约瑟知道其兄弟来到埃及并知道该如何接待他们。在边境上，警察询问这些以游牧为生之人的身份。牧人为了自我管理首先必须建立以家庭为基础的国家，确定父亲身份、兄弟名义等。几分钟后他们对埃及的公务人员给出了错误的回答：雅各的儿子们说他们有十一个兄弟，但其实是十二个。这样两种法律体系就正面相对了。

我们记得“权力是真理的保障”这句话的意思就是“权力可被用于压制，以及在必要的情况下消灭那些反对特定真理的人”。

青铜社会在其全盛时期创造了一些在这一时代之前的几个世纪还被认为是不可思议的一些东西。在这类社会中需要发明赋税、文字、地籍册、警察和职业军队。有必要建立学者群体，在其中不同的教学内容可以并存，但其目的都在于建立一种统一的、可以划分但不能矛盾的理论体系，然后还有必要保障以所有这些共同知识为基础的理论措施。

在这一点上，统治者的行为要高于一切社会组织并且他通过适当的安排来确保社会的有序运行。首先他应考虑保障其权力，为了实现这一点需要制定各种措施。他还必须根据实际情况做出具体的决定，同时也要做出更为一般性的决定。他要制定一般的抽象规则，就像过去由权力分散社会自发形成并流传下来的一般抽象规则一样。规则的一般特征由权力分散社会保持到了权力集中社会。但在权力集中社会规则由社会首领颁布，并受到该社会权力的保障，具体而言，它不仅受到真理而且还受到武力的保障。

这些社会的成员认为这些规则与该社会及社会中的人是和谐一致的，或者他们将规则的根基根植于神法之中。

法律受到了很大的转变。权力集中社会法律的基本内容在权力分散社会即已存在，但这些基本内容此时却以另外的方式被结合起来，同时这种结合的后果也是全新的。首先如果存在集中权力就需要体现该权力的机关，而（职业或非职业的）法官就是其中重要的组成部分，他的职责是实施法律并做出裁决。权力凭借其 202
规则对社会生活渗透得越深入，制裁违法行为的法官的作用就越广泛。

其次，在这类社会中还出现了一种特别的非法行为，即对权力地位的对抗。一般认为，集中权力并不需要完全消灭既存的社会组织，这样自我保障可能会继续存在；同样中央权力对于介入具体纠纷也可能不感兴趣；此外权力可能认为处理的事务太多会使其自身受到削弱。

权力可做的选择多种多样。它可以和既存的社会组织并存，这样在社会中分散权力仍可以继续发挥作用；或者它也可以尽可能去除一切其他权力。

我们现在所描述的这种社会组织可以被称为国家，而不仅仅是一个社会。在这种社会组织中具有合法统治权的人实行统治，同时也为宪法提供了基础。对于协助中央权力的人也有必要确定特定规则，这就产生了行政法。与此同时，凡是使中央权力的主权者受到侵害的行为都会以特殊手段受到制裁，这就产生了民法与刑法的明确区分。进而言之，一般意义上的公法与私法的划分也随之产生。

集权帝国在国家内部推广其自身的法律模式、社会模式、文化模式以及各种技术手段。那些效法他国的国家可以决定学习其中的一些内容而不学习其他内容。很多世纪以来，希腊人都在输入知识和青铜器，但却没有被强制所窒息，这种强制在其他地方确保了新型社会的胜利，因此在希腊智慧屈从于理性的批判并进而发展成为哲学。但一般而言，集权体制在征服越来越多的社会和国家的过程中使其自身的逻辑得到了持续不断又不可抵挡的扩散。

波斯帝国的皇帝亚历山大大帝将许多源于美索不达米亚地区

社会组织的内容作为遗产留给了他的后继者。

罗马的转变也是在这一背景下发生的。这个城市通过不断吸收源于东方的模式而转变为帝国，其所遵循的正是接受集权模式的一般路径。这一过程至少在西方导致了最终的失败，因为它无 203
法在法律上向最高权力发出命令，此外也不能同时产生适当的法律组织和超法律的宪法。

在许多日耳曼国家(包括盎格鲁—萨克森国家)的法律史中人们看到了典型集权社会的入侵和捍卫其传统的分权社会体制之间的对峙：审判要由一方当事人开启、神明裁判、宣誓、公平审判、私人契约的政治—法律约束力等。近代库克法官与英国国王之间的斗争在千年之后又为这种对峙添加了新的注脚。

伊斯兰人在其社会还处于权力分散时期就在文化上引入了特定的集权组织。他们认为存在两种犯罪，一种(更为古老)被认为侵犯了小团体的利益，另一种被认为侵犯了共同体的利益。

中华帝国的结构是以坚固的中央集权为基础的：主权者的成文法以残酷的刑罚和行政规范对权力实行保护；法律较少考虑个体之间的争议，只要这些争议不危害公共秩序。这类争议的解决往往不依赖于帝国机关，而是依赖于社会自发形成的规则，这些规则突出强调的是人们之间的友好相处以及弱者服从强者。[⑧]

当社会的世俗化取代了传统的神权政治理论后，政党可以充当捍卫真理和社会秩序的角色，并取得相应的权力，这一现象在20世纪得到了灾难性的充分体现。

---

⑧ 参阅R.萨科，《中国》(*Cina*)，第二卷，1988年，第360页。

人类并不是必然会朝着残暴和恐惧的王国前进。在至少两千五百年的历史中，在集权社会内部[⑨]也产生了一些促进权力人性化、保障个人权利、对个人平等对待以及对政治权力进行社会控制
204 的推动力。权力集中体制的建立需要一般的合意，它受到了社会权利和个人不可侵犯性之间平衡的调节。[⑩]

七、有立法者的法律体系和无立法者的法律体系

今天年轻的法律学者都受制于这一观念，即立法者是存在的，并且立法者的存在是好的、合理的、正确的、符合自然的。首先，法律是不可或缺的，如果没有法律社会就没有用以解决冲突的规则，个人也没有在复杂的社会关系中用以进行日常活动的规则。而没有立法者就无法制定法律。

然而，有关立法权的存在、其规范性和必要性的观念的历史却并不长。从前，人们曾对立法的观念感到害怕。

下面我们来做一些对比。路易十四相信立法的有用性，为了使其发布的命令得到备案，他需要求助于议会，但议会却经常拒绝他，否定其提出这样或那样措施的权力。在路易十四以前很多历史事件都表明立法权应属于国王。Filippo Augusto 使法国脱离了罗马帝国的控制。在他以后，Filippo il Bello 剥夺了教皇在法

⑨　波斯人控制美索不达米亚，参阅《圣经》“以斯拉记”，1 ss；“以赛亚书”，41，ss.

⑩　本节的内容暗含了社会结构与法律规定之间以及社会变革和法律变革之间的关系，这与第四章第六、七、八节的内容相一致。实际上对于在石器时代和金属时代之间发生的巨大转变而言，法律变革是不可或缺的。第六、七、八节的结论不能扩大到如此全面的社会革命。也许相近的论述可以适用于从旧石器时代到新石器时代的转变。

国的权力，同时他还与超国家的骑士权力相对抗，这一过程导致了一系列悲剧的发生，并且他也没有忘记圣殿骑士的火刑。黎塞留破坏了封建权力。这最终导致了路易十四至高无上的权力，他的名言"朕即国家"也并非夸口。

但是，路易十四至高的权力也并不包括立法权。他可以在与国会协商之后撤销对某一旨在整合法国某一法律部门有效规范的命令的同意，但他没有完全的立法权。

路易十四没有制定任何法典。但在他之后上台的雅各宾派却 205
主张国家的绝对权力，国家权力的统一性以及将所有权力都集中到国家手中。正是从那时开始人们第一次（在宪法层面上）将真正的、不受限制的立法权的观念予以理论化，并将其赋予专门机关行使。

这样立法权就由一个国家机关享有，这也就开启了法律的国家化进程。我们现在来看一下雅各宾派的立法者。事实上它呈现出了一种模糊性：一方面，当时的民众认为国家是主权者，因而可以立法；但另一方面人们又认为只有依据理性制定的法律才有效力；人们将立法权赋予由选举产生的议会，因为在他们看来只有议会制定的法律才能确保体现理性的规则。

与此同时，担负着制定法律职责的议会也应当将法律在官方公报中公布，使其可以被人们所遵守。我们这里所说的立法机关已经获得了立法的垄断权，在这一意义上它必然要求法官去关注法律和法典中的具体条款，而不是理性的规则。

这一过程一直持续到法国大革命以后。从那以后，一种导致法律实证主义的观念开始占据主导地位，根据这种理论，如果一项规则是由立法者制定的，那么这项规则本身就能使其得到正当化。

然而，在雅各宾派以前情况是怎样的？在法国以外的地方情况又是怎样的？在这些时期和地区中，我们发现人们对国家的干预，包括立法，普遍感到害怕。当英国国王想要以过分的方式发展衡平法时，普通法的法律人都普遍感到这可能会产生一种新的、不可预测的法律，这种法律会侵害个人权利，使其减少并受到制约，他们进而担心"叛逆罪"会被引入英国。在当时的英国，存在一种不是由立法者制定的法律，这种法律任何人都不能改变。国王也没有立法权。

有人认为这种对立法者的不信任与盎格鲁一萨克森民族的精神相符合。在现代冯·哈耶克就赞同这种观点。哈耶克敏锐的认
206 识论不断地将我们从"应当制定法律"这一观点的局限中拯救出来。[11] 制定法并不能对法律规则的运用者提供保障。因此法学家应当更多地关注自生自发的法律（习惯法）。我们追溯的历史越久远就越能发现自生自发的法律，而不是主权者的立法。当法律通过自生自发的方式产生时，立法权的观念就不存在。

人们有理由认为欧洲法律的发展遵循的是不同的道路，在欧洲有立法者，有优士丁尼。在我们看来欧洲有制定法，但直到法国大革命时还不存在立法权。

在古罗马这种立法权从未存在过。古罗马人制定的十二表法很伟大，但这部法律只是用来解决一些已出现过的具体问题，而整个根本规则的体系却被认为是毋庸置疑的，这些规则既未被刻在石头上也未被写入成文法，因为它们太显而易见、确定无疑了（同

---

[11] 参阅第四章注释 3。

时很难用语言表达),同时也因为要全部记住它们很费力气。

古罗马人不断制定具体法律,这种范围内的立法活动是很普遍也是很自然的。但这并不意味着古罗马人具有一般立法权的观念,这种立法权被授予某一机关,该机关可以制定任何其认为适当的规则,并且其制定的任何规则都是有效的。

古罗马人在将优士丁尼的法律传入中世纪的过程中也将他们自己从未有过的东西遗留了下来。优士丁尼并不是雅各宾派意义上的立法者,他赋予学者著作以法律效力(保罗、拉贝奥、乌尔比安等),对其进行编辑整理并删除其中的重复和矛盾之处。拥有政治权力的人被认为有权进行法律编纂。优士丁尼成果的合法性不在于它来源于立法者,而在于它非来源于立法者,它的合法性在于它不是被制定的。只有到了中世纪,优士丁尼的成果才成为了制定法,他本人才被当作行使立法权的立法者。

日耳曼人将他们自发形成的法律带入了欧洲的历史。正像他 207
们遇到古罗马人一样,日耳曼人在其发展过程中也遇到了优士丁尼的法律。事实上,在欧洲自从人们认为法学家应当作为处理法律问题的法官时起,法官就在大学中的法学学者中遴选,而这些法官就按照优士丁尼的法律判案。法学家法官适用他们知道的法律,人们不能要求法官适用他们不了解的法律。由于欧洲的法官都只了解罗马法,这在实践中会产生一些问题。他们适用优士丁尼的法律,优士丁尼就被作为“立法者”看待,他的意志就被称为“法律的意图”(mens legis)。

在没有立法权理论的情况下,人们为什么会承认有立法者?正如我们在其他地方指出的,也许把优士丁尼放入天堂的但丁能够回答这一问题。在他看来优士丁尼的作品体现了基督教的真理，也体现了最根本的真理。因此他认为优士丁尼是神的使者。总而言之，要接受一项法律不需要求助于合法的立法权，而要求助于神的旨意。

优士丁尼的作品主要体现了法学家的观点，在19世纪的德国它得到了充分的科学化。在19世纪的德国法律由谁创造？在德国当时有39个立法者，因为存在着39个主权国。但是，从事法学教育的学者们却希望能够教授超越于狭隘地方法的科学，这样为了教授延续了欧洲共同法的德国法，他们就讲授以学说汇纂为基础的法学理论。

到了中世纪古罗马法学家（拉贝奥、尤里安等）的学说不再具有法律效力。但古罗马法学家被包含在了优士丁尼的权威之中，而优士丁尼的威望却被神圣化。实际的情况是这样：优士丁尼创立了法律的基础，中世纪的学者填补其中的细节。

法律史中最好的几页是由法学家创造的法律所书写的。在有些文化中，法学家明显处于法律制定的中心地位。其中有代表性的例证就是伊斯兰法，在伊斯兰法中所有的法律最终都能追溯到真正的渊源——《古兰经》或包含在伊斯兰教法规中的解释。一个
208 坚定的穆斯林教徒会相信所有的法律都包含在这两种渊源中，但对其持世俗或怀疑观点的人会发现《古兰经》和伊斯兰教法规只包含了全部伊斯兰法中的极小部分，其余部分都是由解释者（faqil）所发展的，解释者们从原文中很少并且常常含义模糊的内容中用大量的著作发展出了一系列完整的理论。

因为伊斯兰教的法官卡迪（Qadi）在判案中不说理，也不被允

许发展判例法，这样学者对法律的发展就更加具有专属性。当然，如果有人能对判决理由进行重述，那么即使法官不说理也能发展出判例法。但这在伊斯兰世界中是不可能发生的，因为不存在一个具有最高领袖的卡迪金字塔，也就是说缺乏能够创造权威先例的法官。因此在伊斯兰法中我们能看到没有其他竞争的学者造法。

在另一些地方法官是法律的创造者。要实现这一点法官首先必须有权威并被尊重，此外他还必须理解保持和发展其在社会中享有的权威和尊重所必须遵循的关键准则。

如果我们考察中国的传统法律，我们就会发现其中制定法如同在其他地方一样占有一席之地。但在中国制定法并不受人欣赏。在那里制定法并不被认为是对规则的创造，而是被视为发给官员的指示手册。在中国缺少与我们相类似的、将法律看作是社会组织重要组成部分的观念，此外对这些指示手册进行编纂也不被提倡，而官员也不应按照字面含义来理解其内容。人们认为官员应该更好地理解最高统治者，如果他不了解最高统治者那他也不能明白其意图向他解释的内容。因此对于社会上层的人来说最好不要去思考法律渊源这样的奇怪问题。

日本传统法律的情形与此相差不远。当与欧洲的接触带来了雅各宾革命产物的传播时，一般立法权的观念也被带到了亚洲。

一般立法权由有权机关行使的观念直到最近一段历史时期才产生。在有些国家只存在了几个世纪，即从法国大革命到现在。[12]

[12] 这一节的内容与上节描述的青铜社会并不相矛盾，青铜社会的立法者是被神化的或具有神授的能力。

209 八、有法学家的法律体系与没有法学家的法律体系

西方人总是喜欢以各种方式重复在中国传统文化中法律并不适用或以非常有限的方式适用。[13]

显而易见的是，即使在本世纪的一些重大事件以后（1912 年以来西方法律的影响以及引进西方的法律和法典；1949 年对这些法律的废除；1966 年以前按照苏联模式制定法律，随后废除一切成文法，再到后来重新制定法律和法典），传统中国凭借其实践和思维模式也仍然在很大程度上继续存在。这样我们了解中国传统社会的兴趣就是很现实的。我们来看一些重要论述。[14]

人们一般认为在中国法律的发展相对于哲学思想来讲居于从属地位，并且哲学思想对社会问题非常关注。因而中国缺乏立法文件和法学著作。这一情形与中华法系的倾向非常吻合，在中国人们更注重对冲突的事先预防而不是事后解决，并且在冲突发生以后，人们倾向于以友好和体现双方合意的调解方式，而不是有权机关的判决来解决。只要在调解无法实现时，争议才会交由法官裁决，作为非职业法律专家的法官在审理案件时是以其个人智慧以及儒家道德标准为依据的。

哲学，特别是儒家学说，既为法律在社会生活中的应有地位，也为在争议无法友好解决的情况下对解决方案的选择提出了适当建议。如果人与人之间无法和谐共处，那么社会秩序必将受到破

---

⑬ 参阅 R. 达维德，《当代世界主要法律体系》，第 478 页。

⑭ 参阅 R. 萨科，《中国》，第二卷，1988 年。

坏。因此社会关系应当以合意为基础，尽量避免判决、裁决以及多数人的决定。

在这种背景下法律无法起到根本性作用。个人不应首先主张其权利，而是要使自己的利益与他人利益相协调。对法律规定的引用被认为是对个人自私利益的维护，因而不被提倡，因此在观察 210
法律对公民个人的帮助时必须持怀疑态度。选拔处理纠纷官员的考试包括哲学和文学内容，但不包括法学。

对争议的解决首先要以“仁”（人类的感情），其次要以“礼”（其含义为“仪式”，其核心价值在于仪式、恭顺、尊重他人），最后要以“理”（理性）为基础，只有在最后一个层面上“法”（法律或制定法）才发挥作用。

“礼”具有特殊的重要作用，它是一个哲学高度发展的传统社会确定的用于保证社会成员和平共处并遵循自然和谐要求的社会生活准则。“礼”首先保证了与社会成员所处的阶级、阶层、社会和家庭状况相一致的彼此间的相互地位，如果没有这种保证社会将会出现分化。“礼”的观念受到了大力提倡，它在教育中占据了突出地位，同时也是选拔行政官员考试的重要内容。

与此相反，“法”的概念却没有得到人们的信任。如果有人在纠纷中引用“法”来反对“礼”，他会受到社会观念的斥责，与丧失一项权利相比这种斥责给个人带来的损失更大。刑法和行政法都受到“法”的调整。

在中国传统社会人们并不主张制定法律。法律可以在民众中间产生某种恐惧，但也会削弱对主权者的尊重。法律一旦被制定，人们就会利用其中的漏洞和缺陷，并且会寻找对自己有利的强词夺理的法律解释。

在我们看来，现在西方对“中国法”的认识存在一些严重缺陷。首先，西方人（包括中国人）都将“法”翻译成“法律”，而事实上“法”的概念只包括成文法，并且其内容主要是刑法和行政法。在这种情况下，有关家庭、所有权、契约等方面的关系都被排除于“法”之外，因为在中国统治者并不会主动关心这些私人之间的关系。然而，这种排除私法的做法并不科学，其理由在于：(1)“法”能够将其强制力渗透到包含私人关系的所有法律领域，因为家庭和所有权也受到刑法的保护；(2)“法”并非唯一有权威性的法律规范；(3)中华法系还包含一些非权威性的规范，但它们同样也是法律规范。

211 我们现在来解释一下最后一项原因。中国人认为，除了法律以外，传统（源于对古代的祭祀）和类比的力量也是规范社会秩序的手段。但仪式本身也被认为是西方法学意义上的法律规范，其原因主要在于以下两点：一方面对这些规范的违反会带来社会性的制裁，这种制裁并不直接受到国家机关的保障，但它并不因此而无效；另一方面一些特定的违反此类规范的行为会被国家机关根据刑法和行政法中的有关规定而处罚。

此时人们也许会提出以下问题：为什么欧洲人会认为在中国不存在法律？不同法律体系之间的真正区别为何？

从体系层面来看，宏观上的区别主要与法官的形成（而非其职能）、法官的审判权，以及当个人面对公权力时能够得到的救济（这一点最为重要）有关。

缺乏在专业研究过程中形成的职业法学家阶层也就等于不承

认在个人寻求救济时提供法律协助的价值和重要性。这一现象还导致了在适用规则过程中的弹性。不能指望没有受过专门注释学训练的法官能够严格适用法律。因为法官不懂得对规范进行分析，这就使得他要以某种方式从法律以外的经验中汲取知识。这样司法活动就受到了司法外内容的渗透。随着对规范目的和社会学资料的重新评价，19 世纪下半叶欧洲的一些法学学派也主张在欧洲推行这种模式（但该主张并未取得显著成果）。

到现在为止我们的论述可以得到两个结论：第一，在中国传统社会中不存在法学家；第二，以欧洲人的眼光来看，没有法学家的社会很快会变成没有法律的社会，因为欧洲人很难想象一种远离法学家的法律。

那么，存在于法律和法学家之间的关系究竟是什么？在整个罗马法系世界中既有法律又有法学家。在普通法世界中，我们能够找到新的法律和新的法学家。在社会主义国家中也能找到法律和法学家，在这些国家中法学家的合法性受到了修正，并且当权者 212
不时想要以政治家取代法学家，因为在这些社会中受到青睐的不是那些从高度发达的法律中得出的解决方案，而是能够符合特定政治需要的解决方案；而同样确定的是，在东欧国家法学家的退出要远远早于社会主义危机的发生。

在伊斯兰世界中也存在着法学家（faqih），他是神学家的一种特殊变体，因为伊斯兰法学被认为是神学的一部分。对于伊斯兰人来说，区分通晓一般神学知识的智者和通晓法律知识的智者是很容易的，因此法学家的形象在伊斯兰社会中是很明确的。

上文对罗马法系、社会主义法系、普通法系和伊斯兰法系的全景式描述似乎表明了法学家阶层是普遍存在的。[15] 然而，我们不能被这四种法系蒙蔽了双眼。

当有人在上述四种法系以外的背景下提到“法学家”这个词时，我们应当自问在该语言中人们使用的是哪个词汇，这个词汇的含义是什么？在一些中文著作的译本中我们发现有时人们会以一种轻视的语气谈论法学家这个词。人们会认为被翻译为“法学家”的词的含义其实是“讼棍”，这些人通过揣摩官员、法官的态度来建议犯罪人如何在官方可能会进行严厉制裁的前提下逃避法律责任，他们也会帮助他人隐匿赃物或销毁罪证。

下面我们来看一下那些没有文字的社会。我们发现在非洲的一些文化中只有在和欧洲接触后才出现了法学家，但法律在与欧洲接触之前即已存在，只是没有法学家。因为没有法学家，所以也就没有法律语言。这样在有法学家的地方就能发展出一套专业化的法律语言，而在没有法学家的地方也就不存在专门的法律语言。

在没有法学家的情况下，一些法律制度的名称未发生变化，当
213 人们谈论婚姻、子女、父亲、出生、死亡这样的内容时并不需要借助法学家的帮助。这些用语也是法律术语，但人们可以不待职业法学家的教授即能运用它们。其他的法律用语则必须借助法学家的创造。如果我们将意大利语和一些地方方言作比较，我们可能会形成这样一种印象，即缺乏法律用语的语言也能够满足人们的需要。

---

[15] 参阅 A. 甘巴罗，“法学家的胜利”(Il successo del giurista)，载于《意大利论坛》(*FI*)，1983 年，第 85 页。

每一种语言都体现了其所在社会的需要。我们可以自问在拉蒂尼亚方言中人们如何表述“给付”这一概念，在特兰多地区人们又如何表达“正当原因”，在都灵的议会中“解除”又用哪个词语来表达？我们的这些地方方言不能满足社会对法律精确性的要求。只有在书面语中才能找到真正的法律语言。

地方性语言就像是一面镜子，它向人们展示了如果没有一些导致根本性改变的接触发生，社会本来应该是什么样子。我们的地方性语言中的情形与没有文字社会的情形相似，也与中国或日本式的传统社会相似。

我们现在要问法学家自何时产生。在某种程度上我们知道古罗马法学家产生于何时，它与著名的涅奥·弗拉维奥(Gneo Flavio)的事迹相关。当时法律掌握在高度神圣化的祭司手中，这一现象并不使人感到意外，因为这些祭祀具有统治的思维模式，因而他们决定对一些经常发生的问题的解决方案予以确定。一天，一位具有革新意识的文书涅奥·弗拉维奥将记载这些内容的材料带到了市场上并交给了希望了解神秘的祭司法的民众，这些法律包含了最重要的法律规则，特别是关于播种日的规定。

从那时起法律规则就可为民众所知晓，一些人开始利用空余时间研究这些规则。他们将这些内容用文字记载下来，这样数千年以后人们仍可记得他们的作品。法学家并非产生于人类历史中的某一时刻，而是某些时刻。

在没有法学家的社会中，法学家的任务被赋予一些从事许多职业的特定之人，在这些职业中法律活动并非主要内容。例如，法律工作可以由祭祀、神职人员、学者等从事，不同职业的合并是很 214

寻常的。法学家由祭祀或神学家充当的社会是有法学家的社会和无法学家的社会的中间形式。

在这种中间社会以外就是完全没有法学家的社会。在这类社会中存在着最基本的法律语言，这种法律语言由满足人们日常需要的用语所组成，同时不存在对法律的了解超过普通人的专业人士。

对于这些国家的国际仲裁（这里所说的并不是边境上的私人之间的仲裁，而是对国家之间的政治问题或可能导致战争的争议的仲裁）由没有专门学习过法律的政治人物进行。

没有文字的社会都是没有法学家的社会，而有文字的社会则既可能是有法学家的社会也可能是没有法学家的社会。可以说法学家最初并不存在，后来出现了一些同时从事法律活动的人，最后则出现了专门从事法律活动的人。

这三种模式可以根据不同的时空条件互相转换。例如，在中国，法学家的作用只局限于中国人的生活中受欧洲影响深远的部分，与此相似的情形也出现在，或至少在不久以前出现在，日本。日本法学家对日本人生活的影响很小。在日本的法学院，人们只教授西方模式的法律，并不教授西方化以前作为解决冲突方式的传统法律。这让我们想起了存在于17世纪少数英国大学中的情形，在这些大学中人们只教授罗马法，即一种外国法，这种法律仅在英国的少数地方施行。日本大学的情形与此非常相似，它只讲授日本法的部分内容，而非全部内容。即使在日益受到欧美模式法律威胁的情况下，日本传统法律也仍继续存在，但却没有法学家来表述这些传统法律，亦即没有一个日本人想要对传统社会中的强制性规则予以归类并将其介绍给自己的同胞。

对于没有文字的社会而言，它们有法律，但却无法用语言将其表述出来，它们的法律是一种未被记录的法律。因此未被记录的法律是存在的。

可能存在一种完全被记录的法律吗？答案是否定的。一种全 215
部被记录的法律是不可能存在的，但是一种全部未被记录的法律却是可以设想的。在有些社会中，只有当欧美国家的研究者开始对其进行田野调查时他们才第一次开始记录其法律。因此我们可以说法律比法学家更古老；不存在没有法律的人类社会；人们可以确定不同社会法学家产生的时期。

有人可能会认为当人类开始运用语言时法律就开始发挥作用，但通过仔细的观察我们会发现答案不止如此。动物也受一些社会行为规则的支配。当然动物没有法院，但在自然界某一种群的动物中，如果个体行为出现偏差，该群体的其他成员就会对其群起而攻之，其目的在于纠正其行为或对其进行驱逐或消灭。在其他种类的动物中则存在着与此不同的现象。受到攻击的动物逐渐增强了其进攻能力，而能够攻击他人的动物则最终丧失了斗争能力。

一些肉食攻击性动物开始以一种非常有效的方式规定其“所有权”，即一种专属性“权力”，它们首先确定每个群体的活动范围，然后该群体的首领通过气味、尿液、将头与树摩擦而掉下的鬃毛等划定其“势力范围”。

大体而言，即使人科动物也具有类似行为。因此我们不必问法律何时产生，它在人类产生之前即已存在。当我们称之为人的两足动物第一次出现时，这种动物就具有基本的法律。因此我们也不能问人类何时发展出制定法律的能力。

占有就意味着“我行使对物的实际支配；如果我愿意的话我可以将该实际支配转移给他人；如果我不愿再行使该实际支配的话我可以将该物抛弃；如果我愿意的话我可以取得对不属于任何人之物的实际支配”。占有人不需对其意图做过多的解释，因为他在实际行使占有、实践占有。现实行为不需要被记录也不需要被安排。对于承担一项将来履行的债务的安排则需要语言，例如罗马
216 法中的要式口约“你是否允诺给我一百金币？我允诺”(Spondes mihi centum dari? Spondeo)。“你允诺”是指成为债权人并在将来接受给付的意志；而同意的行为“我允诺”则是一种负担性的规定。为了实现这种安排主体必须具有交流能力(但并不一定要有语音语言，具有肢体或标志性语言足矣)以及为将来考虑的能力，这些能力只能随时间逐步形成。

为了能够制定法律，需要有行使权力或举行仪式的能力(做标记也是一种仪式)。随着时间的发展，仪式逐渐开始由巫师来举行。巫师能够为法律提供强有力的保障，这种保障使得法律秩序创立者能够选择更为复杂的规则。随着人类社会的不断发展，人们能够在对人类需要进行批判性分析的基础上寻找解决方案，到了这时，以往的复杂规则就显得简单而粗糙了。

第七章　罗马法系中的模式及其重要特征 217

第一节　《法国民法典》的制定

一、法典化之前罗马法系中的法律[①]

在法典化之前，罗马法并不是罗马法系中唯一的法律模式。218
它与教会法一起成为了科学研究的对象和“学院法”——正是在其基础上产生了罗马法系中的法学家。

---

① 有关这一历史时期罗马法系中的重大事件的文献包括：G. 艾米尼(G. Ermini)，《共同法》(*Diritto commune*)，米兰，1954 年；P. 可萨克尔(P. Koschaker)，《欧洲与罗马法》(*L' Europa e il diritto romano*)，佛罗伦萨，1962 年；F. 卫安可尔(F. Wieacker)，《现代私法史》(*Privatrechtsgeschichte der Neuzeit*)，第二版，1967 年；《现代私法史》(*Storia del diritto privato moderno*)，第二卷，米兰，1980 年；K. 拉伦茨(K. Larenz)，《法学中的方法史》(*Storia del metodo nella scienza giuridica*)，米兰，1966；A. J. 阿诺德(A. J. Arnaud)，《法国民法典的学理渊源》(*Les origins doctrinales du code civil*)，巴黎，1969 年；G. 达来罗(G. Tarello)，《现代法律文化史》(*Storia della cultura giuridica moderna*)第一卷，《集权主义与法典编纂》(*Assolutismo e codificazione del diritto*)，博洛尼亚，1976；维森伯格、维森纳(Wesenberg e Wesener)，《现代德国私法史》(*Neuere deutsche Privatrechtsgeschichte*)，第四版，维也纳，1985 年；C. 加纳达、A. 刚巴罗，《欧洲法学史纲要》(*Lineamenti di storia della giurisprudenza europea*)，第二卷，第二版和第三版，都灵，1976 年和 1984 年；G. 欧路(G. Orrù)，《现代法学理论思想史》(*Lezioni di storia del pensiero teorico-giuridico moderno*)，都灵，1988 年。

在罗马法系中，被学院所研究的法律发挥着在其他地方所没有的作用(例如，英国，在那里罗马法也被研究)。

在法典化之前罗马法系的一个特点就是学院法和实证法的相互地位，其中学院法处于优势。

R. 达维德在他的教科书中[2]以无法超越的方式描述了这一情形，其中——用我们的新用语来说——相对于权威派、习惯派和学理派，教义派取得并保持了优势地位。

这一时期罗马法系的第二个特点就是原始文献和立法权过多并且过于分散。立法权属于世俗或教会共同体或统治者，他们的权力从地域上看仅局限于非常有限的范围内并且彼此交叉，由此导致了规则的多元(源于法律渊源的多样性)、复杂(对不同种类的人和财产适用不同的规则)和不一致。

与过于分散的法律渊源相比，学理的(相对)统一性有助于学术的发展(虽然如果某一学说被当作法源也会加剧法律的分散性和理解法律的困难)。

法学，在其能够实现统一的范围内成为了罗马法和教会法的核心，这二者被称为共同法。

私法中“共同”核心之外的部分被专门的法学家所研究并为专门法官运用，因而从未实现与民法的真正融合，例如商法、工业法、
219 劳动法等。解释民法与私法中非民法部分的分离的意图并没有太大意义。

---

② 参阅 R. 达维德、C. 让弗莱-斯宾诺斯(C. Jauffret-Spinosi)，《当代世界主要法律体系》，第 27—44 页。

上述情形在法国不像在德国和意大利那样得到强调，因为在法国对罗马法（学院法）的适用被认为比在德国和意大利存在更多的争议；因为在全国范围内都得到尊重的稳固的王权使得体现国家权威的法源与学院法相比更有竞争力；因为在体现国家权威的法源内统一的王国法律更有优势；因为非权威法源具有分散性，并且其内容主要体现为以下三种——罗马法、教会法以及日耳曼习惯法。

二、理性法与法典化运动[③]

在欧洲罗马法系国家对理性法或自然法理论进行研究的运动中产生了多重的诉求和需要，这些内容从历史的角度来看是彼此混合的，但从逻辑角度（起源上、思想上）来看却是可以区分的。

理性法运动使得学院（罗马）法的发展得以继续。学者们对优士丁尼无数的法律进行筛选，选出那些更符合理性的内容并将其置于体系中更为中心的位置。在这种理性化的实践中类比、抽象以及一般性的原则发挥了重要作用。通过这种对法的理性化整合，法学家们试图用统一和一般的合同概念来代替罗马法中的十六种典型合同，用统一的侵权之诉代替罗马法中为数众多的侵权诉讼（阿奎利亚法之诉、侵辱之诉、盗窃之诉等）并创立一般的物权概念等。试图创立与统一理性相对应的统一法律概念的诉求存在

③　除前述著作之外，还可以参阅 G. 塔莱罗（G. Tarello），《18 世纪的法典化思想》（*L'ideologia della codificazione nel sec. XVIII*），热那亚，1968 年；P. 维达里（P. Vidari），"罗马法与法典化"（Diritto romano e codificazione），载于《意大利法律史杂志》（*Riv. Storia dir. it*），1980—1981 年，第 171 页。

于罗马法之中，但在某种程度上它更愿意突破罗马实证法，而不是受到它的限制与阻碍。

220　反特别化的要求也融入到了理性法运动之中。这种观念认为法律的不一致、过度的地方主义以及立法权的分散都与可被认知的理性不相符并且应当通过建立统一的法律体系而得到纠正，法律渊源应当统一、明确，法律规范应当明白易懂并且应当在尽可能广泛的地域内适用。

理性法运动也和意图对法律规范的内容进行阐释的哲学思潮相联系。这种哲学观念认为只有从理性教导人类的基本原则中得到的法律规范才是有效的。它表明了具有严格一致性、彼此互相依赖并且其结果具有数学上的确定性的相互间的关系，这种关系存在于归属于同一理想体系的不同法律模式之中。相信存在着与永恒且不变的理性相一致的规则就等于承认存在着永恒且不变的法律规则。④

我们认为，仅仅是历史的原因使这三种不同的要求结合在了一起，在罗马法系以外的地方它们可以彼此独立发展。

希望这些要求能够实现的愿望导致了立法权被集中于统一的主权者手中(最开始在君主手中)，主权者可以将全部的实证法归结为很少的几项基本的理性原则。

基于加快这一运动并使未来的理性法规则可被了解的愿望，理性法主义愿意放弃学院和学理法并开启了权威法的大门，这样，

④　在法国这种观念与冉森教派的理论相冲突。根据冉森教派对世俗法律的观点，法律是由人制定的，因而它必定是不完善的。

理性法主义就成为了实证法主义。

在理性法运动中还融入了一些更为抽象的思潮(它们更具根本性、更哲学化而较少可操作性),人们对这些思潮的要求的直接实现考虑得较少;以及其他更趋向于可能派和更联系实践的思潮。在法国特别法主义受到的压制较少,并且中央集权很好地组织和扩展了其权力,理性法主义在那里提出了已经可被直接适用的解决方案。在德国人们看不出谁有权力对民法进行重新整合,因而理性法学派只能沉湎于艰深的学理研究。

三、《法国民法典》制定的条件 221

菲利波·奥古斯托(Filippo Augusto)曾宣称法国脱离罗马帝国(这导致了欧洲统一的目标被破坏)。从那时起在法国通过对超国家的权力(Filippo il Bello)以及封建和地方组织(路易十一、黎塞留、路易十四)的斗争就逐步形成了一个统一国家,在这个国家里中央机关不断地扩大自己的权力。

统一国家的观念刺激着法律的统一,从 17 世纪起人们就在诉讼和占有领域制定了统一的规则,1731 年在赠与方面也制定出了统一的法律规范。

法律统一的障碍主要有:国家权力的双重性,这种双重性将国王置于议会和教会组织的对立面;法律的双重性,即南方罗马法地区和北方习惯法地区(深入到罗马法中的日耳曼习惯法);以及数不胜数的封建采邑法和地方法。

法典化的动力主要来源于理性法的要求、大革命破除封建枷锁的呼声以及随之而来的一系列政治事件。

经历了大革命及随后的历史事件，人们就成立法典编纂机构达成了一致，这一机构既包括制定法典的法学权威，也包括协助其突破各种障碍的政治人物代表。但大革命后的政权本身并无能力制定出一部包含两千多个条文的内容连贯、组织精良的法典。

制定法典的经验明确表明了任何政权都能制定出一部模仿性的法典（例如 1865 年的《意大利民法典》），或者将实践中比较稳定的规则以成文法形式表现出来，即将一系列司法裁决所体现的规则以法条的形式概括出来。但要制定出一部真正的原创性民法典必须具备以下三项条件：

突破一切障碍的权力意志；

倾向于选择不具有决疑性、不连贯性和临时性的概括性规则的决定；或者虽然将这些条款置于法典中，但放弃那些针对过于具体或临时性的问题制定的特别法规或行政规定；

222 根据某种与法典化相协调并且具有权威性的学说来将所有规则合并为一种严谨的体系（要实现这一目的，一个法学家是远远不够的）。⑤

这三项条件在当时的法国同时具备。多内罗（Donello）、阿尔贡（Argon）、莫里内奥（Molineo）、多玛（Domat）、波蒂埃（Pothier）等许多法学家已经建立并逐步完善了连贯、一致的学说体系，这一

⑤　这三项条件在今天的法国不具备，在德国也不具备，而在意大利则其中任何一项都不具备。因此不应当笼统地说现今不适宜制定民法典，或者当代民法的内容不适宜法典化。从 1949 年到现在，全世界产生了许多新的民法典，平均每年一部！即使在法国、德国和意大利也可以考虑重新制定现行法典，将源于司法实践的现行规则以及保护偶然利益的规则也包括在内。

体系包含了非常广泛的定义和规则，可以为立法者提供必不可少的基本素材。

以上这些条件使法典编纂的工作得以迅速展开。该法典制定于1804年并于1806年1月1日起正式生效，人们将其称之为“拿破仑民法典”。

四、法典化与宪政

在民法中，被优士丁尼的法律认可的学说具有法律效力。这就与英美法系形成了鲜明的对照，英美法系中的判例法扎根于日耳曼和封建习惯法，这些规则在历史上曾被广泛运用。

后期的罗马法体现出了一种符合受到皇权神圣性制约的专制政体的模式，它很少关注个人权利。当俄罗斯从蒙古人手中得到解放之后，拜占庭就将这种概念传到了俄罗斯。

然而，欧洲的公法与私法不同，它并未将其基本模式建立在书 223
本和理论的基础之上。大规模的入侵带来了与罗马法相对但同样广泛适用的一种模式，这种模式（最初）并未得到法学的支持，它是建立在封建合约、契约观念或将农奴与封建领主联系在一起的人身地位的基础之上的。

专制理论的发展可从罗马公法中得到部分支持，这些内容并未被完全取消，它与（商业）城邦的自治法以及采邑法和契约法相对。这些彼此独立的模式在后来都受到了寻找创造性实践方案的启蒙思想家和理性主义思想家的研究。

最富于成果的理性主义（世俗的和雅各宾派的）知道以一种自然的方式在其观念体系中找到取消教会特权、废除封建制度和封建特权、承认基本人权和法律面前人人平等以及公职选举的理由。

但上面的这些假设并未解决所有与人们想要推翻的社会结构相关的问题。在紧要关头，英国模式——即封建领地和城市以民选议会为手段来与王权达成平衡，同时法官保证地方免受国王和议会的横征暴敛——为欧洲大陆的制宪运动提供了理论依据和实践经验。[⑥]

1785—1815 年这一历史阶段之后（这是一个极不安定，但同时也极具创造力的历史时期），从王权复辟起所有旨在建立宪政基础的变革都在以下意义上进行：在所有地区设立民选议会，并赋予其立法权；逐步扩大议会的选举权并最终实现普选；至少在国家元首以皇家法统治的范围内豁免其责任；执行权依赖于民选议会或民选国家元首或政府首脑的信任；强化法官的独立性；确定公民自由不得侵犯。

224 五、《拿破仑民法典》的特征

1804 年的《法国民法典》是一部属于该时代的法典。[⑦]

将《法国民法典》与《德国民法典》相对照的人可能会将这两部民法典之间的差异归因于这两个国家的差异，[⑧]这种观点未免过于天真。

---

⑥　相关论述可以参阅 G. 隆巴迪前文引书第 49 页。

⑦　参阅 A. J. 阿诺德（A. J. Arnaud），《法国民法典结构分析》（*Essai d'analyse structurale du Code Civil*），巴黎，1973 年。

⑧　参阅 G. 安杰莱斯科（G. Angelesco），《民法法典化的立法技术》（*La technique législative en matrière de codification civile. Etude de droit comparé*），巴黎，1930 年。

《法国民法典》的特殊性取决于它所产生的历史时期。与之相随的法国法的特点取决于该国法学理论和司法实践的具体情形。

与理性法视野相契合的《法国民法典》认为公民的权利先于法律存在，法律的目的不过是对这些权利予以承认。法官的任务在于宣称一项私权利是否存在。法官的自由裁量权和判决造法的功能应该被降到最低（例外情形：第 484 条第 2 款）。司法裁决的主动性的发展受到了制约（例如，监护人不能由司法裁决任命）。

除了源于罗马法的物权理论之外，在《法国民法典》中关于各种主观权利的学说的发展非常有限。在很大范围内，没有被民法典所规定的主观权利在实践中通过民事责任得到了确立。[⑨] 权利人的资格应当具有专属性，亦即与非权利人处分权利的行为不相容（然而“占有相当于权利”的规则仍然起作用）。

关于契约成立的理论还处于萌芽阶段。契约自治原则得到了最广泛的贯彻（例外情形：第 1674 条），形式主义几乎不为人们所知（仅在证明方式中有所体现）。

民法总则部分不存在，法人概念也没有得到确认。对于各种不同的法律关系缺乏明确的一般性规则。同时也没有关于法律行为，或称意愿行为的一般理论。

《法国民法典》是一部体现罗马法精神的法典，在历史上它与以罗马法为主要研究对象的法国法学理论的成果紧密相连，当然 225
也有一部分体现了习惯法（例如“占有相当于权利”的规则）和自然

⑨　引入权利的部分最重要的是通过责任，而不是对权利的主张和不作为义务。相邻关系的特点在于引入的责任是基于客观权利（就如同在停止侵害物权之诉的情形中一样），而不是过错（如同在阿奎利亚法责任中的情形）。

法思想，[10]这些内容也经常体现于罗马法之中。该法典严格的自然法（或理性法）特征只存在于当代人的想象中，他们经常把完全脱离法律规定的自然法观念加到该法典身上（例如对合意存在错误的契约的绝对无效）。

六、《法国民法典》的传播

得力于拿破仑的武力征服和其自身的诸多优点，《法国民法典》以其原创性的模式得到了极为广泛的传播。

与其他法典一样，《法国民法典》中也并不包含法国所有的法律。一些重要的具有政治性的选择可以在法典之外得到确立，从而不与法典相冲突（例如对所有权的限制、将所有权转让给公主体在形式上并不违背第 544 条关于所有权的定义）。《法国民法典》可以适应于多种政治选择。[11] 然而，《法国民法典》的这一中性特征在过去和现在都受到了人们的误解，它被认为是一部典型的自由主义法典，得到了越来越多的人的好感。

《法国民法典》被法国人带到了比利时并在那里生效。1838 年的荷兰民法典与法国模式并无太大差别。在意大利，1837 年都

---

⑩　A. J. 阿诺德在其著作《法国民法典的学理渊源》(*Les origins doctrinales du code civil*)中分析和评价了三种关于《法国民法典》的观点：它是成文法与习惯法的折中（伯塔利斯持此观点）；它是各种学说的折中（承认该法典源于法学理论）；它是经验主义（实证主义、保守主义）与（现代）自然法主义的折中。

⑪　所有权被定义为可以以不被法律或法规禁止的任何方式享有和处分物的权利。令人费解的是，这一同义反复式的并且缺乏对权利人保障的定义竟被认为是资产阶级所有权的大宪章。除此以外，不同政治和阶级的选择在所有权的内容上并不存在太大区别，其区别主要体现在所有权的主体和客体上！

灵的《阿尔贝蒂诺法典》和 1819 年拿波里的《波旁法典》以及随后的 1865 年《意大利民法典》都是仿照《法国民法典》制定的。

华沙公国，即后来的波兰王国也适用了该法典，并且其效力一 226
直延续到了 1936－1964 年。

1832 年的《俄罗斯帝国法令全书》(1917 年失效)的民法部分也以《法国民法典》为蓝本。1869 年的《土耳其民法典》的情形也大致如此(该法典至 1920 年为止一直有效)。

迄今仍然有效的 1864 年《罗马尼亚民法典》以及 1880—1950 年间制定的保加利亚法律也都以法国模式为基础。

1889 年的《西班牙民法典》与法国模式也非常相近。瑞士的许多州和德国的许多封建王国在其国家实现法典化之前也都有法国模式的民法典。1949 年的《埃及民法典》仿效了《法国民法典》，随后叙利亚(1949 年)、伊拉克(1953 年)、利比亚(1954 年)、索马里(1973 年)和阿尔及利亚(1975 年)也都仿效埃及制定了民法典。[12]

突尼斯和摩洛哥的债法和合同法也都以法国模式为基础。《路易斯安那民法典》也是法国模式的民法典。

从各国对《法国民法典》的仿效中可以看出，法国模式在罗马法系范围内具有突出地位。俄罗斯、波兰以及地中海沿岸的阿拉伯国家通过制定法国模式的民法典都成为了罗马法系国家。

---

⑫　参阅 O. 卡里阿诺(O. Calliano)，“阿尔及利亚人民民主共和国民法典”(Il codice civile della repubblica algerina democratica e popolare)，载于《比较法杂志》，1977 年第 1 期，第 459－480 页；F. 卡斯特罗(F. Castro)，“现代阿拉伯国家的私法法典化”(La codificazione del diritto privato negli Srati arabi comtemporanei)，载于《比较法杂志》，1985 年第 1 期，第 387－448 页。

在许多国家(俄罗斯、德国、瑞士、波兰、土耳其等),法国立法模式被其他模式所取代。在其仍然存在的地方,它也是与其他模式(特别是学理和判例模式)同时并存。

第二节 《法国民法典》之后

七、注释法运动

当与法律特别主义相对立的个体正义(即平等)得到确立时,当有必要对同一法秩序中的个别法律规范确定价值和观念上的统
227 一性时,理性化的要求就可以规定解释本身(有待于立法者有力和统一一致的行动),这体现了一种本质上具有创造性的功能。

然而,在立法者还不能实现对现行法律在体系上和全球范围内进行理性化的前提下,法的解释者应当从属于立法者。

立法者和解释者的关系建立在孟德斯鸠分权理论的观念基础之上,这一理论通过大革命得到了贯彻。在法国,对自由主义原则的忠诚导致了对解释者造法功能的否定以及立法权由国家垄断的观念。

注释法学派就是这样产生的。[13] 该学派宣称解释的目的就是使人们能够认识到立法者的意志。当权者很高兴地接受了这一观点并鼓励对它的传播。学者们更愿意将他们的教科书命名为《民

---

⑬ 1729年都灵大学法学院的条例就已经采取了注释的规则,该条例后来被整个欧洲的大学所仿效。法兰克福马克斯普朗克研究所最近的一项研究就以它为主要内容。

法典》,而不是《民法》。

理性法运动就这样破坏了解释理性的原则:一旦确定立法者根据理性制定了法律,解释者根据理性的要求就可以以完全的信赖接受这样的法律。

Ch. B. 图利耶(Ch. B. Toullier), C. E. 德尔万古(C. E. Delvincout), A. 迪朗东(A. Duranton), R. Troplong, V. 马尔卡代(V. Marcadé), A. M. 德芒(A. M. Demante)都接受了这样的方法论原则,或者说至少在口头上接受了它们。他们之后的法学家也被归为注释法学家,注释法学一直延续到了1880年。[14][15]

然而事实却与人们的观念和这个时代的法学理论不同。首 228
先,如果《法国民法典》充满漏洞,并且这些漏洞在注释法学家们对其进行研究时就已存在,那么很明显解释者就应当采取必要措施来填补这些漏洞。考虑到历史上有如此多可供参照的内容,包括古老的习惯、国王的命令以及人们很容易想到的罗马法,这一任务应该能够得以完成。

此外,认为已经无法再创造出完全符合罗马法特征的规范的人其结论是建立在对所有实际后果进行推论的基础上的。我们在上文中(第三章第四节)已经提到过,罗马法中的交付是一种不考虑原因的所有权转移方式,在后来的法国法观念中(并与民法典以

⑭ 这些人包括C. 德莫隆布和A. M. 德玛特(A. M. Demante)。

⑮ 关于注释法学派的历史时期的传统观点参阅J. 波南卡斯(J. Bonnecase),《注释法学》(*L'école de l'exégèse en droit civil*),巴黎,1924年;对传统观点的反思参阅PH. 雷米(PH. Remy),"注释的优点"(Eloge de l'exégèse),载于*R. R. J*,1982年,第254页。

前的学说发展相符合),根据不同的前提它可表现为赠与、对自然之债的清偿、非债清偿或者确定无效合同的效力。

在民法典没有规定的情况下,可以适用已接受理性检验的日耳曼法规则,例如在不动产返还争议中,争讼双方中的现占有人处于有利地位。[16]

将1806至1880年间法国法学研究的方法确认为注释方法还具有否定性意义。当时法国的解释者们除了解释立法者的意思之外并没有将有价值的观点予以概念化和体系化。

开始的君主集权和后来的大革命都将法律交给实务家(立法者和法官),而非法学教授。实践只考虑法律的规则。在教育中广受尊重的法学教授则分析法律规则:首先是实证法中的规则,其次还有罗马法、习惯法、封建王国法中起补充作用的规则,但他们考虑的永远是规则。与其相应的是,他们对于概念及其精确性、相互间的连贯性以及是否符合逻辑严密的要求等则关注较少。

法典本身就被看作是一个理性主义的丰碑,它运用概念并对其做出严格的规定。然而这些概念的重要性却是虚幻的。许多概念(主观权利、物权、债等)都并不确定。还有一些概念,比如所有权,是用一种空洞的形式被定义的(所有权就是能以不被法律禁止的方式任意享有和处分物的权利)。另外一些概念——在上述第二种情形中体现得更为明显——存在于抽象的法律思维中,而并不决定实证法的内容:我们已经看到在有关侵权、合同的成立以及

⑯ 参阅S.费莱利,《比较法中的回复行为》(*Le azioni reipersecutorie in diritto comparato*),米兰,1988年,第102页。

所有权转移方面法律规定中存在很多法定概念。如果我们将观察 229
扩大到其他领域(例如契约与内心意思的关系)就会发现即使对于源于理性法学家的概念也存在这种现象。法国的法学家并不认为这种不连贯的情形有什么不妥,当他们接受某一概念时就将其看作是对一项规则的概括,而从逻辑上讲规则存在例外是很正常的,因而法国法中的概念已经准备好接受例外的侵蚀,并且在必要的情况下可以完全被例外所取代。

八、法国注释法学派的学说与司法

法律规则的实际运用要依赖于司法。司法者在适用法律以及创设例外情形中都要遵守法律的规定。立法者被认为是所有法律规则的制定者,而法官要遵守立法者的规定;事实上,正是法官通过司法实践创造了更为详细和具体的新规则。这些规则与立法者制定的规则具有相同的性质和构成。

在法国,从 1843 年起司法造法的重要性越来越大。法国最高法院从过去的议会中继承了对自己权力的认识以及扩大自身权威的手段。因为认识到尊重先例的重要性(这样可使其判决具有可预见性),因而法国最高法院对全国法院的判决都发挥着重要影响。法国最高法院通过 1843 至 1872 年间发布的一系列裁决对法国的法律产生了深远影响。

法国的法学界主要还是关注规则。在一段时间之内,法学家们自由地提出自己对规则的解释,而不去考虑法院可能采取的态度。然而,即使其自主进行研究,法国的法学家们也还是形成了以规则或规则的组成部分为中心的研究模式。理性因素更多的是与价值因素，而不是概念因素相混合。此外，法国著书立说的学者中有一部分是法官，而不是法学教授。

到德莫隆布（Demolombe）时为止——除去我们接下来要讨论的例外情况——注释者们有系统的研究已经细致到了对民法典中的条文逐个进行解释。

230 **九、系统化时期**

法国人认为笛卡尔式的理性和明智是他们的特征。[17] 他们因而认为阐释与构建的准则也适用于法律。因此他们将理性化和体系化等同视之，并且认为法国的法律模式应当是一种体系化模式。很可能将法国模式与英国模式相对照强化了这一结论。然而在罗马法系的模式中，法国模式并不是系统化模式的最突出代表！法国法中没有定义的一致性，一些原先已被否定的定义又被规定到了法律中，一些概念上的重要区别未被遵守。法国法学家在实践和价值方面关注规则，并很少超出这一范畴。然而例外情形也并非不存在，并且在这里我们可以说例外与整体是相一致的。

“向人们表明了传统著作在德国获得了其应当享有的声名。以下这种令人诧异的情形也可能发生：虽然法国有很多出色的评论法学家，但法国人还是要向德国人请求关于《法国民法典》的著

[17] 在极为著名的丛书《我知道什么》（*Que-sais-je*）中，G. 加里希特（G. Galichet）在他的著作《法语的逻辑》（*Physiologie de la langue française*）中曾说过“现代的法国人对于理性语言非常擅长”（第 122 页）。更有利的理由是关于法律语言，体现了其所处时代（1842—1922 年）的法国历史学家 E. 拉维斯（E. Lavisse）曾写道“路易十四的立法展示了法国人民制定法律的理性能力”。

作。我们认为法国的学者们还是留下了有待填补的空白和有待实现的目标。我们在寻找一部能够有助于我们对已掌握的知识进行系统化并能提出对我们尚未掌握的知识的研究方案的著作。我们不得不说，尽管这样会伤害民族感情，这样的著作我们只能在德国，而不是法国找到。察哈里埃(Zachariae)所运用的方法不能存在于与构成《法国民法典》的内容的专断性相差无几的内容中。它是根据严格的逻辑顺序被创造出来的，在其中每一项内容都有其确切的地位。在研究中打破法典中的规则顺序可有助于从整体上对其进行掌握，同时也可使得规则之间的关系显得更为明确。”

以上这些话是斯特拉斯堡大学教授奥布里(C. Aubry)和 C. 231
拉乌(C. Rau)在对察哈里埃所著的《法国民法教程》法译本第三版前言的开头中所说的(1827 年；译本初版于 1837 年；察哈里埃的初版于《法国民法典》颁布的当天)。[18]

海德堡大学教授察哈里埃讲授的是地方法，因而强调法国法。他的德国式的研究方法与那些不断援引他著作的法国法学家有明显区别。奥布里与拉乌非常赞赏他们的这位同胞并将其著作翻译成法语并予以评论。在其基础上他们发展出了自己的学说。他们的著作所涉及的范围广泛、内容详尽、注重体系化和概念化(但并不因此而不关注现实状况)。在两位作者去世以后，因为该作品的声望人们不断地对其进行再版并有其他法学家进行更新。在“更新”的过程中，曾作为该作品特征的定义承担了编辑者们对法国模

⑱ 从这一历史时期中我们可以看出察哈里埃并未受到萨维尼和普赫塔的太大影响，他不具有 19 世纪德国法学家的典型特征。

式的忠诚的后果。[19]

奥布里与拉乌被认为是19世纪最伟大的法国法学家。他们的著作在初版(1838—1847年)一百多年以后仍被不断重版(第七版于1961—1979年出版)。人们可能会认为法国学者会对他们的特征不断进行研究,但实际并非如此。当谈到奥布里与拉乌时法国人只对以下内容感兴趣:

相对于察哈里埃的原创性(对察哈里埃著作的翻译和模仿只是为其修正论述顺序提供了一个机会);这两位学者都属于注释法学派;论述的非个人化,这体现了19世纪的法学思维。[20]

232 通过一种独立于察哈里埃模式的方法,德莫隆布[21]以及后来的C.布夫诺伊尔(C. Bufnoir)[22]发现了论证次序、方法以及一般化的重要性,有人将这二者归入注释法学派[23],其他人则将其分别视为教义法学[24]以及理性法或概念法[25]的创始人。

---

[19] 第五版由E.巴丁(E. Bartin)重新整理出版(1920年);第六版由A.埃斯梅(A. Esmein)重新整理出版(1951年);第七版由A.埃斯梅(A. Esmein)、A.波萨德(A. Ponsard)及其他人重新整理出版(1961—1979年)。

[20] 这是J.波南卡斯的观点。很明显作者将这二者视为法国文化的组成部分,但并未看到他们区别于同时代其他学者的体系化方法。

[21] 他曾写出了31卷本的《拿破仑法典教程》,并从1845到1896年间总共编辑了八个版本。

[22] 他在1900年写出了《所有权与契约》。

[23] 例如J.波南卡斯。

[24] J.古鲁阿(J. Goullouard)在其对前述C.布福诺(C. Bufnoir)的著作所做的序言中持此观点。C.德莫隆布在其《教程》的序言中对注释法学不能有助于形成方法论和一般化的精神,不能有益于用来构建科学的系统化进程提出了批评,有人根据他的这一论述认为其体现了教义法学的主张。

[25] 前述J.古鲁阿的序言。

在法国，体系化模式的有效传播开始于19世纪末（以M.普拉尼奥尔[M. Planiol]为代表）[26]。人们认为对德国民法典草案[27]的研究有助于把握概念的精确性。但这一系统化的潮流既不深入也不持久。

十、科学法学

在法院判决具有重要作用的时代法国的法学教授必须选择要么按照自己的理解讲授民法，要么按照最高法院的判决来讲授民法。第一种选择似乎是无益的，因为它不具有改变司法方向的权威，此外如果不向学生们讲授实际运用的法律，他们就被认为没有完成国家赋予的职责，即负责培养未来的法官、律师和政府官员。而第二种选择，因为默认了司法具有造法功能，因而违背了大革命以来的分权原则。

将法国的法学家从这种困境中解救出来的是一位理论法学家，而非民法学家F.惹尼（F. Geny），他被认为是概念法学的创始 233
人。[28] 惹尼的功绩并不在于设想出了“被给出的”与“被建构的”这

[26] 参阅《法国民法基础》（*Traité élémentaire de droit civil conforme au programme officiel des Facultés de droit*），第三卷，1899年。

[27] R.萨莱耶（R. Saleilles）对《德国民法典》非常有研究，他为我们留下了关于德国法中的法律行为和动产占有的重要著作。

[28] 参阅F.惹尼（F. Geny），《实证私法的科学与技术》（*Science et technique en droit privé postitf*），第二卷，巴黎，1914年，1921年。《实证私法的解释方法》（*Methodes d'interprétation et sources en droit privé postitif*），第二卷，巴黎，1919年。他遵循的是德国历史法学的模式并且反对形式主义：F.C.冯·萨维尼、R.耶林、R.施塔姆勒、C.F.门格。

样半法哲学分类，也不在于创立了新的解释方式[29]，而在于把法学家们从如果对立法者的空白进行填补（这一职能属于解释者）就背叛了自由主义原则的恐惧中解放了出来；法国的法律解释者与法官合为一体，他们的释法活动得益于密切关注社会发展和需要以及规则的自我创新功能的启发和激励。

惹尼打破了法律完整性的神话，他力图为学理的发展开辟更为广阔的空间，学理的任务包括发现不断发展的存在于事物性质中的新的自然法。在他同时代的人们眼里，他的著作有助于证明法学家著作造法的合理性。在他的理论的影响下，《瑞士民法典》规定在法律存在漏洞的情况下法官可按照立法者应当做出的规定处理。

十一、20世纪[30]

在法国，20世纪带来了对法典进行逐条评论的法学研究方法的衰落。概念性的方法给新世纪留下了一些遗产。惹尼思想的影响仍然存在并且重新评价了“科学”中的社会因素和创新力。

234 新的形势要求立法的频率越来越快。把法典看作是前后连贯的规则整体的概括性表现的观点已逐渐不为人们所重视。有人要求重新制定法典，并且人们也在孜孜不倦地对新法律进行编纂，正是这些法律使得旧法能够得以不断扩充。[31] 然而，人们已经适应

---

[29] 在纪念惹尼诞辰一百周年的活动中M.维莱（M. Viney）提出了惹尼的学说是否具有可靠的科学有效性问题并得出了否定性结论，此举与该活动的氛围不大相宜。

[30] 参阅A.J.阿诺德，《现代法律思想史》(*Per la storia pens. giur. mod.*)，米兰，1988年。

[31] 但自1954年以后人们不再谈论重新编纂法典的问题。

了在特别法和被解释者不断填补的法律漏洞之间生活。

在一种人们赞赏仿照法国司法模式的欧洲先锋们的文化中，判例的教育意义是毋庸置疑的。[32] 当局者不断强调有权机关对于制定法律规范的垄断权，并指出司法实践并不具有这样的权力。学理也对司法提出了批评。

概念化并不是法国学者所关心的核心问题。然而毫无疑问，还是发生了一些变化。在法国比较性研究、历史研究和概念化经常是同步进行。M. 普拉尼奥尔(M. Planiol)，R. 德莫格，J. 卡尔博尼耶(Carbonnier)和 A. 通奇(A. Tunc)代表了四种不同类型的法学家，但都体现上述特征。

萨莱耶和 E. 朗贝尔(E. Lambert)向法国人展示了通过比较所能取得的成果。但他们之后的法国比较法学家通常都以一种以法兰西为中心的僵化眼光来看待罗马法律体系。

制定民法总则的主张也始终存在。H. 卡皮唐(H. Capitant)，L. 若斯朗(L. Josserand)和 A. 雷格(A. Reig)关于法律行为的理论各不相同(为了与一般的行为相区别，法律行为被定义为"au sens de negotium")。[33] 正是从雷格开始，人们开始重新讨论司法和学理之间的关系(但只是在一般意义上)。这一运动初期较有代

---

[32] 参阅 O. 迪佩鲁(O. Dupeyroux)，《法国的学说及法学中的问题》(*La doctrine française et le problème de la juirisprudence source de droit*, in *Mélanges dédiées à Marty*)，Tolosa，1978 年。P. 马洛里(P. Malaurie)、D. 施密特(D. Schmidt)、P. 迈耶(P. Mayer)、J. 罗什(J. Roche)，《法学对法官造法的回应》(*Réaction de la doctrine à la création du droit par juges*)，载于《H. 卡里坦特协会志》，1980 年。

[33] 法语语法对于新词的创造并没有规则。因而概念化与语言上的困难之间的界限就很明显。

表性的两位教授是穆利和阿提亚斯。[34]

第三节 共同法的最后阶段(19世纪的德国)

十二、19世纪德国的状况[35]

235 根据《维也纳条约》,德国被分为三十九个独立的主权王国。各王国立法状况的差异非常大。

奥地利制定了民法典(ABGB),并在经过长期酝酿之后使其于1811年生效。这部法典融合了罗马法模式和理性法模式,在其基础上人们创立了注释的方法,这样直到1848年法学院都被现行的法律规定所占据。

普鲁士在1793年制定了《普鲁士普通邦法》,如果我们把法典看作是以最为抽象的方式对理性原则进行的统一概括的话,那么这部法典就不能被认为是一部真正意义上的"法典"。1815年普鲁士将这部法典扩大使用到当时归属于它的一些,但不是全部省份(例如在莱纳尼亚(Renania)地区仍适用《法国民法典》),因此该法典并不是与普鲁士政府意识形态相关联的一个要素。

---

[34] 参阅C.穆利(C. Mouly),"法学——国际法律一体化的来源"(La doctrine, source d'unification internationale du droit),载于《国际比较法杂志》,1986年,第315页;C.阿提亚斯(C. Atias),"私法学说的任务"(La mission de la doctrine universitaire en droit prive),载于*JCP*,1980年第1期;《反对专断的理论》(*Théorie contre arbitraire*),巴黎,1987年。

[35] 关于本章的内容可以参阅M.弗罗芒(M. Fromont)和A.里格(A. Rieg),《德国法概要》(*Introduction au droit alle mand*),第一卷,巴黎,1973年。

在1815至1870年间有些其他王国也编纂了法典(例如萨克森);有些王国适用《法国民法典》或效仿《法国民法典》制定地方法典(例如巴登);有些商业自治市则适用其自治章程(例如汉堡);而在石勒苏益格—荷尔斯坦因地区则适用斯堪的纳维亚法,而不是罗马法系的法。

当缺乏明确的法律规定时人们就适用罗马法,它在有些地方是最重要的法律渊源,并且在几乎其他所有地方都是补充性法律渊源。就这点而言,德国的学理面对两种可能的选择:它可以对三十九个王国的法律进行逐一阐释,并进而形成三十九种小的法学理论;或者它也可以在罗马共同法的基础上得以发展。

德国的法学界选择了第二种方式。与法国的大学不同,德国的大学并不是按照国家结构建立的。德国的教授和学生们可以自 236
愿选择去这一所或那一所大学,每一个学院都有来自全国各地的学生。并且,自依内里奥(Irnerio)起,不论是德国还是非德国的大学都一直教授超实证法和超国家法的内容。在讲授共同法的过程中不需要总是确定它在实际中得到认可和施行。

在这一点上奥地利是个例外。奥地利与其他国家的差别并不在于奥地利有民法典,因而法律教学必须以法典为基础并对其进行注释性研究,而在于1848年通过的一项规定,该规定修改了法律教学的原有规范。[36]

---

[36] 参阅A.司马德拉(A. Csizmadia)、K.可瓦斯(K. Kovacs),《中欧民法的发展》(*Die Entwicklung des Zevilrechts in Mitteleuropa*)(1848—1944年),布达佩斯,1970年。

这样在整个德国法学界，包括将德语作为学术语言的波兰和捷克法学界，就形成了一种精神上的一致性。[37] 这种学说关注的是一种部分可实行并且被实行的法律，并且并不简单地将其视为是历史上的法，而是将其视为现行法，它的实施应当得到不断发展完善的解释的辅助。

罗马法在德国得到了广泛的研究和传播并不意味着它得到了立法者的支持（实际上并不存在全国统一的立法者），也不意味着它在司法实践中具有权威地位（司法机关适用地方法，并且司法机关的权威仅限于该地区）。这样，学理就应该在不借助其他模式的情况下对法学教学中的以及同时被认为应当得到普遍适用的罗马法进行更新。

十三、历史法学派

与法典化观念相结合的理性法观念在德国不可能找不到支持
237 者。鉴于编纂潘德克顿式的法典需要一些当时并不具备的制度前提，并且地方法典的编纂与实现德国在文化与法律上的统一的观念相矛盾，因而人们接受了以共同法，即现代化的潘德克顿法，为基础对德国法进行统一的观点，这种情形得到了与其相适应的学说理论和方法的支持。

在与法典化支持者蒂堡的论辩中，历史法学派的奠基人萨维尼主张法律是不断变化的社会生活的产物，不应当以法典的形式

---

[37] 捷克法学家以 A. 冯 · 兰达（A. von Randa）为代表，波兰法学家以 L. V. 派特拉茨奇（L. V. Petrazicki）为代表。

被僵化地固定下来，最好是让习惯法和法学理论得到自由发展。[38]

萨维尼的理论体现了德国当时的情况。在德国，被萨维尼赋以编纂法典重任的法学家主要是法学教授。接下来就要看法学家们究竟要以何种模式以及运用何种方法对其明显的漏洞越来越让人感到难堪的罗马法进行整合。[39]

历史法学派与理性法学派有一个共同特征，即它们都背离了立法者的专断意志。但与理性主义者不同，历史法学派不相信法律模式一成不变，而是相信由人民自发而直接创造的法律以及由法学家们编纂的法律。

十四、概念的、教义的、体系的方法[40]

对于法学家来讲，还不被承认具有创造全新法律规则的合法
性。法学家的首要任务是对法律知识的工具——法律概念做出规
定。因此德国 19 世纪的法学家们致力于对德国民法进行重构，并 238
通过对法律概念进行重新界定使其得以现代化。这种方法被称为

---

[38] 关于萨维尼的著作不胜枚举，可以参阅前述引文中 G. 欧路的著作；关于萨维尼和历史法学派，还可以参阅前述引文中的 F. 维阿克的著作。

[39] 历史法学派的假设并不足以回答实际问题。一种学说如果不能解答实际中的问题那么其价值又何在？历史法学派的意义应当从否定性的角度来看。它在一段时期以来都在与自然法和法典化作斗争，这两种倾向都可导致法律权威主义。在德国当时的情况下，它还与随时可能渗入德国的《法国民法典》相抗争。考虑到萨维尼本人曾在 1842 至 1850 年间担任普鲁士王国的司法大臣并施行了《普鲁士普通邦法》，他也并非反对一切法典。一种观点认为历史法学派想要挽救一些可以挽救的封建利益。

[40] 参阅前文引注中 F. 维阿克、K. 拉伦茨、G. 欧路的著作，G. 普利斯（G. Pugliese），“传统罗马法与现代法学之间的潘德克顿法学家”（I pandettisti fra tradizione romanista e moderna scienza del diritto），载于《欧洲现代法的形成》（*La formazione storica del diritto moderno in Europa*）（上），佛罗伦萨，1977 年。

概念方法，这种法学被称为概念法学。

定义就是对被定义对象通常所具有的属性进行描述。然而应当辨认出“概念的结构性要素”，凡是具有这种要素的事物都可被归入该定义，而不具有这一要素的事物则不能被归入该定义。数学定义遵循第二种方式：三角形是由三个角的多边形，只要一个多边形有三个角它就是三角形。数学定义不允许有例外，例外的存在就意味着对定义的否定。

19世纪的德国法学就希望能够竭力仿效数学的精确性。其学科就是对已有精确概念的研究。因为其定义不允许例外存在，因而被称为教义法学，这种研究方法被称为教义方法。[41]

如果法学家们给出的定义不尽相同，那么就需要有一个标准来对其做出评判。这一标准就来源于法的一贯性：真正的定义应当能够与同一体系中的其他定义并行不悖。德国的法学方法因此又被称为体系方法。

因为规则以概念为前提，概念的增加就能确保法学的发展。因此德国的法学家就不断创造彼此相连的新的法学理论。凭借其
239 高度的抽象能力，德国法学所创建的类型越来越一般化。这样最终就形成了民法的“总则”，这部分所涉及的主要是主体、法律关系及其变更、代理以及法律行为等。

德国法学家的研究方式暗含了：法律的最初渊源，尽管存在漏洞和模糊之处，存在于《民法大全》之中；法学的重要任务就是对

---

[41] 在法国，“教义”一词有不同的含义。对于德国和意大利的“教义”概念，法国人一般用“法律分析”这一术语来表述。

《民法大全》中的概念进行理性化与说明；对实际规则的推导，这些规则源于法学研究和实践中的概念。

一些法学家，包括普赫塔（教义方法的真正创立者，他被认为与萨维尼一起奠定了19世纪德国法学的基础）、L. 阿恩（L. Arndt）、A. 布林茨（A. Brinz）、雷格尔斯贝格（F. Regelsberger）、C. 格罗姆（C. Crome）、E. 齐特尔曼（E. Zitelmann）和温德沙伊德（Windschied），促进了这种研究活动的开展。

新类型的诞生就意味着法学新用语的创立。德国的法学语言得到了不断的完善和丰富，并逐渐脱离了以拉丁语表达的共同法用语的含义。旧的术语获得了更具体或更技术化的新含义。法国法学与德国法学互不相同不是因为前者使用法语而后者使用德语，而是因为前者保留了传统的法学语言系统而后者则使其不断发展。

教义法学派与历史法学派的相同点在于二者都否认规则来源于纯粹的观念。它与德国的自然法学派也有很多相同点，因为它也赞同过去的理性主义者对以概念的严格和一致为基础的逻辑推理的偏爱。

十五、其他法学派[42]

并不是所有德国19世纪的法学家都认为理想的研究方法就是被潘德克顿派所通常采用的以概念为基础的方法。一位杰出的潘德克顿学者——耶林就宣称人们不应当仅仅从形式角度来看待

---

[42] 参阅前文引注中F. 维阿克、K. 拉伦茨、G. 欧路的著作。

法律制度，而是应当通过这些制度所保护的利益来看待它们。[43]

240 自耶林以后许多法学家（不仅限于德国）都支持他的理论。但需要指出的是耶林本人和他同时代的学者积极合作；其著作与其他人著作的区别并不像其演讲与传统潘德克顿学者的演讲的区别那么显著。[44]

反概念化和反形式化的趋势更集中地体现在要求赋予法官更大自由权的运动中，这被称为自由法学派。[45] 这一法学派与社会法学派关系密切，关于社会法学派我们将在下文中予以介绍。

伴随着社会主义观念的传播，在德国兴起了“法律社会主义”，它与一切官方的、学术的和学院的内容相抗争，同时反对教义法学的僵化分类。[46]

潘德克顿学派在完全不同的层面上与日耳曼法学派相对，后者力图为日耳曼法的研究与适用争取更广阔的空间。[47]

㊸ 参阅 R. 耶林，《法律的目的》，1877 年。关于耶林的著述极为丰富。

㊹ 另一位具有光辉人格并在宏观比较方面具有广泛原创性建树的法学家 I. 科勒，也强调目的在解释中的重要性。但他的目的论是对客观目的的理性主义的进一步发展。另一位与其相隔时代较远的也姓科勒的法学家则是一位伟大的体系主义者，他能够驾驭教义而不被教义所驾驭。

㊺ 当时有自由主义的开创者 F. 普罗（F. Bulow），后来的自由主义者包括：V. 普施（V. Puchs）、H. 伊萨（H. Isay）、H. 坎多罗维奇（H. Kantorowicz）。

㊻ 法律社会主义的重要代表人物是 C. F. 曼吉（C. F. Menger）。《佛罗伦萨文摘》（*Quaderni fiorentini*）第 3、4 期（米兰，1974—1975 年）专门讨论了法律社会主义。此外参阅 G. 欧路，《曼吉法社会主义中的理想主义与现实主义》（*Idealismo e realismo nel sociolismo giuridico di Menger*）。

㊼ 日耳曼法学派的最突出代表是基尔克（Gierke）。

十六、体系化模式的传播

体系和教义的方法以及它们所创立的概念并不仅限于德国之内，而是不论在北方、东方、南方和西南方都取得了胜利，并且在西方也得到了一定的发展。几乎所有的罗马法系国家都受到了这一浪潮的冲击。潘德克顿模式的广泛传播使得那些固守自己引以为豪的学术传统的地区（例如法国、比利时、路易斯安那、魁北克）显得非常孤立。

在接受德国模式之前，德国以北的斯堪的纳维亚地区还不属于罗马法系。当他们接受了德国的法学理论之后就成为了罗马法系的一部分。

在东方[48]，1832 年的《俄罗斯帝国法令全书》中的民法部分仿 241
效的是法国法，而负责创制学说和学院模式的学术界则系统地引进了德国的概念化模式。从之后俄国的立法来看，德国模式的影响是很全面的。

自 1848 年奥地利抛弃了注释法学模式之后，它就与其他日耳曼国家一起致力于建立一种统一的学说体系。当时还不属于罗马法系国家的匈牙利也对来自西北方的学说敞开了大门。该国学术界的领袖人物格罗斯施米德（Grosschmied）和萨西·施瓦茨（Szaszy Schwarz）反对潘德克顿派过分的一般化以及德国人所重视的概念的严格性，但他们接受德国人创立的单个概念，因而可以说他

---

[48] 关于东方国家，参阅我们的《社会主义国家民法的罗马基础》，载于《比较法杂志》，1969 年第 1 期，第 115 页。

们在学理上也(以一种谨慎的态度)接受了德国模式。

罗马尼亚和保加利亚的法律模式是法国式的,但他们也乐于接受德国法学模式。意大利人在了解了德国人在法学上的创造之后就将其加入到自己的法国式的立法模式中。因为意大利法学模式在西班牙具有优势地位,因而意大利法学也向西班牙世界传播了德国法学模式。

荷兰也广泛运用了德国的教义体系。在比利时,人们引用的是德国潘德克顿派的追随者瓦恩克罗尼格(Warnkronig)[49]。很有意思的是,个别英国法学家也对德国法学体系中的某些内容感兴趣。[50]

242 但德国法学的胜利并非都是具有确定性的。对概念法学的抛弃引起了强烈反响,例如在斯堪的纳维亚国家分析法学后来居上(这一法学对概念极度怀疑)。但在这些国家,虽然教义的方法被摒弃,但一些德国式的学说和概念结构却得以保留。这些国家的法学家实际上融合了德国法学和法国法学的双重特征。

---

[49] 参阅前注 E. 维阿克的著作《历史》。

[50] 对德国法学持接受态度的包括《法学研究的用处》(*Uses of the Study of Jurisprudence*)、《法理学的范围》(*The province of Jurisprudence determined*)的作者 J. 奥斯汀(J. Austin),以及《法学》(*Jurisprudence*)(牛津,1880 年)的作者 T. E. 霍兰德(T. E. Holland)和《与法学一般原则相关的法律要素》(*Elements of law considered with reference to Principles of General Jurisprudence*)(牛津,1905 年)的作者马克比。亨利·波洛克爵士(Henry Pllock)和 J. 萨蒙德(J. Salmond)也受到了一定影响。与德国法学保持对话的包括 E. 詹克斯(E. Jenks)和 W. M. 格尔达特(W. M. Geldart)。

第四节　德国法典化的法律

十七、《德国民法典》

德国(除奥地利和卢森堡以外)于1870年在政治上统一为一个联邦制帝国。1873年的一项宪法修正案赋予帝国机关制定民事法律的权力。此时制定一部《德国民法典》的前提已经具备。经过二十多年的艰苦努力,《德国民法典》于1896年公布并于1900年1月1日起实施。

《德国民法典》是德国潘德克顿法学的产物。严格从体系中推导出来的并受到立法语言支持的定义被置于文本之中或被认为是不言而喻的。该法典没有参考历史上的其他法典,并包含了一个广泛和经过深入研究的总则部分。其中没有任何内容是立法者的即兴创作。

19世纪的法典编纂很自然地与自然法理论密切相关。对于历史法学派和后来的实证法学派的继承使得德国法学家们将他们的法典看作是历史和国家法律的集合,而非抽象和理性法律的表达。该法典还为司法留下了很大空间,法官可根据具体情形进行干预和评判。同时还承认了以外观和公示为基础的善意保护。法的确定性主要以形式主义来体现。

潘德克顿法学并非制定《德国民法典》的唯一依据。日耳曼法学派要求制定一部体现日耳曼法的民法典(冯·巴哈曾制定了一部反对《民法典草案》并包含了法典完整内容的提案),最终法典也

243 确实体现了一部分日耳曼法的内容。社会主义的观点得到了议会中左翼的支持:他们要求使用更为大众化的语言和更灵活的概念,这些可为由社会创造的法律规则提供突破口。这些主张也得到了一定的回应,法典因而设立了诸如诚实信用、善良风俗等一般条款(第138、157、242、826条等)。

十八、《德国民法典》解释中的概念主义和形式主义

《德国民法典》生效之后,所有主张通过研究概念来制定法律的理由都突然消失。民法典的解释者们只能从注释法学那里寻求帮助。

但德国法学家永远认为只有严格的概念化才是法学科学性的唯一保证。另一方面,在概念主义的作用下,他们的理想目标是制定出一部由概念主义者制定的法典。

因此《德国民法典》的最初解释者是纯粹的教义主义者。即使在法典力图避免给出定义的地方解释者们也从事着对概念的研究。例如,关于内心意思对法律行为的成立是否必要这一问题《德国民法典》没有做出一般性规定,法典的最初解释者们(包括H.蒂策、R.莱昂哈德、A.马尼克等)就试图根据意志理论或表示理论来推导出特别规则(错误、真意保留、戏谑表示等)。[51]

人们也对一些新的概念进行研究和分析,例如事实合同。[52]

---

[51] 参阅H.蒂策(H. Titze)、R.莱昂哈德(R. Leonhard)和A.马尼克(A. Manigk)的有关著作。

[52] 发展了这一理论的学者包括:P.赫普特(P. Haupt)、P.维亚克尔(P. Wieacker)、H.莱曼(H. Lehmann)、M.沃尔夫(M. Wolff)、W.西伯特(W. Siebert)、S.西米蒂斯(S. Simitis)、K.拉伦茨(K. Larenz)、J.埃塞尔(J. Esser)和A.尼奇施(A. Nikisch)。

以体系为基础，人们还强调诚实信用的重要作用，例如从中引申出了“外观原则”。[53]

《德国民法典》体系上的完美满足了该国学者的偏好，也使得学者们可以写出多卷本的民法教科书而不必担心会偏离《民法典》的次序。[54] 关于“德国法学家的表达方式”他们会偏爱“法典评注 244
的形式”，相反法国学者更常用的工具则是体系化的论文或教科书，这种对比不禁会让人感到惊讶。[55]

根据其传统，教义法学的核心是法律形式要素（不考虑目的或社会因素等）。对于现行法相对于法律以外的与其紧密联系的内容的独立性的认识在一般的理论层面上可以实现发起纯粹法学运动的目的，这一法学以形式主义为重要特征。[56]

十九、超形式主义趋势

在新兴观念的冲击下和在法源发生变化的形势下，概念主义在法典化的作用下已经开始了其逐渐衰落的过程。由耶林在19世纪首创的从其所保护的利益的角度来看待法律的观念有了一位新的支持者黑克（Heck）[57]，他以此为方法标准创立了一种真正的

---

[53] R. 迈耶、P. 克鲁克曼（P. Kruckman）。

[54] 民法教科书的范本主要有 L. 恩内策鲁斯（L. Enneccerus）、T. 基普（T. Kipp）、M. 沃尔夫的教科书，这些著作都曾多次被不同的学者重写。

[55] 参阅 R. 达维德，《当代世界主要法律体系》，第111页。

[56] 凯尔森在存在新体系主义的环境下在维也纳创立了纯粹法学派。他留下了许多已被翻译成意大利语的著作。

[57] 参阅 PH. 黑克，“法律解释与利益法学”（Gesetzwsauslegung und Interessenjurisprudenz），载于《民法学文档》（*Arch. f. d. civ. Praxis*），1914年；《概念化与利益法学》（*Begriffsbildung und Interessenjurisprudenz*），图宾根，1932年；《法律复兴中的问题》（*Das Problem der Rechtsgewinnung*），图宾根，1933年。

学说和学派，这一学派在两次世界大战之间非常活跃。利益法学曾指责概念法学具有专断、一般化倾向和先验主义的缺点，但实际上这些缺点利益法学本身也具有。因此区分利益法学与概念法学的标准就在于前者具有反形式主义的特点，但这两种方法论都有对体系的偏好(体系性在利益法学中虽没有在概念法学中明显，但其作用程度却是一样的)。利益法学强调其能满足国家社会主义党派政治时期对法学的要求。

245 超形式主义的第二种趋势是自由法学或社会法学。它不把法律看作是有智力活动创造的抽象体系，而是由社会自发创造的。它要求立法者给予解释者一些基本的指示，然后由解释者将社会创造的规则引入到法律概念的范畴。这一学说得到了冯特(Wundt)逻辑理论的有力支持。[58]

更为一般化的反形式主义体现在所有法学家都认为有必要在考虑法律形式之外还要考虑制度的目的或功能。如果可能的话，法律制度是通过其功能来证明其自身的合理性。我们称之为目的论或功能论的倾向提供了更具弹性也更难捉摸的定义。德国的教义法学可能是学究式的、复杂的、脱离实际生活的，但它至少具有清晰明确的观念。而功能主义倾向则会使法律概念模糊不清。

正当法学家们以各种理由攻击概念法学时，德国的政治法律

---

[58] 我们认为这一学派在奥地利得到了最充分的发展。K. 乌尔茨(K. Wurzei)，《法律思想》(*Das juristische Denken*)，维也纳，1924 年；E. 埃利希(E. Ehrlich)，"法律逻辑"(Dei juristische Logik)，载于《民法学文档》(*Arch. f. d. civ*)，1917 年. 该学派为习惯和习俗带来了革命。H. 坎多罗维奇，《法理的冲突》(*Der Kampt um die Rechtswissenscheaft*)，海德堡，1906 年，为真正意义上的自由法学提供了满足其所有前提的准确形式。

生活却被国家社会主义党派政治完全搅乱，它带来了两种为人们所深恶痛绝的后果：法律实证主义和反形式主义。

实证主义的含义是国家社会主义体系不允许对实证法进行反对或抵抗，特别是不允许任何以自然或理性法原则的名义对现行法进行抵制，这样其实证的特点就能够得到进一步加强。

与此同时国家社会主义理论还力图将权力从法律形式主义的束缚中解放出来：政党政治意愿的贯彻实施可以不需经过宪法规定的法律程序。实现这一目标的手段包括非成文原则、须实现的目的、社会要求、弹性条款等。这样"一般条款"、"阀门概念"等都被派上了用场。由部长弗兰克设计并部分起草的"人民法典"中就 246
大量运用了这些模糊概念。[59]

二十、联邦德国

1945 年从噩梦中惊醒的德国意识到了神话的破灭。德国人认识到了没有合法性的制度会将人们引向何方，自由法学也因此威信扫地。但形式合法性的价值仍然存在，因此当时的法律公报还会公布纽伦堡(Norimberga)的法律，这些法律在许多年里仍然是德国法律的一部分。

对"合法性"的反思也使得人们开始重新思考法的形式主义和教义法学。人们因此开始试图寻找超越形式合法性但又与基本的原则和人们心中最坚定的道德确信紧密相连的法律。利益法学与

---

[59] 关于第三帝国法律的著作并不多。参阅 T. 拉姆(T. Ramm)，"纳粹主义与劳动法"(Nazismo e diritto del lavoro)，载于 *PD*，1970 年，第 103 页。

社会法学的思潮融合为一种新的法学理念，这种理念将对价值的评判置于中心地位，试图寻找到新时代的自然法，同时坚决捍卫公民自由并注重对弱者的保护。[60]

同时司法界（特别是宪法法院）也并不接受自由主义形式的渗透，但了解并接受以价值为导向的趋势。

在私法领域，民法典仍处于中心地位，但已不再是唯一的法律渊源。《联邦基本法》确立了公法基本原则。一段时间以来，一般条款的弹性已经逐渐地在许多领域创立了真正的具有一致性的司
247 法规范，这就体现了制定法之外的法律规则的存在。[61]

两项 1838 年关于遗嘱和婚姻的法律使《民法典》的内容发生了重大变化。1945 年以后的法律对家庭法和合同一般条件等都进行了变革。[62]

德国法学家现在的工作方式与以往相比特征并不明显。他们避免过分的教条化，避免接近先验论的概念主义，也避免过于专业化和与注释紧密相连的法律语言，他们希望能够了解社会现实（比如商业习惯），但又避免采取以一般的社会法律观念为基础的主观

[60] 这一理念最有代表性的人物是 J. 埃塞尔，《法与国家的基础》（*Grundberiffe des Rechts und des Staates*），维也纳，1949 年。其后期的思想体现在《对方法的理解与选择》（*Precomprensione e scleta del metodo*），1983 年。作为法律之外的解决的基础，他既承认一般的价值判断，也承认“一般条款”所设立的标准。70 年代的情形参阅 G. 欧路，《德国法学中法律一体化的法律外标准》，1977 年，第 298—413 页。

[61] 参阅 J. V. 施陶丁格（J. V. Staudinger，），《德国民法典评注》（*Kommentar zum BGB*）第十版，K. 尼施（K. Rngisch）和 H. 科因（H. Coing）也都对司法造法进行了重新评价。

[62] 参阅 G. 德·诺瓦（G. De Nova），“德国法关于合同一般条件的规定”（La legge tedesca sulle condizioni generali di contratto），载于《比较法杂志》，1978 年第 1 期，第 107 页。

态度。

一段时间以来，德国法学界（包括E.拉贝尔(E. Rabel)以及后来的W.西伯特和J.埃塞尔）通过借鉴外国经验来研究现行法律制度。不止一种的非源于德国的法律制度能够在实践中与《德国民法典》和谐共处并最终扎根于联邦德国的现行法中。[63]

对辅助渊源的承认使得司法诀疑的水平不断提高。它已在法律教学和教科书中居于核心地位。德国法学家们通过对司法实践进行分析来对问题进行定义、探讨和考证。

二十一、《东德民法典》

对于以教义和形式主义为特征的德国，另一种可能的立法模式体现为自1976年1月1日起生效并于1990年10月3日废止的《东德民法典》。[64]

因为与其政体、新的法律规定以及一般的社会主义要求（这种情形较少见但并非不可能）相冲突，自1944年起许多《德国民法典》中的规定在东德都被禁止适用。[65] 248

为了确保民法的社会主义性质，东德在1976年之前就陆续颁布了一系列新法规。因此相对于其之前的法律，《东德民法典》在政治上并无创新之处。这部法典的重要性体现在它是一部体系连贯的法典，包含了一致并经过精心选择的用语，并且其中还有许多

---

[63] 参阅F.拉尼埃里(F. Ranieri)，《法学比较的贡献》(*L'apporto della comparazione della scienza giuridica*)，米兰，1980年，第31—58页。

[64] 参阅G.克莱斯比・莱其茨(G. Crespi Rechizzi)、G.德.诺瓦(G. De. Nova)、R.萨科，《民法》，载于《比较法杂志》，1978年第1期，第47—101页。

[65] 前注引文第54、56页。

法律以外的目的论或学理性的内容。

《东德民法典》向我们证明了，在所有的民法渊源中，欧洲社会主义国家选择了制定法，或更确切地说是民法典，同时配以重要的单行法。[66]

这部民法典是典型的社会主义法典，在其中我们可以看到一些教条式的宣传和理论性的主张，同时还对规范的目的、效力和实施做出了规定。[67]

这些主张很明显是政治—学理选择的结果，同时它们又决定了法典最终的面貌：其中最重要的规定让我们又回想起了概念法学和利益法学之间的争论。

《东德民法典》的篇幅较短。《德国民法典》中的一些制度并未被包含在内，其中有些被删除（例如对占有的保护），有些被包含在其他法律中，还有一些只占据不起眼的位置因为这部分内容是被概括规定的，但第二节的内容被认为是在容忍漏洞并以诸如“社会主义的道德由劳动阶级的观念决定；社会共存规则；责任意识；符合社会和社会主义计划经济原则的要求”等概念代替《德国民法典》中的严格规定的基础上被人为压缩了。很多时候该法典运用
249 概念但却不对其作出规定：[68]对司法造法[69]和官僚机构造法持有限

[66] 参阅 G. 克莱斯比 · 莱其茨（G. Crespi Rechizzi）、G. 德. 诺瓦（G. De. Nova）、R. 萨科，《民法》，载于《比较法杂志》，1978 年第 1 期，第 55 页。

[67] 参阅 G. 克莱斯比 · 莱其茨（G. Crespi Rechizzi）、G. 德. 诺瓦（G. De. Nova）、R. 萨科，《民法》，载于《比较法杂志》，1978 年第 1 期，第 59 页。例如该法典规定了确定人民物资储备领域中的社会关系的有效性是社会主义民法的任务。

[68] 例如法律行为、占有等。

[69] 在与社会主义国家实践相一致的前提下，最高法院全体会议可以发布“指引”，这些指引在形式上是解释性的，但具有约束力。

接受态度，只在一些技术性规范中允许这二者存在。

《东德民法典》与《德国民法典》所用的语言不同，后者有着扎实深厚的学理基础。《德国民法典》语言的优点和局限都很明显。它的精确性使得具有法律知识的人能够确切把握用语的含义。但它对于缺乏法学素养的人来说就晦涩难懂，同时精确性本身使规范难以具有弹性。

苏联和其他苏维埃国家，例如匈牙利、波兰等，都忠实于潘德克顿语言，这种语言在接受德国法学的地方已成为了一种"共同语言"。捷克斯洛伐克的第二部民法典与《德国民法典》存在很大差别，这是因为制定者们希望能以反传统的方式制定出一部民法典。

《东德民法典》抛弃了《德国民法典》的语言，其目的在于使法律能够贴近人们的日常用语。对于还没有忘记过去学说争论的德国人而言，用"其他人"代替"第三人"或用"效用"代替"地役权"等[70]都意味着要对潘德克顿学派进行重新判断并对其他法学学派也要进行重新评价。

体系上的情形与语言上的情形也差不多：《东德民法典》极力反对抽象化，它没有规定法人和法人人格，对于法律行为和物权也尽量避免(这样又回到了《拿破仑民法典》的一般性上去了，《瑞士民法典》的情形也与此相类，也没有《德国民法典》的教条化)。

---

[70] 参阅 G. 克莱斯比·莱其茨(G. Crespi Rechizzi)、G. 德. 诺瓦(G. De. Nova)、R. 萨科，《民法》，载于《比较法杂志》，1978 年第 1 期，第 73 页。

第五节　罗马法以外的民法模式

二十二、罗马法系与普通法系相隔绝的状态的消失

人们曾经无法想象罗马法系地区会受到罗马法系之外的法律模式的影响。亚洲法、伊斯兰法、非洲法以及哥伦布以前的美洲法都不具有重要地位。在适用这些法的地区，法律的传播是单向的，即由欧洲向其他洲传播。

250 俄罗斯很快完成了西方化，因而无法将其自身固有的法律作为可供模仿的对象提供给其他国家。

考虑到以下三点，认为欧洲法借鉴了英国法的观点不大具有可信性：两种法系之间的差异太大，很难将英国法中的制度移植到罗马法系中；欧洲大陆对英国法的了解并不多，这是因为英国学者很少写出概括性并富于经过缜密思考的概念的著作，这些才是大陆法系学者所熟悉的；大陆法系学者确信他们的罗马法和理性法优于英国法，而英国学者则认为以经验主义为基础的英国法更有优越性。

从 18 世纪起，很多大陆法系学者都很赞赏英国的宪法，因此欧洲的立宪者们都借鉴了英国模式。但这种影响主要是在政治模式层面的，欧洲的法学家和立法者在实践中考虑更多的是政治现实和政治理论的调和，而不是直接模仿英国的法律模式。

英国的航海法对欧洲大陆产生了重要影响，但这只是一个特殊的法律部门，并且在过去在这一法律部门中英国法也曾广泛运

用欧洲大陆模式(特别是意大利法)。

上述情形在20世纪中叶发生了变化。英美对德日的军事胜利在以下两个方面产生了深远影响:其证明了英美法是有效率的法,任何想要仿效的国家都可以实施;同时,它们还让人们明白了英美法系的制度在保护自由、民主等价值观上要优于大陆法系的法律制度。

这样,1950年就标志着普通法系占优势的时代的开始(不仅在欧洲,还包括日本和拉美)。欧洲大陆开始学习英美的刑事诉讼制度并接受了其中蕴含的政治理念(1988年的意大利新《刑事诉讼法典》就受到了英美法的深刻影响)。欧洲的家庭法在其刺激下 251
也受到了一定影响,虽然在这一过程中也遇到了传统观念的抵制。城市规划法、产品责任法等就是大陆法系受到美国法重要影响的代表。

与此同时,超国家的和在多国实施的法的重要性日益增加。[71]这一趋势在世界范围内都存在,但在欧盟国家表现得更为明显。欧盟的规定有些来自大陆法系国家的法律,有些来自英美法。一些全球性的条约(例如《维也纳货物销售公约》)所规定的内容主要来源于普通法系国家的法律规定。

二十三、罗马法系与斯堪的纳维亚法相隔绝的状态的消失

罗马法系同样也受到了斯堪的纳维亚法律模式的渗透。斯堪的纳维亚法源于日耳曼法,从这些国家17、18世纪制定的法典中

---

[71] 参阅S.费莱利,《国家以外的规范渊源》(*Le fonti normative di produzione non nazionale*),都灵,1984年。

我们还看不到法学家的影响,这些法典都以经验和诀疑为基础,形势比较粗糙,它们都具有本地特色并融合了商法和罗马法的一些内容。

从19世纪初起,斯堪的纳维亚国家走出了隔绝状态,开始制定成文宪法,并计划制定法典。它们开始采取法国模式,后来又吸收了德国的法学理论,这样就加入到了罗马法系地区。

但到19世纪后期概念化及抽象化方法就受到摒弃。这些国家的法学开始朝着更为实用的方向发展,而法官也倾向于目的论的解释。

在这些国家中法律的一般形式是成文法,同时也要关注具体
252 和现实的要求,对法律不能进行狭义的解释,但没有要求尊重先例的规定。到1950年以后,就不仅是罗马法系地区向斯堪的纳维亚国家输出法律制度,例如源于这些国家的"申诉专员"制度就引起了欧洲大陆立法者的兴趣。[72]

二十四、现实主义(美国与斯堪的纳维亚地区)

美国和斯堪的纳维亚对欧洲大陆的影响并不仅限于对其法律的接受。更为明显的印记是由美国和北欧国家学院中文化和方法

---

[72] 关于斯堪的纳维亚法,参阅"国家报告"(National Reports),载于《国际百科全书》(*International Encyclopedia*);L. B. 奥菲尔德(L. B. Orfield),《斯堪的纳维亚法的成长》(*The growth of the Scandinavian Law*),费城,1953年;关于斯堪的纳维亚法学,参阅"斯堪的纳维亚法哲学"(La philosophie du droit scandinave),载于《国际比较法杂志》,1980年,第5页;"瑞士的法律理论"(La teoria del diritto in Svezia),载于《法与民事诉讼季刊》(*RTDPC*),1981年,第1447页;S. 乔根森(S. Jorgensen),《丹麦法律理论》(*La teoria del diritto in Danimarca*),1980年,第281页。

论上的变革所留下的，并进而进入了德国、法国和意大利。

这种变革之一就是现实主义的兴起。这一理论开始于20世纪之初，并且在北欧（瑞典和丹麦）和美国分别独立兴起和发展。[73]

传统法学注重的是抽象的和非自然的一般概念（比如规范、主观权利）以及具体和现实的情形（如司法裁决），并认为这两者互相对应；然而现实主义者却希望证明抽象的和超自然的规则的存在，他们主张实际的事实≠想象的事实或希望的事实或人们认为应该的事实。

现实主义者将法律视为一种持续的运动，因为现实始终在变 253
化。他们强烈反对形式主义。它与社会法学、自由法学等可以同时并存，但与后者相比其姿态更为明显。实用主义主张国家的现实存在，主张法律是国家意志的体现，同时公民有义务遵守法律并进而保障法律的实施。法律可以导致一些心理上的事实：例如对制裁的恐惧、习惯服从、对共同生活益处的理解以及对强制的感觉

---

[73] 关于这一思潮，可以参阅G.塔雷洛（G. Tarello），《美国的法律现实主义》（*Il realismo giuridico Americano*），米兰，1962年；"瑞典的法律现实主义"（Sul realismo giuridico svedese），载于《法与民事诉讼季刊》，1974年，第968页；S.卡斯蒂农（S. Castignone），《法律机器——法律现实主义在瑞士》（*La macchina del diritto. Il realismo giuridico in Svezia*），米兰，1974年；《如何去做》（*La parola del fare*），载于《法律文化史评述》（*Materiali per la storia della cultura giuridica*），1981年，第439页；E.帕塔罗（E. Pattaro），《规范现实主义》（*Sul realismo normativistico*），1985年，第327页；J. M. 舒尔茨（J. M. Schulz），《作为标志的斯堪的纳维亚法律现实主义》（*Il realismo giuridico scandinavo come produzione simbolica*），1989年，第259页；K.奥利夫克罗纳（K. Olivekrona），《法律解释》（*L'imperativo della legge*），1954年，第259页；《法律与事实》（*Law and fact*），1939；H. H. 沃热尔（H. H. Vogel），《斯堪的纳维亚的法现实主义哲学》（*Le réalisme sandinave dans la philosophie du droit*），巴黎，1975年。

等。至少在瑞典，情形如此。

在美国，人们强调法官的行为应该是可预见的，因为其判断是根据确定的规则做出的。在此范围内规则的事实就是可以预见的，法律规则也就具有了以人们的经验和体会为基础的社会约束力，这样规则就建立了对法官行为的可预见性。

现实主义反对传统法学的理论建构并主张将法律现象还原为事实，以此为手段，如果人们运用得当的话，就能够达到实现社会目标的目的。这一理论还认为法律不应当一成不变，而是处在永恒的变化中。

在预见和理解法官的决定中，不存在某种一致性。换句话说，现实主义者对规则都持怀疑态度，但对事实的可认知性则并非都持怀疑态度。"事实"（即法官的行为）的模糊性主要与下列问题相关，即了解法官在何种程度上通过三段论对规则予以运用以及在何种程度上对事实的重建和对规则的运用是由感情所决定的。

我们认为，从某种意义上来说，现实主义是法律实证主义的第三阶段的发展。法律实证主义从一开始就主张法律规范的合法性，并进而扩展到由先例创造的规范（即法官做出的判决）的合法性。到了第三阶段则开始强调从法律到事实的推论。

二十五、法的经济分析

254 在美国对法的经济分析源于两种思潮：首先是20世纪30年代由康芒斯（Commons）和凡勃伦（Veblon）等人提倡的对法律选择的经济效果进行经验性的检测，其次在60年代中期美国又兴起了新法律经济分析，它由科斯（Ronald Coase）首创，并由波斯纳

(Richard Posner)和卡拉布雷西(Guido Carabresi)对其进行了发展。

新法律经济分析的基础是对法律选择的成本和效益进行分析,但并不仅限于此。事实上它是从经济学基本范畴的角度来对法律的基本范畴进行分析。

我们来举个例子:在一项法律规范中,通常都存在着一些描述主观状况的范畴:例如财产权、合理利息等,经济分析依靠的就是个体效用功能的概念,并且将这些功能予以最大化。[74] 将各种法律制度看作是能够影响个体效用功能的内容,这样各种法律范畴就被归纳为一个一般的法律、经济概念——权限,其含义就是在其中个体可对其权限进行最大化的受到保护的范围。这样私法和公法中的各种概念都可以被归纳出一个公分母。政府官员许可某人开设药店的权力被分析为该官员可能进入(从许可他人开设药店的角度)药品市场的权限。这样授权者的法律地位就被视为一种特殊的权限,这一权限有时间限制并受到控制,无法以一般方式进行转让,等等。

在分析成本、效益方面,法律经济分析运用了新古典学派的微观经济学原理。他们假设行为人都是理性人,并试图证明人的行为会受到法律规定的激励或阻滞。波斯纳曾举出了一个经典的例子:假设人们想要保护技能不娴熟的游泳者,因此规定如果有人在技能熟练的游泳者所处位置 300 码之内溺死,则其就应当承担客 255

[74] 当个体根据具体情况中的可能结果能够得到其偏好阶梯最高部分的时候就能够实现其效用功能的最大化。

观责任；这一规定的目的是鼓励人们救助溺水者，但其结果就是游泳技术娴熟的人会尽量避免前往人多的海滩，甚至他们会设立一些禁止非熟练者进入的专门游泳区，这样这一规定不仅不能保护不熟练的游泳者，反而会给他们带来损失。这个例子看似荒谬，但却体现了强调个人效用最大化思考方式。

关于新经济分析的两大分支（分别以波斯纳和卡拉布雷西为代表），可以说前者以效率和福利为唯一目标，并试图证明由解释者不断发展并允许立法者必要介入的法律方案从长期来看是有效率的。而后者利用经济分析的手段还追求效率以外的其他目标，比如社会公正、对损失和财富的再分配等。从中可以看出，一方面这二者都希望能在一般理论的层面上达到囊括诸多法律现象的目的，另一方面它们对以理论模式为基础的现行法律中的解决方案提出了批评，并给出了与其不同的新的建议。

经济分析的方法对民法法系国家（特别是德国和意大利）的许多法学家都产生了影响。在意大利，影响更大的是卡拉布雷西的学说，尽管目前这位学者并没有进一步深化对经济分析范例的研究。他的许多著作都被翻译成了意大利语。[75] 许多意大利学者都曾造访过耶鲁法学院，卡拉布雷西是该院的院长，他本人也曾多次参加在意大利举办的学术会议。在我国，P. 特里马尔基（Trimarchi）也以经济分析方法自行研究。

---

[75] 他的著作《事故的成本》（*The cost of accidents*）被 S. 罗多塔在 1975 年翻译出来；另一部著作《悲剧性选择》（*Tragic choices*）被 C. M. 马佐尼（C. M. Mazzoni）和 V. 瓦拉诺（V. Varano）翻译完成。

虽然有这些有利条件，但在意大利还并不存在真正意义上的 256
经济分析学派；而是一些法学家利用经济分析的方法按照自己的路径进行法学研究（S. 罗多塔（S. Rodotà）、R. 帕多莱西（R. Pardolesi）、G. 阿尔帕（G. Alpa）、G. 费拉里尼（G. Ferrarini）、A. 甘巴罗（A. Gambaro）、C. 卡斯特罗诺沃（C. Castronovo）、U. 马太（U. Mattei））。[76]

我们认为，对成本和效益进行分析的方法可以通过严格的论证为任何法律问题的解决提供假设性但却符合理性的前提。因此从某种意义上说它是法律论证理论的一种创新。

第六节　作为模仿者的意大利

二十六、19 世纪意大利的法典化

我们认为意大利的民法学者在法国大革命时期曾度过了一段艰难岁月。由于没有法律启蒙主义运动，当时的意大利没有也不会有法典化，包括菲兰杰里（Filangieri），贝卡里亚（Beccaria），拉马诺斯（Ramagnosi），韦里（Verri）在内的许多法学家都曾为法律的改革做过斗争。然而仍然缺乏积极的民法理论思想。共同法是被普遍施行的法律。佛罗伦萨法学派发展得很纯熟，但其著作却没有得到广泛普及。

---

[76] 参阅 R. 帕多莱斯（R. Pardolesi），《法律的经济分析》（*Analisi economica del diritto*），1988 年。

伴随着拿破仑的征服,《法国民法典》也渗入到了意大利。该民法典在法属地区以及没有独立法学理论的地方得到了运用。拿破仑战败以后《法国民法典》被废除,共同法在几乎整个意大利半岛上又重新得到了适用。从那时起,意大利各国的状态有所差别,它们都在等待以整治统一为前提的真正联合。

在伦巴第——威尼托地区,奥地利人引入了他们的民法典。[77]在法学院盛行的则是注释方法,[78]其研究的对象是《奥地利民法
257 典》和《法国民法典》。在实践中人们使用的是经过翻译和编辑的德语评注。[79]

在撒丁岛和西西里岛,以及都灵和拿波里,人们又重新适用《法国民法典》,或者说是以其为原型的法典(婚姻法内容例外)。帕尔马民法典是以法国模式为基础的折中法典。教皇和托斯卡纳大公没有编纂法典,在他们统治的地区适用共同法。

对共同法的重新运用和法典编纂都没有使意大利的民法理论得到高度发展。只有拿波里的 L. 米拉格利亚(L. Milaglia)和都灵的 E. 普雷切鲁蒂(E. Precerutti)对民法典进行了最初的广泛评注。

---

[77] 该法典的意大利文版在伦巴第——威尼托地区生效。特兰多地区在实践上也采用该法典的官方意大利语版,但在有疑问的情况下(这种情况并不少见)则以德文原版为准。

[78] 参阅 M. C. 佐尔佐利(M. C. Zorzoli)"玛利亚·特莱莎时代伦巴第法学家的培养"(La formazioni dei giuristi lonbardi nell'eta' di Maria Teresa),载于《法律文化史评述》(*Materiali per una storia della cultura giuridica*)第十二卷,1982 年。

[79] 参阅 G. 巴赛维(G. Basevi),《奥地利民法典评注》(*Annotazioni pratiche al codice civile austriaco*),米兰,1851 年,在这部著作中,奥地利学者对其民法典进行了逐段评注,其中引用了大量《民法大全》和共同法的内容。

为了实现法律的统一，统一后的意大利决定编纂《民法典》。[80]因为意大利没有被普遍接受的原创性理论，因而其法典编纂有必要接受既有的模式。从现实情况来看，他们可以从法国模式和奥地利模式这二者中选择其一。法国模式获得最终胜利的原因主要有以下三种：第一，法国模式（通过统一前的各种法典）对几乎整个意大利半岛的法学家来说都是很熟悉的（除了个别地区以外）；第二，意大利的统一受到了奥地利人的反对，但得到了法国人的支持，因此奥地利模式不太受人们欢迎；第三，《法国民法典》被认为是自由主义的法典，而《奥地利民法典》则被怀疑是（尽管这种怀疑可能并不正确）一种反动法典。

这样，1865 年的《意大利民法典》就按照法国模式被制定了出 258
来。该法典在法国模式的基础上也体现了统一前民法典和编纂者们的创新。但这些创新的目的一般在于填补漏洞，并且其适用的规则也是法国法学家们在解释法典过程中发展出的规则，例如有关表面继承人的寄托和占有保护的内容。这样 1865 年《意大利民法典》中的原创性在很大程度上是虚有其表的。

二十七、法国和意大利的解释者

因为意大利没有原创性法律模式，其适用的法律又是法国式的，因此为了理解法律就有必要运用法国的法学理论。意大利学者的书架上充满了从波蒂埃以来的法文著作，其中有些是翻译的，

[80] 参阅 S. 桑多罗·帕萨莱利（S. Santoro Passarelli），“从意大利统一前的法典到 1865 年民法典”（Dai codici preunitari al codice civile del 1865），载于《A. 图兰特研究文集》（*Studi di A. TORRENTE*），米兰，1968 年，第 1029 页。

有些是原版的。法国的解释者在意大利也获得了权威性。与法国人一样，意大利学者研究的也是实际的规则，他们将定义（很多时候仅仅是宣示性的）看作是最初的草图并在其上标出了越来越多的例外。

法国学者和意大利学者的研究方法在本质上没有区别。[81] 在最初，有创造性的研究模式仅仅是法国模式。但当意大利学者（C. 乔治（C. Giorgi）、G. 加巴（G. Gabba）、G. 洛莫纳科（G. Lomonaco）、R. 富比尼（R. Fubini））在解释上付出了重要努力之后，法国学者在克服语言障碍以后也开始援引意大利学者的著作。这样就实现了双向的交流与合作，统一的法国——比利时——意大利法律领域也因而形成。

然而，两国的法律中还有两处明显区别：首先，在法国最高法院非常明白自己的权限，解释者们要将司法裁决作为法律渊源来看待，这种渊源虽然具有辅助性但却是值得关注的。但在意大利最高法院有五个（都灵、佛罗伦萨、拿波里、巴勒莫和罗马），其中没
259 有任何一个被认为有权力发展法律。在这种背景下，如同在共同法时期一样，司法者继续满足于其引以为豪的法律工匠的地位。[82] 此外，在意大利更有权威性的法学家不是民法学家，而是罗马法学家，民法学的发展也是以罗马法为基础的。其次，法国解释者继续

[81] 参阅 G. 塔莱罗（G. Tarello），"分析法学派及其在意大利的传播"（La scuola dell'esegesi e la diffusione in Italia），载于《本撒逝世四十周年纪念文集》（*Scritti per il XL della morte di Bensa*），米兰，1969 年。

[82] 1980 年法学大会的主题就是"法学对司法造法的反应"。意大利民法学家 A. 甘巴罗和法学家 G. G. 阿卡菲（G. G. Acalfi）的发言引起了广泛关注。其中甘巴罗的发言延续了高拉在这一领域的研究。

运用共同法规则，但其对形式的偏好已经纳入了“合理的”的范围，V. 马尔卡代（V. Marcadé）和其他学者从自然法中得出了契约合意等于内心意思，并进而从这个等式中推出了有关意思和表示冲突的整个理论。而意大利学者仍忠于理性法，并仍将罗马法作为补充性渊源置于现行法中。[83] 罗马法学成为了意大利人可资夸耀的辅助性研究模式。法国法的基本原则是理性原则，而在意大利这些原则与罗马法相一致并以当时所有被研究和被重视法律规则体系为基础。

二十八、概念的革命[84]

到了 19 世纪末期，一些罗马法学家（V. 夏洛亚[V. Scialoja]、C. 法达[C. Fadda]）感到有必要深入了解德国同行们的研究成果，这些德国学者在罗马法领域具有突出地位。自从拉丁语不再是罗 260
马法研究的共同语言以来，德国和意大利的法学家之间就存在着语言上的隔阂，但德国文化的优势地位最终使得意大利学者不得不多学习一门外语。

德国潘德克顿法学派的研究成果一经引入意大利便得到了广泛的关注，意大利法学家，不论是罗马法学家还是现行法学者都接受了德国的研究模式，其中既包括研究方法，也包括个别的概

[83] 这一现象受到了法国派学者的夸耀（E. 詹图尔克（E. Gianturco）和 G. 文奇（G. Venzi））。

[84] 在本节和第 31，33 节中，我们要分析活跃于 20 世纪以及诞生于该世纪头三年的意大利法学家。从 70 年代起，其后诞生（30 年代以后）的法学家们开始回忆这些代表当时意大利法学发展水平的先辈们。他们的分析和对研究方法的总结与我们的观点并不完全一致。

念化。

这种趋势不仅存在于民法学领域，而且还扩展到公法学（V. E. 奥兰多[V. E. Orlando]）[85]和诉讼法学（G. 基奥文达[G. Chiovenda]）等领域。这样意大利学者就掌握了德国法学中所有的定义和体系，特别是了解了民法总则中的内容：主体、法律关系及其变更、法律行为等。

过去意大利语被用来表达法国法中的概念。这两种（法律）语言都来源于（法律）拉丁语，近代以来意大利法律模式来源于法国模式也与这点相吻合。然而，要想正确表达德国法中的概念，意大利语必须有所储备，而这种语言因其后缀的灵活性而具有的延展性有助于这一问题的解决。例如，“提出清偿”与“为了履行的给
261 付”同时并存，意大利法中原有的无效包括相对无效和绝对无效，现在由新的“不生效”概念，包括无效和可撤销，所取代，等等。

从那时起，法律论证中概念就具有了重要地位，并且在规则的制定中也遵循概念化的方式。对德国法学成果的仿效带来了它们与现行成文法能否和谐并存的问题。现行法并不排斥对外国研究模式的引用，只要这种模式内含于某种法律体系中，或者至少与其不相冲突。如果这种一致性存在疑问，则倾向于运用教义模式。如果成文法中存在漏洞，则人们就用教义中的概念填补它。只有在存在明显冲突的情况下，人们才放弃德国模式中的概念，例如德

[85] 参阅 G. 詹弗洛蒂（G. Gianferotti），“潘德克顿法学范例、新时期的法学家以及自由主义之现状”（La prolusione di Orlando. Il paradigma pandettistico, i nuovi giuristi universitari e lo stato liberale），载于《公法杂志》（*Riv. trim. dir. pubbl.*），1989 年，第 995 页。

国法中的债权合同(有因)和物权合意(抽象)的对立就不能被接受。

接受德国教义的代表学者有尼古拉[Nicola]和莱昂纳多·科维略[Leonardo Coviello]、弗朗西斯科·费拉拉[Francesco Ferrara]、朱塞佩·梅西纳[Giuseppe Messina]、埃托雷·德鲁杰罗[Ettore de Ruggiero]、维托里奥·波拉科[Vittorio Polacco]、乔瓦尼·帕基尼[Giovanni Pacchini]。对德国法学的接受使得法学相对于实践的优越性又有了新的基础。概念化的任务不是由法官,而是由学者来完成,进而法学家和法官都可以从概念中总结出规则。在司法实践中,只是为了确定概念的内容而零星地引用理论著作。

司法界也接受了这种新的情况,"教义"的语言从大学教室转移到了法院。律师和法官们也开始谈论法律行为、可撤销性、法律关系的消灭和重建等概念。从那时起,法国模式对意大利法学家的影响就逐渐消失,后者更多地青睐德国模式。[86]

二十九、教义、罗马法、解释

就我们所知,到目前为止还没有人证明对教义法的接受与法律解释方法二者之间的关系。源于德国潘德克顿学派的教义法学是从罗马法开始的,但它又在很大程度上超越了罗马法,引入了一 262
些新的概念(这些概念意大利法学家在20世纪初初次遇到),这些

---

[86] 了解意大利法学状况的法国法学家也注意到了这一点。参阅G.卢太特(G. Rouhette),载于《国际比较法杂志》,1984年,第276页;G.布吕利亚尔(G. Brulliard),第245页。

概念在优士丁尼的原始文献中是不存在的。但教义法学并未使意大利现行法中的罗马法内容重新恢复活力。

对教义法学的接受使得法国模式的解释方法失去了威信。排除了法国模式的影响之后，意大利的解释者直接解释法律的规定，并准备好以教义法中的概念对其进行改进。意大利学者们习惯于根据以共同法为基础的解释对法律的内容进行重新确定，例如实际交付的赠与的有效性等。

这样，通过在法律之上设置学说体系并与立法语言相隔绝，概念主义使意大利的成文法规范脱离了罗马法传统。

三十、法意法典计划

在 20 世纪 20 年代，法国和意大利都认为有必要重新制定法典。它们都认为可以将债法和合同法的内容规定在一起，这样可避免日后的偏差。

编纂委员会制定出了一个非常完善的草案，但该草案在意大利未获得通过。法国人随后颁布了一系列特别法，并越来越习惯于司法造法，意大利人则开始重新编纂民法典，并最终制定出了 1942 年的《意大利民法典》。

直到今天人们也不知道原草案失败的原因。其原因肯定不是技术性的，因为这一草案中的部分内容被其他立法者所采用，例如波兰 1936 年法典中关于债和合同的内容就采取了法意法典的模式。因而其原因应该是其他方面的。

263 两个委员会在概念和词汇上的运用是不均衡的。法国人按照法国的用法，而意大利人则使用了法国化和德国化的用法。在这种情况下，双方使用统一的内容是至关重要的。因而统一后的模式就是法国模式。但这种模式在意大利并不受推崇。对于意大利人而言，法国模式被认为是一种已被超越的模式，同时也是一种非逻辑、非科学的模式；而潘德克顿的教义模式则被认为是现代的，并符合科学、逻辑和理性要求的模式。

第七节　意大利的新发展

三十一、新体系主义趋势

我们在上文中曾提到过 F. 费拉拉和 G. 梅西纳是意大利德国教义法学派的代表。这两位学者与他们同时代的其他学者有明显区别，他们认为通过学习由德国人创造的概念、体系、教义的方法并运用尽可能严谨的逻辑，可以对德国式的概念化进行重新审视，并进而对其进行发展和代替。这样，他们就开启了一种当时人们无法估量其后果的新潮流。

梅西纳的一些学生认为确认概念化已经成为法学发展的必要先决条件。其他一些法学家也认同此种主张。[87]

从 1925 年以后开始，S. 普利亚蒂（S. Pugliatti），M. 阿利亚拉（M. Allara）和其他一些法学家都开始朝此方向发展，我们将其称为新体系主义。概念是他们发展的方向，而概念产生规则。但法

[87] L. 科维略（L. Coviello）和 G. 帕基奥蒂（G. Pacchioni）的学派都非常忠于传统模式，V. 巴罗克的学派也是如此。

的权威性原则以及将体系作为学者们的汇聚之处的要求却已经被忘记了。每个学者都可以创建自己的体系，然而学术的准则应当是尽量不采用未经确证的个人化的概念体系。一个人的生命不足
264 以创造一种完整的体系，因此新体系主义创造的只能是一些体系的碎片。[88]

每一种新体系都需要一种新语言来表达自己的概念形式。这样每一种体系都会根据自己的需要创造出一张外人难以理解的术语表。

新体系主义不仅存在于意大利。对新体系主义在整个罗马法系地区的发展趋势进行探讨将会是非常有趣的。在这里我们只需要指出其中的一些代表就够了，其中包括奥地利的K.沃尔夫（他代表的学派认为大量外行难懂的新术语是必要的）[89]，俄罗斯的阿加罗诺夫（Agarkov）和其他法学家[90]以及瑞士的新概念形式主义等。

新体系主义的发展使得学理在实践面前颜面尽失。在表面上，他们用难懂的术语使学术蒙羞，一些法律的实际运用者会指责这一点，因为他们用一种人们不经过努力掌握就无法理解的语言

---

[88] 新体系主义者留下的著作一般只涉及民法总则部分，参阅《初学者手册》（*Il manuale per le matricole*），载于《比较法杂志》，1957年第2期，第322页。很显然每一个新体系主义学派的领袖人物都认为自己创造的体系会不断发展壮大，因为他们没有睁开双眼，因而只看到了自己理论的优异性和不可替代性。

[89] 参阅K.沃尔夫，《非法行为》（*VerbotenesmVerhalten*），维也纳，1923年；"精神损害"（Mentalreservation），载于《耶林年刊》（*Jher. Jahrb.*），1931年。

[90] 参阅G.克莱斯比·莱其茨、R.萨科，"苏联法律中的无效法律行为"（Le invalidita' del negozio giuridico nel diritto sovietico），载于《比较法杂志》，1979年第1期，第173—284页。

来表达其观念。但从深层次看情况却有所不同。如果有必要的话实践会接受学术语言(即使并不乐意),例如在20世纪初意大利法律实务界就接受了学术界提出的德国潘德克顿学派的语言。但到了30年代,实务界就拒绝只为了理解一个法学家的理论而接受一大堆的新术语。甚至,如果某种概念体系只是某一个法学流派的产物,或者注定只会因某个人的权威性而持续一段时间,实务界就会认为没有必要对其进行理解和运用。这样,在30年代法学开始逐渐丧失了指导司法的功能,因为在实践面前法学理论呈现出的是零散孤立、彼此隔绝的状态。

与此同时意大利的五个最高法院则开始联合,司法界开始有 265
了一个首领,如果它丧失了对其权力的认识,则法律的发展就依赖于一个指导机构。从30年代开始,分立的法学理论就要同有统一领导的司法界展开较量。

三十二、意大利的重新法典化

在1939到1942年间意大利新民法典的各编先后开始生效,随后这些内容又被收入统一的新法典中。[91]

这个新法典究竟是什么?

它曾被人们认为是一部法西斯主义法典:[92]因为它由当时的

---

[91] 该法典还被M.贝尔特拉莫(M. Beltramo)、G.隆哥(G. Longo)和J. H.梅里曼(J. H. Merryman)翻译成英文出版。《意大利民法典》,纽约,1969年。

[92] 法西斯时代的特征我们在此不准备论述,有关内容请参阅R.卡诺萨(R. Canosa),“法西斯时代的意大利法学家和法律思想”(Giuristi e ideologia corporativa in Italia sotto il fascismo),载于《法与民事诉讼季刊》,1986年,第1277页。

官方制定，而后者一定会将其归入法西斯运动的功绩；考虑到在法西斯历史上由列宁确定的法西斯定义也被认为是法西斯主义的表现，同时法典的制定者中有一些马克思主义法学家，他们在法典中引入了阶级观点并假设可以据此制定法律。

但实际上，如果人们能够摆脱当时党派政治占统治地位的观念的影响就可以看到 1942 年的《民法典》可以与法西斯以外的政治体制相协调，它与非法西斯的各种法典有很多共同点，还具有世界上一切法典的共同特征。

还有人认为它是一部民族主义的法典，因为意大利人想制定一部真正属于自己的法典，不希望永远被认为是属于法国模式的国家。但实际上这部法典中纯粹的意大利内容并不多，它的大部分内容还是沿袭了 1865 年的旧法典(例如关于夫妻财产分割的内容)。很显然，为了确定该民法典的民族主义特征就需要不仅将它与法国和德国的民法典相比照，还要与这些国家的特别法和由实
266 践创造的规则以及产生了由意大利法学家提出并最终体现在法典中的内容的法学理论相比照。

如果人们以这种方法检验 1942 年民法典的话，就会发现它既没有致力于发掘那些具有意大利特色但被法国式的旧法典所扼杀的规则，也没有去收集在意大利形成的具有创新性的规则，而一部民法典只要做到这些才会被认为是一部原创性的民法典。

因此从立法解决方案来看，1942 年民法典是继承了 1865 年民法典：所有权随合同的生效而转移，任何清偿都必须有原因，管理人的权利具有人身性，民事责任须以过错为前提，遗产的取得须以接受为前提，不得订立继承性的约定，占有人应当有行使所有权

的意思等。有些内容可追溯到《德国民法典》，[93]在以下领域即使法国法也受到了 20 世纪一些共同观念的影响：为了填补法律漏洞，人们制定了有关信托保护的法律，法官通过司法判决对私人关系产生影响，并通过司法权建立、变更、终止法律关系。但这些内容，如果考虑到该法典所处的时代，与其原有的模式并不相冲突。1942 年民法典仍是一部法国式的民法典。

一些重要的创新，比如外观原则、事实关系等已经进入了 30 到 50 年代的意大利法，但 1942 年的《民法典》却对其保持沉默。

此外，1942 年的《民法典》是用当时意大利的法学语言写成的，而这种语言源于德语。在第一编里出现了“无效”概念（包括绝对无效与相对无效），但在第四编里出现了“无效”和“可撤销”，这两种均属“不生效力”的情形；破产法规定了“提出清偿”，但民法典规定的是“为履行的给付”；具有物权效力的合同被定义为“以转移某一特定物的所有权、设立或转移一项他物权或转移某项其他权利为目的的合同”，等等。

该法典的编纂是由不同的委员会进行的。因此法典的体系并
不统一，其语言也不一致。同样出于这一原因该法典也没有总则 267
部分，因此也无法就法律行为的一般内容做出规定。

---

[93] 《德国民法典》和其他德国法律的影响是存在的。P. 雷希尼奥（P. Rescigno），“设立”（Fondazione），载于《法律百科全书》（*Enc. dir.*）第二十七卷，1968 年；G. 米内尔维尼（G. Minervini），“商事企业广告的现状”（L'attuale stato della pubblicita' legale delle imprese commerciali），载于《公证人杂志》（*Riv. notariato*），1980 年第 1 期，第 635 页。

三十三、解形式化

在教义法学大行其道的时期，甚至在该时期以前，意大利就不断引入其他国家一些影响较小的法学观念。

19 世纪的一位重要法学家 E. 钦巴利(E. Cimbali)似乎在德国社会法学出现之前就开始推动社会法运动。[94] 随后，F. 德尼(F. Degni)也加入了社会法运动。

产生于德国的目的论趋势也被意大利所接受。为了避免仅通过纯粹法律的、形式的、结构的要素来认识法律现象，人们更愿意通过其目的来认识，或者说，为了避免心理因素的影响，有必要通过一些客观性、功能上的内容来理解法律。从 30 年代末期，E. 贝蒂就完全支持这种主张。在他看来表明主体意愿的法律行为就是实现自治的工具。相对于传统的精确概念，人们又提出了以目的论为导向的新概念，这些概念都较为模糊。这样新的体系就是在这些更多流动性和更少精确性的概念的基础上建立起来的。对目的性因素的理解需要对利益做出评价，对立法者意志和法律含义进行探究不能离开其所牵涉的利益和观念。[95]

在意大利，利益分析开始于上世纪 60 年代，主要得益于得到一定发展并致力于进一步完成其使命的马克思主义思想。这样所谓利益分析就是对立阶级经济利益的分析。解释和法学的目的就

---

[94] 参阅 A. 迪马约(A. Di Majo)，"安利柯·秦巴里与法社会主义思想"(Enrico Cimbali e le idée del socialismo giuridico)，载于《佛罗伦萨文摘》(*Quaderni fiorentini*)，1974 年第 1 期，第 383 页。

[95] E. 贝蒂远远落后于其所处的时代。考虑到在他的时代现实主义(他甚至不了解这一重要法学流派)和其他法学思潮大放异彩，他的落后性就不能不让人感到惊讶。

在于这种利益分析，并决定法律要对何种利益进行保护。这一思 268
潮的表现之一就是“法的其他用途”运动。[96]

对辩证法的担心最终使得重建历史的野心受到了阻碍。人们更愿意以有欠精确的概念在特定前提的基础上发展法律。

上世纪初的许多不同的反形式主义趋势（它们之间往往互相对立）彼此相连，包括利益司法、社会法学、自由法学等，并从中产生了许多不同观点。到了 80 年代，新的趋势又回到了对逻辑严格的论题进行研究的道路上。

三十四、对教义法学的批判

各种反形式主义运动都认为其敌人存在于纯粹法律中（被人为地按照各种概念创造出来）而不是体系中。

一种概念（以及体系）应该能够经受住来自法学内部的最为严厉的批评与攻击。1941 年戈拉（Gorla）的一部关于解释的著作[97]在意大利提出了反概念化的主张，他认为概念化只能建立专断的或无用的法律制度。专断的法律结构在被解释之前就有此种特征，在经过产生于此种模式的解释之后其专断性会得到进一步强化。

这部著作首次提出了解释具有实际复活立法者意志的功能。 269
在那之后，戈拉却举出了一个在比较的手段辅助下进行解释的例子。认为掌握了比较的经验就能更好理解法律似乎是作者言过其实。

---

[96] 这种趋势受到了一位德国学者 C. U. 施明克（C. U. Schmink）的关注。

[97] 参阅 G. 戈拉，《法律解释》（*L'interpretazione del diritto*），米兰，1941 年。

比较方法不能孤立地运用。与比较过去与现代法律来辨明其区别相比，很多学者更愿意以此认识过去的或历史上的法律（从形式上的法律角度来讲，过去和历史的含义是一致的）。比较和历史可以实现统一，在法学仍希望成为法学的背景下它可成为对教义派的替代选择。

如果法律智慧能够受到我们所指出的方法的指引，即历史和比较的方法，则另一种现象就能得到推广。

许多学者虽然所受的是教义方法的教育，但却对概念主义的先验性提出了批评，在这种情况下，他们都尽力避免概念的专断性并去除教义方法的特征。这样就形成了意大利法学家的方法，这种方法以教义为主，但又避免对它的滥用，在对解释方法的运用上采取折中的态度，并且从方法的角度来讲不具有显著特征。

三十五、30 年代之后的学理和司法

在 30 年代学理的权威性逐渐丧失，而司法的指引功能却得到
270 了发展。[98] 一种新的情况产生了，但司法造法取得的成就却不是

[98] 可以参阅 W. 比拉维（W. Bigliavi），“法律精要”（Appunti dul diritto giudiziario），载于《乌布朗蒂研究》（*Studi Ubranati*），帕多瓦，1933 年；G. 戈拉，《法学》（*Giurisprudenza*），参见《法律百科全书》（*Enc. dir.*）第十九卷，1970 年；L. 隆巴尔迪・瓦劳里（L. Lombardi Vallauri），《判例法研究》（*Saggio sul diritto giurisprudenziale*），米兰，1967 年；M. 卡佩莱蒂，“关于现代法学创造性的思考”（Riflessioni sulla creativita’ della giurispreudenza nel tempo presente），载于《法与民事诉讼季刊》，1982 年，第 774 页；P. G. 蒙纳泰里（P. G. Monateri），“最高法院民事审判中的冲突和法的确定性”（Contrasti nella giurisprudenza della cassazione civile e certezza del diritto），载于 *Cel*，1990 年，第 1009 页；A. 甘巴罗，“对比拉维著作的评论”（Recensione a Bigliavi），载于 *Quadr.*，1990 年，第 440 页。

渐进性的。外观原则就是其中的一个例证。[99] 从学理的某一部分中可推断出的这一原则[100]得到了最高法院的青睐，其中包括其第一任院长 M. D'阿梅利奥(M. D'Amelio)，他在 1937 年编著的《意大利新学说汇纂》一书中就肯定了该原则。这样意大利的司法界就实现了英美法中法官造法的目的。在新民法典中关于信赖保护的内容中并没有规定这一原则，但司法界依然我行我素。1957 年出版的《意大利最新学说汇纂》再次强调了这一问题，这几乎是表明实务界对此问题的态度是始终如一的，同时理论界没有完成为现实问题提供解决方案的使命。理论界则尽力避免这一问题：因为与司法作对从实际角度来看注定是徒劳无益的，而屈从于司法又不符合意大利法学家的习惯。

司法造法主要表现在农村土地、私人文书效力、事实合同、自主持有(这一点是沿着法典编纂者的道路发展)等领域，同时合同外责任的客观范围也主要由司法来确定。

司法造法的数量日益增多，并且与法国法中法官造法的范围也相距甚远。意大利的法官不会仅因为某种理论的反对而放弃过去的做法，而是在面对新问题时会从理论中找到一个稳定支点。他们认为如果理论达成一致那么就有更强的效力。

司法界的成果已经被结集出版。在 1945 年以前，出版社会出

---

[99] 该原则指"如果某一主体因其自身过错而导致了某种对其不利的法律外观，那么对于非因过错而信任该外观的第三人，该人就不能主张与该外观不相符合的真实事实状态"。

[100] 对此可以参阅 E. 分齐(E. Finzi)、L. 莫萨(L. Mossa)、S. 索特贾(S. Sotgia)、F. 多米内多(F. Dominedo)、F. 卡尔内卢蒂(F. Carnelutti)和 R. 尼古拉(R. Nicolo)等人的作品；在拙著《论合同》(*Contratto*)(都灵，1975 年，第 135 页)中亦有所论述。

版学者的专著、学者和实务工作者的论文、学术杂志、司法评论等，只有在最后一种作品中会承认司法的成果，因而是面向实务从业者的。

从1945年开始情况就有所改变。论文开始关注有关司法的
271 内容，杂志也为司法分析（主要是对判决的评论或特定专栏）留下了空间。出版社会出版十几二十卷的法典评论，在这些评论中会同时介绍理论和司法实践的状况，并且这两方面具有相等的地位。在这些评论者中，有些人会直接将作品命名为司法评论。一言以蔽之，即使是理论专家也开始越来越多地关注司法。

与其相对应的是法学家们开始更多地探讨法律规则，而不是抽象概念。同时对于关注现行法的法学理论来说，特别法也是它们关注的对象。与英美法系的接触、对现实主义理论的研究以及法典的迅速过时都使得法律和理论的重要性受到损害，但却使司法实践的地位更加突出。

事实上通过解释创造法律的并不仅是法官。在当今环境下人们更多地求助于规则而不是概念的观点曾一度在理论界被广泛接受，但现在这种观点的影响有所降低。最高法院也是从理论界提出的各种解决方案中选择其一。

意大利的法学家并没有退位。[101]

---

[101] 这句话有其历史。这句话在以前的版本中并不存在，但在法语版中却作为总结性的表述。法国读者们注意到了它，因此我们也把它引入到意大利文版中。

图书在版编目(CIP)数据

比较法导论/(意)萨科著;费安玲,刘家安,贾婉婷译.—北京:商务印书馆,2014(2021.6 重印)
(意大利当代法学译丛)
ISBN 978-7-100-09924-0

Ⅰ.①比… Ⅱ.①萨…②费…③刘…④贾… Ⅲ.①比较法学—研究 Ⅳ.①D908

中国版本图书馆 CIP 数据核字(2013)第 072626 号

意大利当代法学译丛

比较法导论

〔意〕罗道尔夫·萨科 著

费安玲 刘家安 贾婉婷 译

商 务 印 书 馆 出 版

(北京王府井大街36号 邮政编码100710)

商 务 印 书 馆 发 行

北京虎彩文化传播有限公司印刷

ISBN 978-7-100-09924-0

2014年1月第1版　　　开本 880×1230 1/32

2021年6月北京第2次印刷　　　印张 11½

定价:55.00元